임진왜란의 흔적을 찾아서

400년의

긴

길

임진왜란의 흔적을 찾아서

400년의 긴길

초판 1쇄 발행 2022년 5월 10일

지 은 이   윤달세
번 역 자   나까무라 에미꼬
추 천 인   김종규
발 행 인   권선복
편   집   오동희
디 자 인   박현민
전 자 책   권보송
발 행 처   도서출판 행복에너지
출판등록   제315-2013-000001호
주   소   (07679) 서울특별시 강서구 화곡로 232
전   화   010-3267-6277
팩   스   0303-0799-1560
홈페이지   www.happybook.or.kr
이 메 일   ksbdata@daum.net

값 22,000원
ISBN 979-11-5602-772-0 (03090)

Copyright ⓒ 윤달세, 2022

도서출판 행복에너지는 독자 여러분의 아이디어와 원고 투고를 기다립니다. 책으로 만들기를 원하는 콘텐츠가 있으신 분은 이메일이나 홈페이지를 통해 간단한 기획서와 기획의도, 연락처 등을 보내주십시오. 행복에너지의 문은 언제나 활짝 열려 있습니다.

이책은 일본에서 출판된 책으로 저자 윤달세님의 허락으로 한국에서 출판된 책입니다.

본서에 나오는 일부 지명은 책 출간 당시(2003년) 사용되던 지명을 그대로 옮기었으므로 현재와 다를 수 있음을 알려드립니다.

저자 서문

　도검(刀劍) 감상의 세계에서 일본도(日本刀)는 게이초년간(慶長年間:1596년~1615년)을 경계로 그 이전의 것을 고도(古刀)라 하고, 그 이후에 나온 것을 신도(新刀)라 부른다. 역사소설가인 가이온지 조고로(海音寺潮五郎)는 그것이 임진왜란과 관련되는 것이 아닐까 생각해 조사했더니, 역시 일본의 도공(刀鍛冶)들이 조선에 건너가 그들의 경험을 살렸다는 것을 『일본의 명장(日本の名匠)』에서 언급했다.

　이것은 일본이 중세에서 근세로 건너가는 과정에서 일본의 외국침략 경험이 그 이후 일본의 사회·경제·문화 혁신의 계기가 되었음을 증명하는 아주 작은 에피소드 중 하나이다.

　죄 없는 수많은 조선인들이 임진왜란 때문에 일본으로 잡혀 왔다. 이것은 바로 '중세의 강제연행'이지만 그들 피로인(被虜人)들이 이국인 일본 땅에서 단지 향수만을 품고 멍하니 세월만 보낸 것은 아니었다. 예기치 않은 어려움 속에서 이리저리 휘둘리면서도 한자리에 정착하여 일본의 경제·문화·사회의 발전에 기여했다는 알려지지 않은 역사적 사실이 존재한다. 우리는 그들이 일본의 많은 분야에 공헌한 것을 알아야 한다고 생각했기에 이 글을 쓰기 시작했고, 이러한 일을 충분히 제시할 수 없었던 것은 순전히 나의 부족함 때문이다.

　이 기행문을 최초로 쓴 것은 1983년의 일이니까, 근 20년이나 되는 세월 동안 일본 각 지역을 찾아다녔던 것이다. 당시 나는 재일한국인 사회를 대상으로 한「통일일보(統一日報)」에서 근무하고 있었던 관계로, 이 신문에 졸고의 기행문을 게재한 것이 시작이었다.
　신문사를 퇴직한 후『앞으로21』이나『불고기문화』등의 잡지에서 적극적으로 지면을 제공해 주었다. 그 후에도「민단신문」에 연재되어 중단하는 일이 없이 즐거운 여행과 취재를 계속할 수 있었다.

　원래 이 기행문을 쓰게 된 계시를 주신 분은 당시「고베신문(神戶新聞)」의 편집위원을 하셨던 미야자키 슈지로(宮崎修二朗) 선생(현재 고베사학회 회장)이다. 어느 정도 원고량이 나왔을 때 출판을 권유받았다. 많은 세월 피로인의 발자국을 찾는 여행을 즐겼는데, 출판해 버리면 그 장난감을 빼앗긴 것처럼 느껴질 것 같아 좀처럼 마음이 가지 않았다.
　"그러면 그 즐거움을 모두 빼앗기지 않도록 동쪽 일본에 관한 내용을 남겨서 출판합시다."라고, 나의 응석을 받아 주신 분이 리불출판(リーブル出版)의 아라모토 가쓰노부(新本勝庸) 사장과 다케무라 히사오(竹村寿夫) 편집장이었다. 그 덕분에 처음으로 한 권으로 정리된 책이 출판의 빛을 볼 수 있게 되었다. 참으로 감사할 수밖에 없다.

　마지막으로 이 기회에 지금까지 알게 된 많은 분들, 그리고 신문사 근무 시절 선배, 동료와 친구들에게 감사를 드리고 싶다. 특히 당시 「통일일보」 문화부장이었던 이은택 씨(현재 부산 경성대 교수), 월간 『앞으로21』의 박득진(朴得鎭) 편집장님, 월간 『불고기문화』의 박건시(朴健市) 편집장님, 「민단신문」 이청건(李淸鍵) 편집위원님 등은 원고 게재의 자리를 마련해 주어 미력한 나를 도와주셨다. 그리고 마야자키 선생님을 비롯해서, 고인이 되신 나이토 슌포(内藤儁輔) 교수님(당시 오카야마대학 명예교수), 황영만(黃迎滿) 선배님(당시 통일일보 상무, 현재 한국민단 중앙 부단장), 도쿄대학 오가와 하루히사(小川晴久) 명예교수님께서 항상 격려를 해주셔서 많은 용기를 얻었다. 그 고마움을 가슴에 새겨 깊이 감사드린다.

2003년 늦은 여름(晚夏) 윤달세

일본 구석구석에 남긴
이들의 흔적을 찾아 떠나고 싶다

문화유산국민신탁 이사장
김종규

늦은 가을, 전라도 고창에서 이 책을 출판하고 싶다고 나를 찾아온 한 부부가 있었다. 남편은 한국 사람이고, 부인이 일본 사람이었다. 이 여성이 『400년의 긴 길』 번역자다. 이 부부는 결혼한 지 20년이 넘어 아이들 셋이 거의 다 자랐다고 한다. 지금은 전라도 고창에서 재미있게 열심히 사는 것같이 보였다.

1994년 일본의 무라야마 도미이치 수상이 한국을 방문했을 때, 그는 우리 삼성출판박물관도 방문했다. 그때 무라야마 수상을 안내해 드린 코스로 이 부부도 안내했다. 안내코스 마지막은 우리 박물관 옥상이었다. 날이 참 좋았던 그날 박물관 앞의 백악산이 잘 보였다. 번역자인 일본 여성은 거짓 없는 시원시원한 성격의 소유자로, 소위 우리가 머리로 상상하는 일본 여성과는 좀 거리가 먼 스타일이었다. 그녀가 말했던 "이 책의 내용은 조선인의 역사다. 한국어로 번역 출판되지 않은 것이 이상하다"라는 말에 나도 동의하는 것이 있었다. 겨울이 되기 전 그렇게 만났고, 봄이 다 가기 전 이 책을 출판하게 되었다는 소식을 접하니 참으로 기쁘다. 이 책을 어렵게 생각하지 말고 천천히 한 번쯤 읽어 보길 권한다. 이렇게 많은 조선 사람이 임진왜란에 강제로 일본으로 끌려가 생활하였다는 것을 안다면, 일본이라는 나라를 보는 눈이 달라질 것이다. 일본이 그냥 원주민만으로 구성되는 나라가 아니라, 한반도와 긴밀한 관계를 가지면서 시기별로 수많은 이주가 반복적으로 이루어진 나라라는 것을 안다면 말이다. 가야와 백제가 멸망했을 때도 수십만 명의 한반도 사람들이 일본으로 건너갔다. 조선의 문화가 일본에 많은 영향을 미쳐왔다는 것은 사실이다.

우리가 일본답다고 느끼는 일본 성곽의 기와도 임진왜란 때 잡혀간 조선 기와공의 기술이었다는 아주 흥미로운 내용이 이 책 속에 담겨 있다. 당시에 끌려간 조선 사람들의 후손은 지금도 일본에서 시루떡을 만들어 제사를 올리고 나눠 먹거나 도토리 열매를 모아 묵을 쑤어 먹는다고 한다. 아직도 한국식 짚신, 짐을 옮길 쓰는 지게, 옛날식 김치 등이 일본 구석구석에 남아 있다. 그들은 조선의 생활 일부를 일본에 가져갔고, 이 책은 조선 사람의 생활사를 잘 묘사하고 있다. 게다가 400년이나 지났음에도 그 흔적이 일본에 남아 있다니, 우리 조선 사람들의 강인한 생활력과 고단했을 일본 생활에 절로 고개가 숙여진다. 임진왜란 당시 수많은 조선 사람들이 고향을 떠나 억지로 끌려가 꼬여버린 인생을 살아야 했음은 우리의 아픈 역사다. 기록에 남아 있지 않은 많은 사람들의 죽음에 명복을 빈다.

이 책의 6장에 히데요시의 초상화를 복원한 죠텐 스님의 이야기가 나온다. 그는 아버지와 함께 일본에 연행된 피로인 2세로 부친을 따라 불문으로 들어갔다. 그는 주지로 부임한 절에서 우연히 낡고 오래된 히데요시의 초상화를 발견했다. 당시 히데요시의 정권은 끝난 시대였다. 훼손된 히데요시의 초상화를 죠텐 스님이 교토로 가져가 복원했다. 그 초상화가 후에 일본 역사교과서에 실린 히데요시의 대표적인 초상화가 되었다는 이야기다. 죠텐 스님의 말씀에 깊은 감명을 받았다.

"히데요시의 조선출병이 없었다면 아버지가 일본에 연행될 비운은 없었을 것이다. 그러나 또한 그것이 없었으면 이렇게도 고마운 불문에 들어올 일도 없었다. 그 뜻으로 슬픔과 기쁨이 반반이다."

하긴 행복과 불행은 순간순간 쉽게 판단할 수 없다. 새옹지마(塞翁之馬).

『400년의 긴 길』의 저자인 재일동포 2세인 윤달세 씨가 이 기행문을 쓰기 시작한 것이 1980년대 전반이었다고 한다. 그때 우리나라 사람들은 일본을 엄청난 강대국으로 기억하고 있었다. 그러나 400년은커녕 40년이 지난 지금 일본을 봤을 때 삼라만상(森羅萬象) 제행무상(諸行無常)이라 느낄 수밖에 없다. 지난 역사를 잊을 수는 없지만 우리는 후손들에게 보다 좋은 한일관계의 미래를 남겨야 한다고 생각한다. 가장 가까운 나라 일본, 우리는 역사에서 무엇을 배워야 할까? 정답은 없지만, 일본에서 살아남은 조선 사람은 어떤 사람들이었을까? 그들의 건강한 삶을 봐야 한다. 그래서 우리 조상들을 존경할 수밖에 없다.수많은 생각들이 스치지만 이 책을 읽으면 그냥 일본 구석구석에 남겨진 이들의 흔적을 찾아 떠나고 싶은 마음이 문뜩문뜩 일어난다고나 할까? 어렵게 생각하지 말고 한번 읽어 보시기를 권한다.

2022년 5월 삼성출판박물관에서
김 종 규

목차

1. 조선여인의 묘

−도쿠시마현 가와시마초(德島県川島町)
 옛 지명 아와(阿波)

　고베(神戸)에 있는 아담한 식당에서 기분 좋게 술 마시고 있을
때였다. 옆자리 사람이 갑작스럽게 말을 걸어왔다. "당신 한국
사람이라는데, 혹시 도요토미 히데요시(豊臣秀吉)의 조선정벌(朝
鮮征伐) 당시 잡혀온 조선여자의 묘가 도쿠시마(德島)에 있다는
것 아세요?"

　느닷없는 질문과 마신 술 때문에 머리가 멍해져 순간 당황하고
말았다. 그가 말한 조선정벌은 히데요시가 일으킨 임진왜란(壬辰
倭亂)과 정유재란(丁酉再亂)[1]을 뜻한다. 그것은 이미 400년이나
지난 일이 아닌가? 너무 먼 옛날이야기였다.

　학교 역사수업에서 알게 된 '조선출병'에 대해서 내가 아는 것
은 많지 않았다. 히데요시가 일본을 통일한 다음 대륙공략을 꿈
꾸고, 먼저 조선을 침략했다. 그 결과 조선의 많은 도공(陶工)들

---

1 일본에서는 임진왜란을 분로쿠의 역(文禄の役), 정유재란을 게이초의 역(慶長の役)이라고 한다.
분로쿠년간(文禄年間)은 1592년~1596년, 게이초년간(慶長年間)은 1596년~1615년.

이 규슈(九州) 지방에 잡혀왔기 때문
에 일본의 도자기문화가 발전했다.
그래서 이 전쟁을 일명 '도자기전쟁'
이라고도 부른다 하는 정도의 지식
밖에 없었다. 도기(陶器)와 자기(磁
器)의 구별조차 못 하는 내가 그것에
특별히 관심을 가질 이유도 없었다.

"만약 히데요시가 조선출병 중에
죽지 않았으면 조선은 더 일찍 일
본 영토가 되었을 것이다.""조선인
은 머리 위에 물건을 올려놓고 걸으

가와시마초에 있는 '조선여'의 묘

니까, 조선인 중에 머리 좋은 사람이 없다." 그러한 말을 당시 수
업시간에 어떤 교사가 학생들 앞에서 아무렇지도 않게 던지곤 했
다. 그럴 때마다 나는 얼굴을 들 수가 없었다. 게다가 친구들이
나를 돌아보며 뭔가 의미 있는 듯 가볍게 웃기도 했다. 소년시대
의 그런 쓸쓸한 기억이 있어서 조선정벌 이야기는 오히려 피하고
싶은 화제였다.

그러나 "당신, 한국 사람이라는데"라는 말이 마치 "뭐야! 한국
사람인데 그런 것도 몰라?"라고 하는 것같이 느껴졌다. 취기와는
상관없이 얼굴이 빨개지고 말았다.

나는 "400년 전에도 조선인 강제연행이 있었구나." 하는 생각

이 들었다. 왠지 그 이야기에 강하게 끌렸다. 규슈와 같이 먼 곳이 아니라 고베의 코앞에 있는 도쿠시마에 그 묘가 있다는 것도 의외였다. 그 뒤에도 그를 만날 기회가 두세 번 더 있었다. 나는 그에게 조선여인의 묘가 도쿠시마 어디에 있는지 물어, 겨우 그 자리를 알아낼 수 있었다.

그 조선여인의 묘는 도쿠시마시(德島市)에서 요시노강(吉野川)을 거슬러 올라가 아와이케다(阿波池田)쪽으로 가는 중간 지점인 가와시마초(川島町)의 성터에 있다고 한다. JR도쿠시마본선 가와시마역 북쪽에 조그마한 언덕이 있는데, 그곳이 시로야마(城山)였다. 이름의 뜻을 보아도 여기가 성터일 것이라고 생각했다. 지금 시로야마는 작은 공원이 되어 있다.

아담한 언덕에 올라서자 키가 3미터 남짓한 훌륭한 비석이 눈에 들어왔다. 그것을 올려보면서 비석 뒤쪽으로 돌아갔더니, 아주 작은 묘가 별다른 꾸밈없이 소박하게 놓여 있었다. 묘는 높이 30센티미터 정도, 폭은 20센티미터도 안되지만, 아름답고 섬세한 글자로 '조선녀(朝鮮女)'라고 새겨져 있었다.

"그 묘는요, 지금 이렇게 앞에 나와 있지만 원래는 비석 뒤에 깊게 들어가 있었대요."

갑자기 어깨 너머에서 소리가 들렸다. 돌아보니 그 목소리의 주인은 바로 옆에 있는 가와시마신사(川島神社)의 젊은 궁사(宮司)[2]였다. 그가 큰 비석이 조선 여성을 데리고 온 하야시 도칸(林

----

2 신사에 관한 제사 책임자이자, 직원과 건물 관리자.

道感)의 것이라고 알려주었다.

다시 한번 정면에서 비석을 올려보았더니, '지충감천(至忠感天)'이라는 제목으로 하야시 도칸의 업적이 꽤 긴 문장으로 기록되어 있었다.

비문에 의하면, 그의 이름은 하야시 요시카쓰(林能勝)였고, 아와(阿波)³ 도쿠시마번(德島藩)을 지배한 하치스카(蜂須賀) 밑에서 가로(家老)⁴직을 맡은 사람 중의 한 명이었다. 그 당시 아와번의 영토 내에 도쿠시마 본성 외 9개의 지성이 있었다. 하야시 요시카쓰는 그중 하나인 가와시마성의 성주를 겸임했었다. 그는 대담하고 용감한 무사였던 듯하며, 군사 전략에도 뛰어난 축성가로도 이름을 떨쳐 도쿠시마성 축성도 그가 담당했다. 그는 은퇴한 후에 출가해서 하야시 도칸으로 이름을 바꿔 겐나(元和)⁵ 2년(1616년) 81세로 세상을 떠났다. 간에이(寬永)⁶ 15년(1638년) 가와시마성이 폐성된 후에는 그의 이름을 따 이 땅을 도칸하라(道感原)로 불렀다고 한다.

조선출병에 관한 내용이 비석에 기록되어 있었다.

"조선과 두 전쟁에 있어서 첫 전쟁에서 상장과 금포(綿袍)를 받았으며, 뒤에 전쟁에는 번선(蕃船)과 창차구(鎗茶臼)를 받았고, 또한 그 땅의 여인을 함께 데리고 왔다."

----

3 도쿠시마현(德島県)의 옛 지명.
4 영주의 중신, 집안의 무사를 통솔하며 집안일을 총괄하는 직책.
5 에도시대(1603년~1868년)에 사용된 연호 중의 하나. 겐나년간(元和年間)은 1615년~1624년.
6 에도시대에 사용된 연호 중의 하나. 간에이년간(寬永年間)은 1624년~1644년.

금포는 명주로 만든 윗옷을 뜻하고, 창차구는 술이나 차를 데우는 다리 세 개 달린 금속제 가마이다. "그 땅의 여인을 함께 데리고 왔다."에서 여인이 바로 이 조선 여인을 뜻할 것이다. 전쟁에 있어 예나 지금이나 침략한 나라에서 뭔가를 약탈하는 것은 흔한 일이다. 여인을 잡아온다는 것은 지금의 침략전쟁에서는 생각할 수 없는 일이나, 옛날에는 드문 일이 아니었던 것 같다. 그런데 잡아온 여인이 조선인 여성이라고 하니, 내 가슴속에 뭔가 시원치 않은 감정이 남았다.

석비에는 여성의 이름도 몰년도 기록되어 있지 않았다. 이 비석은 1926년에 건립되었다고 쓰여 있으니, 꽤 오래 전부터 '조선녀'의 존재는 알려져 있었던 것 같다. 좀 더 자세한 내용을 알고 싶었지만, 그 궁사도 "기록이 없기 때문에 더 이상은 알 수가 없다"라고 했다.

간에이 15년(1638년)에 가와시마성은 폐성되었고, 성주 일가는 도쿠시마성 쪽으로 옮기게 된다. 그럼에도 이렇게 묘비가 남아 있는 것을 보면, 그 여인은 이곳에서 죽음을 맞았던 것이라 추측된다. 그녀는 아마 젊은 나이에 죽었을 텐데, 지금은 이 묘만 남아 홀로 그녀가 살았던 흔적을 증명할 뿐이다.

시로야마는 요시노강 쪽을 향해 약한 튀어나와 있고, 그 큰 강을 바라보는 북쪽은 절벽이다. 이곳에서 주변 평야를 넓게 바라볼 수 있는 전략적 요충지이다. 내가 놀랐던 것은 여기서 바라보는 요시노강의 느긋한 흐름이 충남 부여의 낙화암에서 보는 백마강(금강)과 빼닮았다는 것이다. 여기에 묻힌 조선 여인은 고향 땅에서 잠자는 느낌이 아니었을까 생각했다. 묘비 옆에는 이 지방 시인(詩人)인 듯한 시노하라 마사이치(篠原雅一)가 이 조선 여인에게 올린 한시가 걸려 있었다.

碧海千里空異国寒月澄涙難止
哀愁幾歳偲故郷安帰依一詩献

푸른 바다 천릿길 이국에서 밝은 달을 보니 눈물을 그칠 수 없네.
깊은 시름에 잠긴 세월, 고향에 편히 돌아가시길 빌며 시 한 수 올립니다.

조선에서 여인을 데리고 온 이야기가 도쿠시마에 하나 더 있다. 도쿠시마역에서 버스를 타고 아쿠이강(鮎喰川)을 약 한 시간 정도 거슬러 올라가면 고즈넉한 전원풍경이 펼쳐지는데, 그곳이 뉴타초(入田町)다. 그곳 간쇼지(観正寺)라는 절에는 높이 80센티미터쯤 되는 배 모양 묘석이 있다. 그것에는 다음과 같은 글이 새겨져 있다.

寛文[7] 六年八月二十七日
清月妙泉大姉[8]
元祖武市孫助室　高麗館女也

----

7 에도시대에 사용된 연호 중의 하나. 간분년간(寛文年間)은 1661년~1673년.
8 대자(大姉)는 여자의 계명(戒名)에 붙이는 칭호.

간분6년 8월 27일
청월묘선대자
원조 다케이치 마고스케 부인 고려관녀이다.

관녀(館女)라는 말은 아마 관녀(官女)일 것이다. 이 묘는 비교적 최근인 1961년에 발견되었다. 당시 도쿠시마신문 기사에는 "간쇼지에 전해오는 기록에 의하면, 다케이치 마고스케(武市孫助)는 아와번 무사이며 뉴타지방의 향사(郷士)[9]였다. 또한 『하치스카연안공전(蜂須賀蓮庵公伝)』에 의하면, 분로쿠 3년(1594년) 다케이치는 아와번주인 하치스카와 함께 조선에 출병했다. 이때 다케이치는 두 명의 조선 여성을 데리고 왔는데, 그중 한 명(성명 미상)은 생활에 적응하지 못한 채 동네사람들부터 싸늘한 대접을 받자 연못에 빠져 자살하고 말았다고 한다. 다른 한 명은 다케이치의 정부인이 되어 이름을 오후쿠(お福)로 바꿨다고 하여, 이 묘가 오후쿠의 묘가 아닐까 추측된다."라고 보도되었다.

또한 이 묘를 발견한 향토사가의 말을 인용해 "이 두 여성이 일본 무사의 용감한 모습에 반해 나라를 버리고 따라왔던 것인지, 무사들의 위협에 억지로 끌려 왔는지 확실하지 않지만, 아와번의 조선출병에는 이러한 일이 더 많이 있었을 것"이라고도 했다.

----

9 에도시대 무사계급의 하층에 속항 사람들. 무사였는데도 농사에 종사한 사람이나, 신분이 농민인데 무사대우를 받은 사람을 뜻하는 경우도 있음.

오후쿠는 85세로 돌아가셨다고 하니 장수였다. 몰년이 1666년이었기 때문에 거슬러 계산하면 이 땅에 잡혀왔을 때는 놀랍게도 아직 열 몇 살의 앳된 소녀였던 것이다. 그녀는 당연히 납치되었을 것인데도 "무사의 용감한 모습에 반해 나라를 버리고 따라왔던 것인지"라니 도무지 이해할 수 없는 해석이다. 그 사고방식 자체를 의심할 수밖에 없다.

2. 고려 야한의 성주

-도쿠시마현 도쿠시마시(德島縣德島市)
 옛 지명 아와(阿波)

  조선출병 당시 아와(阿波) 일대는 하치스카 이에마사(蜂須賀家
政)가 지배하는 땅이었으며, 그는 7200명의 병사를 이끌고 조선
에 출병했다. 시코쿠(四国)[10] 지방에서는 모든 영주들이 출병했지
만 그중에서 하치스카 병사가 가장 많았다. 그래서 이 땅에 잡혀
온 조선 피로인(被虜人)[11] 도 많았던 모양이다.

  도쿠시마에 붙잡혀온 조선 피로인 가운데 특히 유명한 사람은
귀국 후『월봉해상록(月峯海上錄)』을 기록한 정희득(鄭希得)이라
는 사람이다. 그는 정유재란 때 전라남도 영광군 법성포 앞 칠산
바다에서 하치스카 수군의 무사 모리 시마노카미(森志摩守)에 잡
혀 도쿠시마에 연행되었다. 지식인이었기에 그랬는지는 모르지
만 그는 도쿠시마에서 좋은 대우를 받았다. 영주들에게 양해를
받은 그는 운 좋게 조선으로 돌아갈 수 있었지만, 귀국하지 못해

---

10 현재의 가가와현(香川縣), 도쿠시마현(德島縣), 고치현(高知縣), 에히메현(愛媛縣) 일대.
11 적이 군인이 아닌 민간인을 강제로 끌고온 사람.

일본에 정착한 피로인도 많았다. 『월봉해상록』에 따르면, "다리 위에서 만난 사람 십중팔구는 잡혀온 조선 사람이었다"고 되어 있을 정도다.

도쿠시마에 잡혀온 조선 사람들은 앞에 소개한 여성 말고도 여럿이었다. 영주인 하치스카에게 약을 지어올리고 병을 낫게 하여 나중에 염색업 다마야(玉屋)의 시초가 된 고도구(高道久), 임진왜란 당시 하치스카 군이 진을 치고 있던 충주에서 잡힌 스님인 영순(領順), 평양성에서 잡힌 고신(高信), 고신의 후손은 나중에 무사가 되었다. 아무튼 셀 수도 없는 많은 무명의 피로인들이 존재하였다. 나는 상상하지도 못할 정도로 많은 사람들이 일본으로 잡혀온 것을 알고 놀라고 말았다.

그들의 후손들이 지금 어디에 사는지는 거의 알 수가 없다. 다만 그들 가운데 한 후손이 도쿠시마현 오하라초(大原町) 가고(籠)라는 곳에 아직까지 살고 있다고 한다. 지도를 보면 그곳은 가쓰우라강(勝浦川)이라는 큰 강의 하구였으며, 도쿠시마 시내에서 한참 떨어진 동쪽 끝에 위치하고 있었다.

'고려 갸한'의 글자가 새겨진 보협인탑

도쿠시마시 중심에서 남쪽으로 향

하는 버스를 타고 가쓰우라강을 건넌 곳에서 버스를 내렸다. 하구를 향해 강을 따라 걸어가니 희미하게 바다냄새가 났다. 좀 더 걸어가니 갑작스럽게 묘지를 만났다. 그 묘역에 수십 개 묘가 있었지만 바로 눈에 들어온 것이, 특히 훌륭한 보협인탑(宝篋印塔)[12] 형식의 묘 2기였다. 그 묘의 옆면에는 다음과 같은 문구가 새겨 있었다.

高麗キャハン城主	고려 갸한 성주
山田應天国千天王末孫	야마다응천국 천천왕 말손
奧山要右衛門妻	오쿠야마 요에몬 처
奧山與五郎母	오쿠야마 요고로 모
行年八十六歳 俗名奈加	향년 86세 속명 나카

묘 뒷면에는 '분큐(文久)[13] 2년'이라는 명문이 있다. 또 하나의 묘에도 "고려 갸한의 어쩌고…"라는 문장이 있고, 이어서,

오쿠야마 요고로(奧山與五郎) 딸, 속명 오타카(於多か) 나이 27세

그리고 뒷면에 역시 '분큐 3년 몰'이라는 명문이 새겨져 있었다. 분큐 2~3년이라면, 1862년~1863년이니까 에도시대 말기에 세워졌다는 것을 알 수 있다. 당시 사람들이 조선에 대해 어떻게

---

12 "보협인다라니경"을 그 안에 안치하고 있었기 때문에 붙여진 이름. 중국 오월(吳越)에 그 유래를 찾을 수 있음.

13 에도시대에 사용된 연호 중의 하나. 분큐년간(文久年間)은 1861년~1864년.

생각했는지 모르겠지만 히데요시의 조선출병부터 270년이나 지났는데도 자기 가문의 연원을 묘비에 새겼다는 것은 아주 특이한 일이라 생각된다.

이 묘지에는 오쿠야마 이외로 '고하마(小浜)'와 '시이노(椎野)' 세 가문의 묘만이 있었다. 세 집안의 개인 묘지인 것 같다. 나는 이 묘비의 유래를 알고 싶어서 누군가 사람이 없을까 해 더 깊이 걸어 들어갔다. 겨우 민가가 보여 문패를 확인하니, 한 집은 오쿠야마이고, 다른 한 집은 시이노였다. 큰 소나무와 울타리만 남기고 폐가가 된 집도 있었다. 울타리 안쪽을 살펴봐도 그냥 조용할 뿐 사람은 그림자도 보이지 않았다. 한참을 그렇게 서 있다가 해초를 실은 보트가 다가오는 것이 눈에 띄었다.
다행히도 바로 내 앞까지 배가 들어왔으니, 나는 배에 탄 어르신에게 말을 걸어봤다.

"이 폐가옥이 고하마 씨 집이었는가요?"
"그래요, 그는 이미 도쿄로 이사했다오."

그 어르신은 왜 그런 것을 묻느냐는 표정을 지면서도 보트에 앉은 채 무뚝뚝하게 대답해 주었다.

"그러면 저쪽 집은 시이노 씨 집인가요?"

아까 그 집의 문패를 보고 이미 알고 있었지만, 이야기를 잇기 위해 일부러 물어봤다.

"우리 집인데요."

이분이 바로 시이노 씨였다.

"오쿠야마 씨와 고하마 씨는 400년 전 조선에서 왔다고 하던데요? 벌써 14대~15대가 이어지는 가문이네요."

너무 직접적이었는지 모르겠지만 단단히 마음먹고 과감히 물었다.

"내가 14대 손입니다."

그가 대답했다. 그로부터 14대를 거슬러 올라가면 대강 에도시대[14] 초기쯤일 것이다.

이 가고라는 지역은 원래 도쿠시마번의 관문이 설치되어 있었던 곳이다. 하구에 들어오고 나가는 배를 정점하고 통행세를 걷어내는 공적인 사무소가 있었다. 즉 바다의 세관이었다. 고하마와 오쿠야마 형제는 일본에 와서 이 관문을 맡은 관리가 된 것이다. 왜 그들이 그렇게 되었는지는 그 집의 유래서 등에 자세히 기

---

14 에도시대(江戸時代): 1603년~1868년.

록되어 있다. 그 자료에 의하면, 하치스카가 분로쿠(文禄) 원년 (1592년) 부산에 상륙한 후 웅천을 함락시키고 충주에 이르렀고, 나중에는 경남 창원에 오래 머물렀다.

혹시 '갸한'은 "창원에 가까운 지명이 아닐까"라는 생각이 들었다. 야마다응천국(山田應天国)의 '응천'이라는 곳은 '웅천(熊川)'을 뜻하는 것은 아닐까? 조선어로는 응천(應天)과 웅천(熊川)의 발음이 비슷하다. 웅천은 부산 바로 서쪽에 있고, 일본군이 기지로 삼은 곳이다. 그 근처에서 고하마와 오쿠야마의 초대 조상이 철포반 우두머리인 고시 마고자에몬(郷司孫左衛門)에게 사로잡혔다. 그 후 그 형제들은 길 안내를 강요받았다고 한다.

그리고 고하마와 아내, 형 이렇게 세 사람이 도쿠시마로 보내지게 되었다. 그들이 조선에서 길을 안내한 덕인지 고하마라는 성씨를 받게 되었다. 무사가 될 수 있도록 해주겠다는 제안도 있었지만 그는 사양했다. 다만 후손 가운데 무사가 되길 원하는 자가 있으면 그렇게 해달라고 했다고 한다. 처음엔 도쿠시마성 안에서 모셨지만 나중에는 오하라포(大原浦)와 가고 지역의 미개척지를 개간하라는 명을 받았다고 한다.

고하마 씨의 첫 대는 도쿠시마번 3대 영주 때 98세까지 장수한 뒤 생을 마감하였고, 그의 두 아이는 가고의 관문을 지키는 관리가 되었다. 어찌되었든 에도시대가 끝날 때까지 그 자리를 지켰던 집안이다. 나중에 두 집으로 갈라졌는데 그 분가가 시이노인 것 같다.

시이노 어르신에게 좀 더 자세한 이야기를 듣고 싶었지만, 내 질문에 마땅찮은 표정이었으므로 이것저것 물어보는 것이 왠지 미안해져서 더 이상 묻지 못했다. 다시 한번 묘지에 돌아가서 '고려 갸한'이라는 문구를 새긴 이 자존심 강한 사람이 누군지 생각해 봤다. 나는 처음 '처 나카'라는 표기 때문에 나카의 신랑인 요에몬(要右衛門)이 새긴 것이라 생각했다. 그러나 두 묘 사이에 있는 요에몬의 묘를 보면, 그가 가에이(嘉永)[15] 2년(1849년)에 세상을 떠났다고 되어 있었다. 아내보다 일찍 사망했으니, 그가 이 묘비를 새겼을 리가 없었다. 분큐 3년(1863년)에 세워진 요고로(與五郎) 딸의 묘를 보고, 이번에는 요고로의 묘를 찾아보았더니, 뒤쪽 높은 곳에 그의 묘비가 있었다. 그 묘는 상당히 큰 것이며, 밑돌을 포함해 170센티미터 정도로 이 묘역에 남아있는 묘석 중 가장 커보였다. 거기에는 '8대째 고씨(高氏) 속명 요고로(与五郎)'라고 쓰여 있고, 메이지(明治)[16] 3년(1840년)에 세상을 떠났다고 기록되어 있었다.

고씨(高氏)는 이름과 같이 보이기도 하지만 원래 갖고 있었던 조선의 성씨가 아닐까 생각이 들었다. 7대째인 요에몬의 묘에는 고씨에 해당하는 글씨가 안 보인다. 오쿠야마 가문 유래서에 고씨라는 표현이 없고, 이 묘석에만 보이는 것이다.

한편 고하마 씨 가문의 묘를 보면, 6대째부터 묘석이 남아 있

---

15 에도시대에 사용된 연호 중의 하나. 가에이년간(嘉永年間)은 1848년~1854년.
16 메이지시대(明治時代): 1868년~1912년.

었다. 묘지 안쪽에 있는 고하마 씨 8대부터 11대의 묘석에는 모두 '야마다응천국 천천왕자손(山田應天国千天王子孫)'이라는 글씨가 새겨 있었다. 하지만 '고려 갸한'이라는 글씨는 없었다.

요고로의 엄마랑 딸이 이어서 죽어간 1860년대는 에도막부가 무너지기 직전이어서 세상이 조용하지 않았을 것이다. 그다지 신분이 높은 입장이 아니었더라도 안정적으로 지금의 직위를 지킬 수 있을지에 대한 보장은 없었을 것이다. 또한 요고로 본인도 그때 이미 55~56세가량이었을 것이다. 오쿠야마 조상이 조선에서 이 땅에 온 지 이미 270년이나 흘렀을 때이다. 초대 오쿠야마랑 같은 이름을 가진 요고로는 뭔가 느끼는 것이 있었던 것이 아니었을까? 그래서 후손이 일족의 뿌리와 자존심을 잃지 않도록 하기 위해, 자신의 묘에 고씨의 성을 새겨 놓으라고 두 아이에게 시킨 것은 아닐까? 묘석을 보면서 그러한 추측을 펼쳐보았다.

'고려'라고 새겨진 묘를 남겨 조선에서 온 피로인 신분에도 불구하고 개척한 땅에서 400년이나 되는 세월을 의기양양하게 살아온 일족이 있다는 사실에 놀랐다. 그와 함께 학교 역사 수업에 지나지 않았던 '히데요시의 조선출병'이 아직도 생생하게 살아 있는 듯 느껴졌다.

3. 두 개의 도진총(唐人塚)

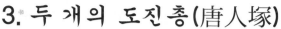

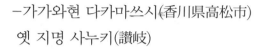

－가가와현 다카마쓰시(香川県高松市)
  옛 지명 사누키(讃岐)

　시코쿠(四国)의 들머리인 가가와현(香川県) 다카마쓰시(高松市) 중심지에 있는 호센지(法泉寺)에는 시코쿠에 좀처럼 어울리지 않는 소철나무가 있다. 이 나무는 조선출병 당시 영주가 조선에서 가지고 왔다고 전해지고 있다. 당시 이곳의 영주는 이코마 지카마사(生駒親正)와 이코마 가즈마사(生駒一正) 부자였다. 『이코마기(生駒記)』의 기록에 의하면, 둘은 임진왜란 때, 5500의 병사를 이끌고 출병하여 조선인 100여 명과 말 수십 마리를 끌고 귀국했고, 조선에서 가져온 목화씨로 면화 재배에 도전했다고 쓰여 있다.

　영주 이코마가 영토를 몰수당하여 다른 지역에 옮긴 후에도 임진왜란에 관한 에피소드는 이곳에 오래 전해진 것 같다. 에도시대에 쓰여진 『삼대이야기(三代物語)』와 『사누키 명승도회(讃岐名勝図絵)』에도 그 이야기가 기록되어 있다. 다카마쓰시의 동쪽인 기다군(木田郡) 미키초(三木町) 시로야마(白山) 부근에 관한 이야기 속에 그 흔적이 두 개가 남아 있다. 하나는 '오조에 · 고조에(大添 · 小添)'라는 여성들의 이야기이고, 또 다른 하나는 도진총

(唐人塚)이라 불리는 것에 관한 이야기이다. 오조에·고조에는 자매 이름이고, 이 지역의 다카오카 무네스케(高岡宗弼)라는 무사가 조선출병 시 조선의 궁녀 자매를 데리고 왔다는 것이다.

고토히라전철(琴平電鉄) 나가오선(長尾線)과 나란한 나가오가도(長尾街道)를 따라 미키초 시로야마로 향해 달리면, 다카오카의 후손이라는 야마사키(山崎)씨의 묘가 있다고 한다. 그것을 보기만 하면 바로 알 수 있을 거라고 쉽게 생각했는데 좀처럼 묘를 찾을 수 없었다. 마을엔 간판 하나 없어 동네 사람이 '저것'이라고 가리키면서 알려주지 않았으면 찾지 못했을 것이다. 겨우 찾은 그 묘는 완전히 풍화되어 있었다. 높이 50센티미터 정도인 아주 조그마한 오륜탑(五輪塔)의 묘석이 두 개 있었다. 그 옆에는 그녀들을 모셨던 사람의 묘인 한 단계 더 작은 묘석도 있었고, 모두 이슬비를 맞고 있었다.

그녀들에 관한 자세한 이야기를 알고 싶어서 근처 후손의 집을 찾아봤지만 공교롭게도 주인이 없었다. 그 집에는 자매들이 조선에서 가져왔다는 백자(白磁)나 작은 불상, 사슴가죽으로 만든 삿갓 등이 지금도 보존이 되어 있다고 한다. 그러한 물건의 주인이라면 그녀들은 양반집 규수였던 것임에 틀림없었다. 전쟁의 혼란 가운데 조선 고위층의 여성이나 아름다운 여성들이 납치되어 왔다는 이야기가 많은 것이 조선출병의 특징이기도 했다.

또 다른 이야기, 즉 도진총에 관한 기록은 에도시대 중기에 쓰여진『삼대이야기』속에 있다. 그 내용은 다음과 같다.

    "이코마의 무사 다카마쓰 다쿠미(高松內匠)가 한인(韓人) 세 명을 데리고 들어왔고, 이들이 죽은 뒤 이 마을에 묻혔다고 한다. 마을사람들은 이것을 도진총이라고 부른다."

    그 도진총은 야마다이지(山大寺)라는 곳에 있다고 한다. 야마다이지는 지금도 지명으로 남아 있지만, 절은 이미 이전되어 동네사람들에게 물어봐도 알 수가 없다고 한다.

    그런데 도진총이라고 불리는 것이 다카마쓰시에 하나 더 있다는 것을 알게 되었다. 그곳은 시의 중심을 조금 벗어난 남서부의 이이다초(飯田町) 다나카(田中)라는 전원지대였다.

    그 자리에 가봤더니, 큰 후피향나무와 지장당(地藏堂)[17] 사이로 십여 개의 묘가 어수선하게 놓여 있었다. 이름이 새겨진 묘는 안 보이고, 오조에 · 고조에 묘와 마찬가지로 그냥 작은 오륜탑이 있을 뿐이었다. 이들의 묘지 구석에 다카마쓰시 교육위원회가 세운 '도진총'이라는 안내판에 다음과 같이 씌어 있었다.

    "분로쿠의 역(임진왜란)으로 출병한 이코마 지카미사와 이코마 가즈마사는 조선반도에서 포로를 여러 명이나 데리고 들어왔다. 이 지방에도 8명의 포로가 가라토 스케무네(唐戶資宗)의 감독 밑으로 배치되었다. 그런데 그 8명은 미래에 대한 걱정 때문인지

---

17 지장보살(地藏菩薩)은 불교신앙의 대상인 보살 중의 하나이고, 일본에서 널리 신앙되어 있다. 일본 각 지역에 지장당(地藏堂)이 설치되어 있는데, 땅을 지키는 신당과 같은 존재.

수치를 참지 못해서인지 자살하고 말
았다. 동네 사람들은 그들을 불쌍하
게 여겨 가라토 집 묘지 한 구석에 그
들의 묘를 만들어 매장했다고 전해진
다. 이후 400년 동안 가라토씨에 의
해 묘는 지켜져 왔다. 다만 이 주변에
흩어진 작은 무덤들이 조선사람들의
묘이라는 전설도 있다."

다카마쓰시 이이다초에 있는 '도진 팔원묘'

묘지 안에는 '장도진 팔원묘(葬唐人
八員墓)'라고 새겨진 석비가 있었고,
옆면과 이면에 그 유래 같은 내용이 있는 것 같았다. 아주 오래
전에 세워진 것인지 풍화되어서 거의 읽을 수가 없었다. 그래서
탁본을 떠서 읽어 보았더니, 내용은 안내판과 거의 비슷했지만,
이 비석은 포로들이 자살한 다음 긴 세월이 흐른 후, 140년이나
지난 교호(享保)[18] 19년(1734년)에 세워졌다는 것을 알 수 있었다.

자세한 유래를 알고 싶어서 동네사람에게 이 묘지의 소유자가
누군지 물어봤더니, 가라토(唐渡) 씨라고 한다. 분명 안내판의 한
자는 가라토(唐戸)라고 되어 있었는데… 가라토 씨 집은 생각보
다 가까운 곳에 있다고 하니 나는 급히 찾아갔다. 갑작스러운 방
문에도 불구하고 가라토 씨는 반갑게 맞아주었다. 게다가 집의

----

18 에도시대에 사용된 연호 중의 하나. 교호년간(享保年間)은 1716년~1736년.

족보까지 꺼내어 가라토 씨의 유래를 알려줬다.

주인의 이야기에 의하면, 가라토(唐渡) 씨는 원래 이코마의 전 영주인 고자이(香西)와 같은 성이었다. 조상인 단조 모토치카(弾正元隣)가 전국시대인 에이쇼(永正)[19] 17년(1520년)에 셋쓰국(摂津国)[20] 아리마(有馬)에 있는 가라토 계곡(唐渡谷)의 전쟁에서 큰 승리를 거두었기 때문에 가라토(唐櫃)라는 성을 하사받았다고 한다. 하긴 효고현(兵庫県) 내에서 고베(神戸)와 아리마(有馬)를 이어가는 아리마가도(有馬街道)라는 길에는 지금도 가라토(唐櫃)라는 지명이 있다.

그 가라토 단조(唐櫃弾正)는 용감한 무사였지만 덴쇼(天正)[21] 13년(1585년) 히데요시가 시코쿠에 쳐들어왔을 때, 히데요시에 대항해서 싸우다가 다카마쓰 기오카성(喜岡城)에서 전사했다고 한다. 가라토라는 성은 唐人, 唐渡, 唐櫃 등 음은 같지만 한자가 달라 헷갈리기 시작했다. 이와 함께 도진총에 대한 의문이 점점 깊어졌다.

히데요시가 시코쿠 지방을 정복한 후인, 덴쇼 15년(1587년)에 이코마 지카마사(生駒親正)와 이코마 가즈마사(生駒一正) 부자가 이 땅의 새로운 영주가 되었다. 전사한 가라토 단조(唐櫃弾正)의

----

19 에이쇼년간(永正年間)은 1504년~1521년.
20 오사카부(大阪府) 북서부와 효고현(兵庫県) 남동부 일대의 옛 지명.
21 덴쇼년간(天正年間)은 1573년~1592년.

아들인 가라토 스케무네(唐戸資宗)가 영주 이코마를 모시는 기간에 조선출병이 일어났다. 스케무네도 당연히 영주를 따라 조선에 출병하게 되었다. 그는 조선에서 돌아온 다음에 연행된 조선사람들의 관리를 맡았다. 그런데 그들이 자살해 버렸기 때문에 관리책임에 문제가 되어 식록(食禄)²²을 몰수당한다는 큰 벌을 받았다.

스케무네는 이이다촌에서 700석을 받았던 상급무사였다. 자살한 조선사람들은 의사 일족이었다고도 한다. 이들의 죽음으로 인해 감독자가 식록을 몰수당할 정도면, 그 사람들은 상당히 높은 신분을 가진 사람이었든지, 아니면 영주에게 있어서 중요한 인물이었을지 모른다.

묘지 주인인 가라토(唐渡) 씨 이야기를 듣는 중에 도진총이라 불리는 것은 단순히 가라토 가문의 조상을 모시는 사적 집안의 묘지가 아닐까 하는 생각이 들었다. 그렇다면 400년이나 가라토씨가 묘를 지키는 것은 당연한 일이다. 그러나 이것에 대해 가라토씨 본인도 잘 모르는 모양이었다. 이들 가문의 한자표기(唐櫃 唐人 唐戸 唐渡)는 변했지만, 모두 '가라토'라고 읽는다. 성의 한자표기가 가라토(唐人)였을 시기에 도진(唐人)이라 불린 조선사람들을 데리고 있었기 때문에, 가라토 씨 후손과 후대 사람들이 혼동한 것이 아니었을까 생각했다. 조선출병 당시 일본사람들은 조선사람들을 어느 때는 고려사람(高麗人)이라 부르고, 어느 때는 중국사람과 합쳐 도진(唐人)이라고 불렀다.

---

22 관리들에게 봉급으로 주던 곡식이나 돈, 피륙 따위를 통틀어 이르는 말.

가라토 씨는 일본의 전국시대부터 에도시대 초기에 걸쳐서 가라토(唐人)의 성을 사용했을 것이다. 나는 가라토씨 원조인 가라토 단조(唐櫃弾正)의 묘가 있는 후루다카마쓰(古高松)의 기오카지(喜岡寺)라는 절을 찾았다. 과연 그의 묘석에는 가라토 단조(唐人弾正)라고 새겨져 있었다.

가라토 씨의 후손이 '장도진 팔원묘(葬唐人八員墓)'이라는 석비를 세운 해가 1734년이었다. 그 보다 조금 전에 기록된 『삼대이야기』에는 미키초 시로야마에 있는 도진총에 관한 기록은 있지만, 이이다촌의 도진총에 관한 기록은 보이지 않는다.

또한 에도시대 말기에 기록된 『사누키 명승도회(讃岐名勝図絵)』에도 이러한 내용이 보인다. "가라토(唐人) 씨 한인(韓人) 8명을 데리고 들어와 나중에 여기에 그들을 묻었다는 것은 잘못 알려진 것이다" 그리고, 따로 "가라토 스케사에몬 무네노부(唐渡助左衛門信宗) 집터 이이다촌에 있음"이라고 기록하고 있다.

이러한 기록을 통해 볼 때, 다카마쓰시 교육위원회가 세운 안내판의 설명문 마지막에 "다만 이 주변에 흩어진 작은 무덤들이 조선사람들의 묘라는 전설도 있다."라고 소심하게 덧붙인 이유를 알 듯도 하다. 어쨌든 8명의 조선인 포로가 연행된 다음에 이 땅에서 자살한 것은 확인한 것이다. 그러나 그들 외 100여 명의 조선사람들이 연행되어 왔다고 하는데, 그들의 소식은 전해지지 않았다.

4. 도진마치(唐人町)의 유래

－고치현 고치시(高知県高知市)
　옛 지명 도사(土佐)

　도진마치(唐人町)라고 하면, 흔히 사극에서 볼 수 있는 중국 상인들의 마을이라고 생각했다. 그러나 실은 그 명칭의 대부분이 히데요시의 조선출병에서 유래한다는 것을 고치(高知)에 와서 처음 알게 되었다. 유명한 하리마야교(はりまや橋)에서 남쪽으로 100미터쯤 가면 시내를 가로질러 흐르는 가가미강(鏡川)을 만난다. 고치시의 도진마치는 이 강의 북쪽 일대에 자리하고 있다. 남북으로 50미터, 동서로 1킬로미터, 마치 장어가 누운 것과 같은 긴 길에 훌륭한 저택이나 관광호텔이 나란히 서 있다. 이 마을은 고치시내에서 가장 운치 있고 잔잔한 분위기를 가진 동네이다.

　이곳에 도진마치라고 이름이 붙여진 데는 다음과 같은 유래가 있다고 한다. 임진왜란 당시 도사(土佐)[23]의 영주는 조소가베 모토치카(長宗我部元親)였다. 그가 분로쿠 2년(1593년)에 경상남도의 웅천성(熊川城)을 공격했을 때, 경주에서 원군으로 싸우러 왔던 박호인(朴好仁)과 그 일족이 잡혔다. 이들을 잡은 사람은 요시

---

23 고치현(高知県)의 옛 지명.

다 마사시게(吉田政重)라는 무사였다. 그는 에도시대 말기에 도사 영주인 야마우치 도요시게(山内豊信)에 의해 기용되어, 지방개혁을 진행한 요시다 도요(吉田東洋)의 조상이라 한다.

박호인 일족이 일본에 잡혀와 처음 살게 된 곳이 가쓰라하마(桂浜)에 접한 우라도성(浦戸城) 근처였다. 그 당시 우라도성은 영주 조소가베가 사는 성이었다. 박호인 일족과 그 하인들은 30명 정도였지만, 그 이외 연행된 조선사람이 350명이나 되었다고 한다. 박호인의 아들 원혁(元赫)은 영주 조소가베를 모시게 되었고, 박호인의 딸은 영주 정부인을 모시는 시녀가 되었다고 한다.

그 후 조소가베가 세키가하라전투(関ケ原の戦い)[24]에서 패하여 그의 영지를 몰수당하자 박호인들의 생계는 매우 힘들어졌다. 그래서 그 집 하인들이 두부를 만들어 팔아가며 목숨을 연명하게 되었다.

게이초(慶長) 6년(1601년) 야마우치 가즈토요(山内一豊)가 새로운 영주가 되어 도사에 들어왔다. 그는 박호인 일족에게 여러 의무를 면제하고 아가와군(吾川郡) 나가하마(長浜)에 논밭 3단(反)[25]을 주고 우대했다고 한다.

박호인 일족이 고치에서 옮긴 흔적을 따라가 보자. 우라도에는 태평양을 바라보는 사카모토 료마(坂本龍馬) 동상이 있는 가

---

24 1600년에 일어난 일본국내의 전투이다. 도요토미 히데요시 사후에 정권을 둘러싸고, 도쿠가와 이에야스(德川家康)파와 이시다 미쓰나리(石田三成)파로 갈라져 싸웠고, 도쿠가와파가 승리했다.
25 단(反): 옛 땅의 단위, 1단은 약 10아르로 약 300평.

현재의 고치시 도진미치 부근

쓰라하마(桂浜)라는 해변이 있다. 그 바로 가까운 곳에 '도진야시키 터(唐人屋敷跡)'라고 하여진 곳이 있다. 또 영주 야마우치에서 받은 나가하마 땅에도 '도진바타케(唐人畑)'라는 지명이 남아 있다. 야마우치 가즈토요가 우라도성에서 고치성(高知城)으로 옮겼을 때, 박호인 일족에게 가가미강변에 67평 정도의 저택을 주었다. 다른 피로인들을 그 주변에 모이게 했고, 박호인의 하인들이 만든 두부에 관한 제조 판매 전매권을 주어 그들을 보호했다. 그 땅이 후에 도진마치라고 불리게 되었다.

겐로쿠년간(元禄年間:1688년~1704년)[26]에 쓰여진 『도사이야기

---

26 에도시대에 사용된 연호 중의 하나. 겐로쿠년간((元禄年間)은 1688년~1704년.

(土佐物語)』에는 "조선인들을 도사국에 데려오고 그들의 편리에 의해 거주지를 설치하고, 도진마치라고 불렀다. 두부라는 것을 만들어서 장사하여 먹고 살아 세월을 보냈다."고 기록되어 있다. 또한 메이지시대(1868년~1912년) 초기에 쓰여진 『가이잔슈(皆山集)』에도 '두부전래'에 관한 기록이 보인다. "일본에는 옛날에 두부가 없었는데, 분로쿠년간(文禄年間:1592년~1596년)에 모토치카가 조선의 포로들을 이끌고 돌아왔을 때, 그중 박호인이라는 자가 있었다. 그의 후손들이 계속 이 나라에 살다가 고치성 축성 시 국수(国守) 야마우치 가즈토요가 박씨들을 지금의 도진마치에 거주시켰다. 이곳에서 처음으로 두부를 제조했다. 지금은 이곳저곳에서 두부를 만들지만 이 지역의 두부를 따라가지 못한다."

　영양가 높고 서민 음식으로 일본사람들에게 일상적으로 익숙해진 두부가 조선 피로인들을 통해 처음으로 이 땅에 전래되었다는 것이다. 일본에 처음으로 두부가 들어온 것이 나라시대(奈良時代)[27]나 헤이안시대(平安時代)[28]라고 한다.

　그러나 그것은 교토(京都)나 오사카(大阪) 방면 일부 중심지역에 한정된 이야기다. 또한 두부를 접할 수 있는 계급은 스님이나 고급관리들로 서민들에게 두부는 귀하고 보기 힘든 음식이었던 것 같다. 당시 도사지방은 땅 끝인 완전한 시골이라 해도 과언이 아니었고, 이곳에서 두부는 역시 귀하고 드문 음식이었을 것이

----

27 나라시대(奈良時代)는 710년~784년.
28 헤이안시대(平安時代)는 794년~1185년.

다. 에도시대 말기까지 두부판매는 박호인 일족에게만 허락되었다. 그들이 이 땅에서 환영받는 이유는 그들이 원래 신분이 높을 뿐만 아니라 두부 등의 제조법을 조선에서 가져왔다는 것에 있었을지 모른다. 특히 야마우치가 도사국에 들어왔던 시절은 흉년이 계속되어 백성들 모두가 살기 힘들었을 때였다.

그들의 자손들이 지금도 두부장사를 하고 있지 않을까 하는 기대감으로 나는 도진마치근처를 걸어봤지만 두부가게는 하나도 없었다. 태평양전쟁 패전 이전 어느 때까지는 도진마치에 두유 향기가 가득했다고 한다. 그래서 시골에서 고치시내로 나가는 재미 중 하나가 도진마치에서 두부를 사서 집에 들어가는 것이었다고 한다. 그날 밤, 고치시내 작은 술집에서 이야기하다가 어느새 그 두부가 화제로 올랐다. "이곳의 두부는 딱딱해서 옮길 때에는 밧줄로 묶어서 옮기곤 했어요. 끓이면 크게 부풀렸고요."라고 술집 여주인이 말했다. 지금 우리가 일상적으로 먹는 두부 이전에는 딱딱한 두부가 있었다는 것을 알려 주었다. 고치현 북부 오토요(大豊) 부근에서는 그 두부를 지금도 도진토후(唐人豆腐)라고 부른다고 한다. 그 두부도 도진마치에서 온 것임에 틀림이 없었을 것이다.

원래 신분이 높고 두부를 가져온 공이 있어서 그랬는지 피로인 신분인데도 불구하고 박호인은 예외적인 우대를 받았다. 그런데도 그는 어떻게든 모국으로 돌아가고 싶었던 것 같다. 도사를 빠져 나가서 바로 옆의 이요(伊予)[29]국 번주인 가토 요시아키(加藤嘉明)를 의지했다. 그 다음에는 후쿠시마 마사노리(福島正則)가 지배하는 히로시마(広島)로 옮겨가 한때 거기서도 살았다.

　연행된 피로인들 대부분은 일본에서 노예와 같은 대우를 받아 도망치면 목숨을 잃었다는데, 박호인은 자유롭게 도사 땅을 떠날 수 있었다는 것이 놀랍다. 게다가 그는 히로시마에서 후쿠시마에게 저택을 받았고, 그 땅에서 태어난 아이가 후쿠시마 바로 밑에서 그를 모셨다. 이들은 도사에서와 다름없는 우대를 받았다는 것이다. 역시 조선에서 신분이 높았던 사람이나 지식인은 좋은 대우를 받았던 것 같다. 여담이지만 오래된 문서를 보면 박호인을 '바쿠호인(ばくほう院)'이나 혹은 '바쿠호닌(ばくほうにん)'이라고 기록하고 있다. 조선어의 음 그대로 불렀던 것 같다.

　히데요시에 의한 조선출병은 히데요시의 죽음과 함께 끝나게 되었다. 많은 우여곡절이 있었지만 조선과 도쿠가와막부(徳川幕府) 사이에는 다시 국교가 이루어졌다. 겐나(元和) 3년(1617년) 일본 각지에 잡혀간 사람들을 귀국시키기 위해 조선에서 보낸 쇄환사(刷還使)[30]와 함께, 다행히 박호인은 히로시마에서 태어난 두 아

29 에히메현(愛媛県)의 옛 지명.

30 쇄환사는 끌려간 사람을 되돌아오는 사신이라는 뜻. 임진왜란과 정유재란으로 일본에 끌려간 조선 피로인을 정확히 집계할 수는 없지만, 적게는 2만 명에서 많게는 10만 명으로 추정. 일본인 학자 요네타니 히토시(米谷均)에 따르면, 1599년부터 1643년 사이 조선인 송환사례는 63건. 특히 1599년~1610년 사이에 집중됐고, 전체 확인된 귀환자 숫자는 6,323 명이라 함.

이를 데리고 귀국할 수 있게 되었다. 한편 도사국에 남겨진 딸은 나라(奈良)의 술 양조가로 시집을 갔다. 박호인의 큰아들 원혁은 그대로 도사에 남아 영주 정부인의 시녀인 도에(遠江)라는 여성을 맞이하여 네 명의 아들을 얻었다. 원혁은 그 후 아키즈키(秋月)라는 성씨를 가지게 되었다. 이름을 처음에는 조지로(長次郎) 후에는 조자에몬(長左衛門)이라 불렸고 도진마치의 원조가 되었다. 그리고 쵸오(承応)[31]원년(1652년) 일본에서 생을 마감했다.

그 자손들은 몇 집으로 나눠지면서 번창했고, 그중에는 촌장 등 지방 주요직을 맡은 사람도 나왔다. 덧붙여 말하면, 이 지방의 전화번호부를 펼쳐보니 '아키즈키'성을 가진 사람이 많은 것을 알 수 있었다. 지금도 그 자손들이 끊어지지 않고 건재한 모양이다.

박원혁 즉 아키즈키 조자에몬의 묘는 도진마치를 마주한 히쓰산(筆山)에 있다고 한다. 다음 날 아침, 나무가 울창하게 우거진 산 중턱에서 나는 그의 묘를 겨우 찾아냈다. 높이 2미터정도의 그 묘는 긴 세월 때문인지, 윗부분의 표면이 벗겨 떨어졌고 법명(法名)도 보이지 않았지만, 뚜렷이 '도진마치 아키즈키 조자에몬(秋月長左衛門)'이라고 읽을 수 있었다.

몸을 펴서 히쓰산의 묘지에서 북쪽을 바라보니, 밑으로 옛날에 박호인 일족이 받은 고택 터가 보였고, 그 연장선 위로 고치성이 있었다. (현재 고치시에서 최고의 호텔인 산스이엔호텔三翠園ホ

---

31 에도시대에 사용된 연호 중의 하나. 쵸오년간(承応年間)은 1652년~1655년.

テル이 박호인 저택 터란다.) 마치 이 묘의 주인이 아득한 먼 옛날 두부 장사를 하며 조선에서 잡혀온 동포들과 함께 서로 도와가며 살던 도진마치를 내려다보면서, 그들의 갈 길을 지켜보고 있는 것 같았다. 혹은 고치성의 북방, 더욱더 먼 모국을 바라보고 있을지 도 모른다.

5. 도진두부(唐人豆腐)와 도토리 두부

—고치현 오토요초 · 아키시(高知県大豊町 · 安芸市)
　옛 지명 도사(土佐)

　고치의 작은 술집에서 딱딱한 도진두부에 관해 듣자마자 당장 고치만의 독특한 두부 제조소를 찾아가기로 했다. 그 두부는 고치현 최북단이자 도쿠시마현과의 경계에 있는 오토요초(大豊町)에서 지금도 만들어진다고 했다.

　찾아간 곳은 명승 오보케(大歩危) 고보케(小歩危)[32]의 고치 방향의 역인 JR이와하라역(岩原駅)에서 약 3킬로미터 정도 떨어져 있다. 역에서 구불구불한 산길을 따라 올라가자 내가 찾는 시모무라 두부점(下村豆腐店)이 있었다. 다카마쓰에서 고치로 갈 때는 항상 오보케 고보케의 깎아지른 듯한 절벽을 밑에서 올라보기만 했는데, 막상 이곳에서 눈앞의 강을 내려다보니, 그냥 밑으로 떨어질 것 같은 느낌마저 들 정도로 아찔한 급사면이었다. 이런 곳에도 사람이 산다는 것이 놀라웠다.

----

32 도쿠시마현 서북부 요시노강 상류지역에 있는 계곡으로, 오보케는 "큰 걸음으로도 어렵다"라는 뜻이고, 고보케는 "작은 걸음으로도 어렵다"라는 뜻으로, 기암괴석 사이 급류가 흐르는 곳으로 유명하다.

아키시 도치노키에서 만들어진 '기시키리'

두부점이라고 알려져 있는데도 불구하고 간판도 없었고, 보통 농가의 한 건물이 두부 제조소였다. 하지만 안에는 근대적인 설비가 들어차 있었고, 내 선입견에서 온 예상이 빗나가고 말았다. 옛날에는 콩을 가마솥으로 끓였는데, 지금은 압력 가마솥을 사용하고 직접 손으로 잭(jack)을 들어 짰던 것을 전기 잭으로 바꿨다고 한다.

주인인 가쓰라(桂) 씨 부부는 나이 때문에 지금은 두부제조에 관여하지 않고 기술자를 고용하여 만들고 있었다. 두부 제조는 밤 12시경부터 시작하여 아침 6시 정도에 작업이 끝나는데, 새벽에 고치시내 슈퍼마켓에 배달한다고 한다. 만들어진 두부를 봤더니 그 모양은 정사각형이었다. 지금도 오래된 전통을 지키는 것 같았다.

'두부가게의 아침은 이르다'라는 말이 있지만, 일러도 너무 한참 일렀다. 아침 일찍 찾아갔다고 생각했는데, 작업은 이미 끝나버려서 제조과정을 전혀 볼 수 없었다. 가쓰라 부인 쇼부 메구미(菖蒲惠)씨가 설명해 주기로는, 일반적인 두부는 약 70도가 된 콩물에 간수를 넣은 다음에 틀에 넣는 것이라고 한다. 하지만 이곳에서 만드는 딱딱한 두부는 두유를 주머니에 넣고 짠 것을 다시 가마에 넣어 100도까지 끌인 다음에 간수를 넣는다고 한다. 그래야 두부가 딱딱하게 만들어진다고 한다. 아이들이 발로 밟아도 부서지지 않은 정도로 딱딱하기 때문에 이 두부를 밧줄로 묶어서 운반할 수 있었던 것이다.

조선시대의 요리서인 『규합총서(閨閤叢書)』 속의 '두부법'도 이렇게 쓰어 있다.

"뜨거운 물을 끓인 가마에 맷돌질한 콩을 넣는다. 이것을 면주머니에 넣고 짜낸다. 짜면서 더 뜨거운 물을 부어가며 면주머니를 밀면서 충분히 물을 짠다. 끓인 콩물을 다 짜냈으면 다시 가마에 넣은 다음 강한 불로 끓인다. 나무주걱으로 잘 섞어 옹기에 옮긴다. 잠시 놓아둔 다음 조금씩 간수를 가하면서 굳게 만든다." 이 조선의 두부 제조법이 바로 부인의 설명과 일치했다.

이 지방에서는 이 두부를 어떻게 먹는지 물어봤다. 옛날에는 경사, 즉 설날이나 결혼식, 축제 때만 먹을 수 있었다고 하며, 두부산적으로 만들어 된장에 찍어 먹었다고 한다. 현재는 그냥 생두부에 간장을 찍어 먹기도 하고, 프라이팬에 기름을 두르고 두부를 살짝 구워 양념강장에 찍어 먹기도 하며, 요즘은 불고기양념에 찍어 먹기도 한단다.

두부라고 하면, 우리는 흔히 히야얏코(冷や奴)[33]나 된장국 안에

---

33 날두부를 차게 해서 양념장을 친 요리.

들어 잇는 두부 등 부드러운 것을 떠올린다. 하지만 조선인 박호인의 후손들이 도사번에 제출한 기록 속에 "세상을 살아가기 위해 두부를 구운 것이다"라는 글에서 보듯, 두부는 원래 구워 먹는 것이 일반적이었던 것 같다.

고치 도서관에서 두부 등을 알아보고 있었는데, 내가 멀리에서 온 것을 알고 직원이 "이런 것도 무슨 참고가 될까요?"라며 관광용 얇은 책자를 꺼내주었다. 책자를 펴보다 '도토리두부(どんぐり豆腐)'라는 문자가 눈에 들어왔다. 첨부된 사진을 보니, '도토리두부'는 네모난 형태에 연한 갈색이었다. 이 지역에서는 '가시키리'라고 불리는 것 같았다. 이것은 바로 한국에서 말하는 '묵'이 아닐까 생각했다. 묵은 녹두나 메밀, 도토리 등을 가루로 만들어 물을 섞어 가라앉힌 것을 끓여 굳게 하여 젤리와 같은 상태로 만든 것이다. '가시키리'는 이곳에서 늦은 가을이 되면 만들기 시작한다고 한다.

고치의 지인에게 시장에 가시키리가 나왔으면 알려달라고 부탁했는데, 소식이 전혀 없었다. 더 이상 기다리지 못하고 겨울이 다가오는 어느 날, 가시키리를 만드는 사람에게 직접 전화를 하여 제조법을 보여 달라고 부탁했다.

북적이던 한신 타이거스(阪神タイガース)의 캠프장인 아키야구장(安岐球場)을 지나, 아키시내 북쪽으로 향해 도치노키(栃の木)라는 마을을 찾아갔다. 그 마을 사람인 고마쓰(小松)씨 댁에서는 미리 모든 준비를 해놓고 나를 기다리고 있었다. 간단한 인사만

드리고 바로 가시키리의 제조법을 보기로 했다. 가시키리를 만든 분은 부인과 며느리였다. 가까운 산에서 주워왔다는 참나무류의 열매인 도토리를 껍질이 스스로 깨질 때까지 햇볕으로 말린 다음에 부순다. 떫은맛을 빼내기 위해 도토리를 주머니에 넣고 하룻밤 강물에 담근다(수돗물이라도 괜찮지만 물은 계속 흘려보내야 한다). 그 떫은맛이 빠진 것을 믹서 등으로 간다. 도토리가루를 가마에 넣고 휘저으면서 끓인다. 가마의 도토리가루는 10분~15분 사이에 금방 걸쭉하게 되는데, 그것을 틀에 넣고 서서히 식히면 완성된다. 색깔은 갈색이나 짙은 베이지색을 띠었다. 이것은 지금도 한국에서 흔히 잘 만들어 먹는 묵이자, 일본에 사는 한국인 가정에서도 제사할 때 꼭 상에 올리는 그 묵이었다.

실은 이것과 같은 것을 구마모토현(熊本県) 히토요시시(人吉市) 부근에서 본 적이 있었다. 10여 년 전에 히토요시의 도진마치(唐人町)를 찾아갔을 때, '이치이 곤약(イチイコンニャク)'이라는 것을 알게 되었다. 여행의 마지막이고 시간이 없어서 아키시의 가시키리처럼 제조법까지는 볼 수 없었다. 하지만 가시키리와 똑같이 생긴 완성품을 보고, 이것이 묵이 아닐까 하고 생각했다.

또한 미야자키현(宮崎県)의 산간지방인 시이바(椎葉)와 메라야마(米良山) 지역에서도 '이치이 곤약'을 만든다고 한다. 이 지방도 에도시대는 히도요시번의 영토 내에 있었다. 요컨대 같은 산간지방이라고 해도 다른 지역에서는 만들어지지 않았다. 히토요시번의 영토 내에서만 그것이 보였다고 하면, 역시 영주인 사가라(相良)가 연행한 조선인들에 의해 그 제조법이 이 지역에 내려왔다는 것이 아닐까 생각된다.

  히토요시 것은 이치이카시(イチイカシ)라는 나무 도토리로 만들기 때문에 '이치이 곤약'이라 하는데, 고치의 아키 것은 아라카시(アラカシ) 나무의 도토리로 만든다. 한국어의 '묵'이라는 언어는 전해지지 않아, 한 지역에서는 이것을 보고 '곤약'이라 하고, 다른 한 지역에서는 '두부'라고 불렀던 것이다.

  한국의 『동국세시기(東国歲時記)』에 의하면, 두부도 묵도 '청포(清泡)'라고 하기 때문에 곤약보다는 두부에 가까울지 모른다. 아키에서는 가시키리라고 불리는 것 이외도 도토리두부(どんぐり豆腐)나 카시두부(かし豆腐)라고 부르는 이유도 그것 때문이다.

  그런데 완성한 가시키리를 먹는 방법과 양념이 참 재미있었다. 한국에서는 부추나 마늘 등을 넣은 양념간장에 찍어 먹었을 터인데, 여기서는 마늘의 잎을 깔아 아키의 특상품인 유자식초에 설탕을 넣은 것을 찍어 먹는다. 이 양념을 '누타'라고 한다. 마늘 잎 때문에 누타는 색깔이 산뜻한 초록의 색이 되어 보기에도 놀랄 만큼 선명하다.

  고치현에서는 요리에 마늘을 많이 쓴다. 25년 전 내가 처음으로 고치에 가게 되었을 때, 이 지방에서 가장 최고급의 산수이엔이라는 호텔에서 접대를 받은 적이 있다. 그때 나온 요리 중 큰 접시 위에 올린 가쓰오 다타키[34]가 있었다. 푸짐하게 올린 생선 옆에는 얇게 썰어 놓은 파와 마늘이 담겨 있었다. 일본 전국적으

----

34 다랑어회의 표면만 구운 회요리.

로 가쓰오 다타키 옆에는 생강을 붙이는 것이 보통이니까 놀랐던 적이 있었다. 이렇게 마늘과 함께 올리는 것은 고치뿐일 것이다.

마늘잎은 고마쓰 씨 며느리가 자기 집의 밭에서 뽑아온 것이었다. 고치에서는 일반 농가에서도 마늘을 흔히 재배한다고 들었다. 나도 그 양념 '누타'를 찍어 먹어봤다. 혀가 짜릿한 약간의 자극, 꽤 괜찮은 맛이었다. 고마쓰 씨는 "술안주로서 딱이에요"라고 했다. 고마쯔 씨 집에서는 아이들도 잘 먹는다고 한다. 그러나 요즘은 할머니가 나이 들어서 만들 사람이 없어 아키의 아침 장터에서 가시키리를 볼 기회가 없어졌다고 한다. 할머니는 돈을 벌기보다는 가시키리를 만드는 일 자체를 자신의 일로 즐겼다고 한다. 이제 앞으로 일요일 아침 장터에서 가시키리를 볼 기회가 없을지도 모른다.

향토사가 곤도 하데오(近藤日出男) 씨의 조사에 의하면, 이 가시키리는 아키시뿐만 아니라 고치현 가미군(香美郡) 일대와 이웃 도쿠시마현 나카군(那賀郡), 미요시군(三好郡), 가이후군(海部郡)까지 뻗혀 있었다고 한다. 이 지역 일대는 다 떡갈나무가 넓게 분포하고 있는 지역이다. 현재까지 겨우겨우 가시키리가 살아남은 곳이 이 아키였던 것이다. 이것도 박호인 일족이 가져다준 영향이라고 하면 말이 지나칠까? 조선에서 잡혀 온 사람들이 이 땅의 식문화에도 많은 영향을 미쳤을지도 모른다는 생각이 들었다.

6. 히데요시와 죠텐(讓天)

－에히메현 우와지마시(愛媛県宇和島市)

　옛 지명 이요(伊予)

　남요(南子)[35]는 꽤 먼 거리에 있는 오지라는 선입견이 머릿속에 강했다. 그러나 남요의 성하마을 우와지마(宇和島)는 에히메현의 중심인 마쓰야마시(松山市)에서 특급열차로 불과 1시간 반밖에 걸리지 않은 가까운 거리였다. 마침 7월의 우와지마는 여름축제가 한창이었다. 아가씨들은 현대적인 유카타(浴衣)[36]를 입고, 남자들은 함께 맞춘 핫피[37]을 입고 신나게 거리를 활보하는 모습에 나까지 들뜨는 기분이었다.

　우와지마 우시오니축제·와레이대제(うわじま牛鬼祭り·和霊大祭)는 시내의 와레이신사(和霊神社)의 큰 축제이고, 시코쿠 지방의 3대축제 중 하나로 불린다. 축제 때에는 미코시(御輿)[38]가 따라다니는데, 이곳에서는 미코시와 함께 '우시오니(牛鬼)'라는 것

----

35 에히메현의 옛 지명이 이요(伊予)이므로, 따라서 에히메현 남부를 남요(南子)라고 함.

36 여름에 착용하는 간편한 기모노.

37 일본의 전통 의상으로 현대에서는 주로 축제 운영자들이나 장인들이 유니폼에 가까운 개념으로 착용.

38 신체(神體)나 신위(神位)를 실은 가마.

이 등장하여 퍼포먼스를 보여주면서 사람들과 거리를 행진하고 있었다. 이 우시오니는 일본의 고전 『마쿠라노소시(枕草子)』나 『태평기(太平記)』에 나오는 우시오니와 달리 5~6미터나 되는 몸과 기린처럼 긴 목을 가지고 있다. '동가라(ドンガラ)'라고 불리는 몸통은 대나무로 만들고, 그 위를 종려나무의 털[39]과 새빨간 옷감으로 덮는다. 이 몸집 속에는 십여 명의 젊은이가 들어가서 우시오니를 움직인다. 그들이 움직이는 것으로 우시오니의 긴 목이 줄었다 뻗었다 하는 구조이다. 우시오니의 얼굴은 소(牛)라고 하기보다는 뿔이 달린 도깨비와 같이 생겼고, 어떻게 보면 공룡 같기도 하다. 우시오니가 미코시보다 앞서서 동네를 지나가는 이유는 그가 귀신을 물리치는 역할을 맡아서 그럴 것이다.

이 우시오니가 놀랍게도 임진왜란 때 활약했다는 전승이 이곳에 남아 있다. 그것은 가토 기요마사(加藤淸正)가 이요수군(伊予水軍)을 이끌고 조선에 상륙작전을 시도할 때, 상대인 조선군에게 겁을 주기 위해 이 우시오니를 썼다는 것이다. 다른 이야기에 의하면, 조선의 호랑이같이 사나운 짐승을 본 적이 없는 일본병사들이 겁이 났기 때문에, 당시 우와지마 영주였던 도다 가쓰타카(戸田勝隆)의 부하가 우시오니를 만들어 짐승을 물리치면서 진군했다고 한다. 그러나 이 이야기가 진실인지 아닌지는 알 수 없다.

임진왜란 당시 이곳 우와지마의 도다 가쓰타카가 출병했다가

---

39 종려나무 잎자루의 밑동에는 부드러운 섬유질의 껍질이 줄기를 감싸고 있는데 이를 종려털이라고 부름.

분로쿠 3년(1594년)에 경남 거제도에서 병사했다. 이어 일어난 정유재란 때에는 도도 다카토라(藤堂高虎)가 조선에 출병했기 때문에 우와지마에는 뭔가 그 흔적이 남아 있을 것이라 기대했었다. 그러나 영주가 짧은 기간에 잇따라 바뀌어서 그런지, 맥이 빠질 정도로 아무 기록을 찾을 수 없었다. 우시오니 외에는 단호박을 '조센'이라고 부르고 있다는 정도인데[40], 혹시 이것도 그 흔적일지 모른다.

그 후 도도 다카토라 다음으로 이세(伊勢)[41]지역의 도미타 노부타카(富田信高)가 우와지마 영주로 들어오지만, 게이초(慶長) 18년(1613년)에 에도막부에게 영토를 몰수당했다. 나중에 센다이(仙台)[42]에서 들어온 다테(伊達)가 에도시대 말까지 우와지마 영주로 이 땅을 통치했다. 그 다테 집의 소장품이 우와지마성 터 근처 시립 다테박물관에서 공개되었다. 아무 생각 없이 들어갔다가 놀랍게도 도요토미 히데요시의 큰 초상화를 보게 되었다. 세로 140센티미터에 가로 100센티미터 정도의 큰 크기였다. 산과 강과 노송이 그려진 병풍을 배경으로 히데요시가 당나라풍의 쓰개를 쓰고 하얀 상의를 입고 손에는 부채를 들고 있는 그림이었다. 안색은 검고 몸은 말랐지만 눈빛은 날카롭고, 그 위풍이 독특한 분위기를 자아냈다.

----

40 '조센'은 일본어로 조선(朝鮮)이라는 뜻을 가지고 있다.
41 미에현(三重県) 동부에 있는 지역.
42 미야기현(宮城県)의 중심도시.

히데요시가 조선을 침략하기
직전인 덴쇼(天正) 18년(1590
년), 조선의 통신정사(通信正
使)인 황윤길(黃允吉)이 히데요
시를 이렇게 묘사했다.

"용모는 키가 작고 얼굴색이
새까맣고 표정이 없으며, 눈빛
이 은근히 반짝반짝하여 그 눈
빛이 사람을 찌르는 듯했다."
과연 황윤길의 묘사 그대로의
모습이었다.

우와지마·다테박물관 소장
도요토미 히데요시 초상화

히데요시의 초상화는 전국으로 대여섯 개 있다고 하는데, 일본
사람들이 가장 흔하게 알고 있는 인상이 바로 이 그림이 아닐까
생각한다. 왜냐하면 이것이 옛날부터 일본 역사교과서에 실린 것
이기 때문이다. 박물관 설명서에는 이렇게 기록되어 있었다.

"이 화상은 현재 보존된 히데요시의 많지 않은 그림 중 특히 뛰
어난 것이며, 중요문화재로 지정되어 있다. 이것은 옛날 히데요
시를 모셨던 도미타 도모노부(富田知信)가 히데요시의 사후인 게
이초 4년(1599년) 그 유덕을 그리워하여 그리게 한 것이다. 후
년 도모노부의 아들인 노부타카(信高)가 영주가 되어 우와지마에
들어왔을 때, 아버지를 모시는 절로서 쇼겐인(正眼院)을 건립한
김에 이 그림을 절에 기증했던 것으로 추측된다. 그 후 고카(弘

化)[43]4년(1847년) 다이류지(大隆寺)[44]의 마이간(晦巌) 주지스님이 8대 우와지마 번주 다테 무네나리(伊達宗城)에 이것을 올린 것이며, 이후 다테 가문의 보물로서 보존되어 있던 것이다."

그런데 도미타 노부타카가 이 그림을 쇼겐인(지금의 다이류지)에 기증한 후, 후대의 우와지마 번주인 다테 가문의 보물이 되는 사이에 관련된 숨겨진 에피소드가 하나 있다. 나이토 슌포(内藤雋輔)의 『분로쿠 게이초의 역에 있어서의 피로인 연구(文禄慶長の役における被虜人研究)』에 그 내용이 기록되어 있다.

도미타 노부타카가 갑자기 영토를 몰수되어 타지에 가게 된후, 쇼겐인에 보관되었던 이 그림의 존재도 언젠가 사람들에게 잊혀져버렸다. 이것을 찾아낸 사람이 6대 주지스님인 죠텐(讓天)이라고 한다. 그가 그림의 뒤에 이서한 서장(書状)이 히데요시 그림 옆에 있었다. 이 서장은 "돌아가신 아버지 도전(道専)은 조선왕의 후손(亡父道専居士、朝鮮国王之裔也)"이라는 글로 시작된다. 더 읽어 가면 죠텐의 아버지, 도전은 조선출병에서 잡혀온 피로인이고 처음엔 분고(豊後)[45]에 연행되었지만, 몸을 의지했던 쇼간지(正岸寺)[46]의 세쓰간(節岩)스님이 우와지마로 옮기게 되었다.

----

43 에도시대에 사용된 연호 중의 하나. 고카년간(弘化年間)은 1844년~1848년.
44 쇼겐인(正眼院)에서 명칭이 변경되어 다이류지(大隆寺)가 되었다.
45 오이타현(大分県)의 옛 지명.
46 나리토 슌포(内藤雋輔)의 『분로쿠 게이조의 역에 있어서의 피로인연구』에는 분고 다케다(竹田)의 쇼간지라고 기록되어 있지만, 다케다에는 쇼간지라는 절이 없고, 정확하게는 분고 이누카이(犬飼)에 있는 동음의 쇼간지(松嚴寺)를 말함.

그래서 아버지 도전도 스님을 따라 우와지마에 오게 된 것이다.

그 인연으로 도전의 아들인 죠텐도 세쓰간 스님의 제자가 되어, 불문에 들어 수행하게 되었다고 한다. 덴나(天和)[47]2년(1682년) 쇼겐인의 주지스님이 된 그 죠텐이 절에 보관되어 있는 물건들을 정리하다 끈적끈적하고 펴지도 못 하는 상태가 된 히데요시의 그림을 찾았다. 죠텐스님 본인이 히데요시가 조선을 침략한 결과 일본에 연행된 조선인 2세였고, 아버지가 일본에 잡혀와 그 땅에서 객사하게 된 원인을 만든 장본인이 히데요시이다. 때문에 그가 히데요시 그림을 만났을 때 조선 피로인 2세로서 어떤 느낌이 들었을지 그 부분에 나는 관심이 쏠렸다. 그러나 의외로 그는 그의 마음을 담담하게 기록하고 있었다.

"히데요시의 조선출병이 없었다면 아버지가 일본에 연행될 비운은 없었을 것이다. 그러나 또한 그것이 없었으면 이렇게도 고마운 불문에 들어올 일도 없었다. 그 뜻으로서 슬픔과 기쁨이 반반이다."라 기록했다. 그리고 오래되어 훼손된 히데요시의 그림을 만난 것에 관해서는 "참으로 신기한 인연이다"라고 죠텐은 간단하게 말할 뿐이었다.

나는 그가 자신의 운명에 대해 좀 더 격렬한 생각을 써 놓지 않았을까 예상했었는데, 그 추측이 크게 빗나갔다. 그러나 열일곱 줄의 글 중 그림의 유래에 관한 내용은 마지막 일곱 줄뿐이고, 나

----

47 에도시대에 사용된 연호 중의 하나. 덴나년간(天和年間)은 1681년~1684년

머지 열 줄이 아버지가 일본에 오게 된 일, 그리고 아버지의 권함에 따라 불가에 들어서게 된 경위를 적은 것을 보면 죠텐 스님의 마음도 결코 편치 않았다는 것을 나타나는 것이 아니었을까 생각한다.

그 다이류지(大隆寺)로 향했다. 이 절은 우와지마역에서 다쓰노강(辰野川)을 거슬러 올라가 집들이 멀리 떨어진 한적한 시가지 구석에 있었다. 여기까지 오면 축제의 떠들썩한 분위기도 전혀 느낄 수 없이 아주 조용했다. 절의 초인종을 눌러 죠텐 스님의 묘가 어디 있는지 물어봤다. 어떤 분이 나와 "묘는 역대 주지스님의 묘지 속에 있는데, 묘지의 한가운데에 있으니 바로 찾을 수 있을 것"이라고 가르쳐 주었다. 가르쳐준 대로 절 본당 뒤로 돌아가니 넓은 묘지에 달걀형의 탑 같은 묘석이 십여 개가 정연하게 줄지어 있었다. 뒤쪽 중앙에 특히 큰 묘는 절을 연 스님의 큰 비석이고, 그 왼쪽에 있는 묘가 바로 죠텐 스님의 묘였다. 알려주지 않으면 구별하지 못할 정도로 새겨진 문자는 풍화되어 읽을 수 없었다.

죠텐 스님은 겐로쿠(元禄) 15년(1702년) 이 절의 주지를 은퇴하고 몸과 마음이 가벼워진 다음, 히데요시의 그림을 손에 들고 교토에 올라가 그림을 복원했다. 현대까지 이 그림을 볼 수 있는 것은 바로 죠텐 스님 덕분이라는 이야기가 된다. 종교인이었기 때문이었을까? 피로인 2세였으면서도 적의 우두머리 초상화를 복원한다는 것은 일반인에게는 이해하기 어려운, 바로 은혜와

원한(恩讐)을 초월한 이야기라고 할 수밖에 없다. 그는 호에이(宝永)[48] 4년(1707년) 교토의 대본산인 묘신지(妙心寺)의 제324대 주지스님에 올랐고, 쇼토쿠(正德)[49] 원년(1711년) 입적했다고 한다.

----

48 에도시대에 사용된 연호 중의 하나. 호에이년간(宝永年間)은 1704년~1711년.
49 에도시대에 사용된 연호 중의 하나. 쇼토쿠년간(正德年間)은 1711년~1716년.

7. 한밤중의 호랑이춤

-에히메현 마쓰야마시(愛媛県松山市)

옛 지명 이요(伊子)

10월 초 늦은 밤, 날이 서늘한데도 불구하고 신사 안에는 많은 포장마차가 설치되어 서서히 동네사람들이 모이기 시작했다. 어떤 곳은 이미 사람들이 많이 모여 있어 축제에 대한 기대감을 품은 열기를 느낄 수 있었다. 스피커를 통해 북소리가 울려 퍼지기 시작하면서 축제 분위기가 점점 고조되었다.

에히메현 마쓰야마시 주변의 가을축제는 매년 10월 5일부터 7일까지 3일간 진행된다. 내가 찾아간 마쓰야마시 교외 후루미쓰(古三津)의 이쓰쿠시마신사(厳島神社)에서는 7일에 메인축제가 열리는데, 그 축제는 놀랍게도 새벽 3시부터 시작된다. 새벽 3시를 넘어서 미코시를 신사에서 꺼낸 뒤 미코시의 하치아와세(鉢合わせ)를 하는 것이 이 축제의 최고 하이라이트이다. 하치아와세라는 것은 2개의 미코시를 서로 부딪히는 것을 뜻한다. 여기 신사의 하치아와세는 격렬하기가 최고로 유명하며 '싸움미코시(けんか神輿)'라는 별명으로 알려져 있다. 사실 나는 이 싸움미코시를 구경하러 온 것이 아니라, 사전에 봉납되는 춤인 '호랑이춤(虎舞)'을 보기 위해 이 신사를 찾아왔다. 일본에서 사자춤(獅子舞)

미쓰야마시 후루미쓰·이쓰쿠시마신사에서 행해지는 호랑이춤

은 어느 곳에서나 흔히 볼 수 있지만, 호랑이춤은 드물다. 이 호
랑이 춤이 혹시 히데요시의 조선출병과 어떤 관계가 있지 않을까
하는 직감을 따라왔던 것이다.

  호랑이춤이라는 것이 일본의 어느 지방에서 행하여진 것인지
알아보기 위해 가가와현(香川県) 시라토리초(白鳥町)에서 호랑이
춤을 연구하는 에모토 요시아키(江元祥晃) 씨에게 물어봤다. 그는
전국에서 11개 현(県)의 23곳에 호랑이춤이 있다고 한다. 의외로
동북지방에 많이 분포되어 있지만, 그것은 사자춤이 변형된 것이
라 한다. 또한 시즈오카현(静岡県)의 이즈반도(伊豆半島)에도 있
지만, 그것은 시라토리초 것과 마찬가지로 지카마쓰 몬자에몬(近
松門左衛門)의 『국성야합전(国姓爺合戦)』의 주인공인 화등내(和藤
内)에 의한 호랑이 퇴치 이야기를 모방한 것이라고 했다.

『국성야합전』의 '호랑이퇴치' 부분을 간략하게 소개하자면 다음과 같다. "명나라 유신 정지용(鄭芝竜)과 일본인 아내 사이에서 태어난 아들 화등내가 명나라를 다시 세우려고 꿈꾸었다. 그가 중국에 건너가는 도중 호랑이를 만나, 호랑이와 맞붙어 싸워 이를 물리쳤다"는 것이다.

　　이 이야기를 바탕으로 한 '인형조루리(人形浄瑠璃)'[50]는 에도시대 중기인 쇼토쿠(正德) 5년(1715년)에 처음으로 상영되었다. 이것이 각 지역 축제에서 호랑이춤으로 발전되었다는 것을 생각하면, 당시 크게 히트 치고 전국적으로 알려진 연극이었음을 알 수 있다. 나는 마쓰야마시 후루미쓰의 호랑이춤은 화등내의 연극형인지, 아니면 조선출병의 흔적인지 직접 확인하고 싶어서 호랑이춤의 시작을 가슴 졸이며 기다렸다.

　　정확히 새벽 3시가 되자, 신사 안의 설치된 무대에 사자춤과 같이 남자 둘이 등장했다. 한 명은 나무로 만든 호랑이의 머리 부분에 들어가고, 다른 한 명은 노란색과 갈색으로 물들인 줄무늬 몸통으로 들어갔다. 그 사람들은 그야말로 진짜 호랑이와 같은 낮은 자세를 취했다. 북과 피리 소리가 들리자, 갑옷을 입고 조총을 든 무사 차림의 남자가 무대에 등장했다.

　　그 남자가 말하기 시작했다. "알겠다. 알겠다. 그러고 보니 외국의 호랑이 사냥이구나! 저 북과 피리 소리는 사냥…" 대사를 끝

---

50 조루리(浄瑠璃)는 일본 전통 음악극 중의 하나, 음곡에 맞추어서 대사를 영창(詠唱)하는 연극. 인형조루리는 조루리에 맞추어서 인형을 조종하는 인형극.

내자마자 남자는 호랑이를 쫓기 시작했다. 호랑이도 지지 않고 날뛰는데, 조총을 든 남자는 그 기세에 밀려 무대 밖으로 튀어나갈 뻔했다. 그때 무사가 조총을 한 번 쏘니 호랑이가 넘어졌으나 죽지 않고 다시 일어났다. 무사는 다시 조총을 쐈다. 이내 호랑이가 몸을 확 틀면서 넘어졌다. 호랑이는 일어나려고 애를 쓰다가 드디어 쓰러졌다. 관객들이 큰 박수를 치고 막이 내렸다.

이것이 불과 10분이나 될까 하는 정도의 짧은 시간의 무대였다. 무사가 읊조린 대사는 지카마쓰 몬자에몬의 연극 대사와 거의 같았다. 다른 점이 있다면, 원래 연극에서는 총을 사용하지 않고 맞붙어 격투를 벌어지지만, 신사의 무대에서는 무사차림의 남자가 나왔다는 점, 그리고 조총을 호랑이에게 쐈다는 점이다. 그래서 나는 이 호랑이 춤이 조선출병 당시 호랑이사냥의 영향을 받은 것이 아닐까 하고 생각했다.

호랑이춤이 시작되기 전 신사의 관계자에게 그 유래를 물어봤더니 "가토 기요마사(加藤淸正)의 호랑이퇴치입니다"라고 말했다. '기요마사의 호랑이퇴치'라는 말에 나는 어린 시절 기억이 떠올렸다. 내가 초·중학생 시절까지만 하더라도 '조선출병'이라고 하면, '가토 기요마사', '가토 기요마사'라고 하면 '호랑이퇴치'라는 연상이 많이 알려져 있었다.

실은 가토 기요마사가 호랑이를 조총으로 죽였다는 이야기는 에도시대 중기의 군담서인 『조산기단(常山紀談)』에서 시작한다. 그것이 에도시대 후기의 잡담(俗談) 『그림책 다이코기(絵本太閤

記)』에 계승되었다. 또 창으로 호랑이를 물리치고, 그 후 기요마사의 창의 반쪽이 부러졌다는 전설이 있다. 그러나 그것은 에도 시대 말기 아니면 메이지시대 이후 대륙침략을 부추기는 야담에 지나지 않는다. 임진왜란 정유재란을 통해서 창이나 칼만 사용하여 호랑이를 물리쳤다는 것은 거의 없었다고 한다.

이 호랑이춤이 언제 시작했는지 모르겠지만 『국성야합전』의 연극이 처음으로 상영되었을 때가 1715년이라고 하니, 이 지방 호랑이춤의 연극 대사는 나중에 붙여진 것일 게다. 정유재란 때 마쓰야마의 영주의 성은 가토(加藤)였다. 똑같은 가토지만 기요마사가 아니라 요시아키(嘉明) 쪽이다. 게이초 3년(1598년) 그가 조선 어느 산속에서 호랑이 사냥을 했다고 『가토 요시아키 공보(加藤嘉明公譜)』에 나와 있다.

"히데요시의 명으로 산 속에서 사나운 호랑이를 사냥하고 이것을 올렸다. 이때 가토 요시아키의 부하가 호랑이한테 공격당해 죽었다. 나카지마 쇼에몬(中島少右衛門)의 부하가 조총으로 호랑이를 죽였고, 또한 모리카와 히코베(森川彦兵衛)도 조총으로 호랑이 한 마리를 죽였다."

결국 가토 요시아키군에서는 호랑이 두 마리를 죽였던 것이다. 이것을 보면 역시 우와지마의 호랑이춤은 요시아키를 따라 조선에 출병한 자가 귀국한 다음 호랑이 사냥의 모습을 재현한 것이 아닐까 생각된다. 호랑이 사냥은 가토 요시아키뿐만 아니라 다른 지역에서 출병한 무사들도 많이 했다. 처음으로 호랑이를 죽인 무사가 인슈(因州)[51]시가노(鹿野)의 영주인 가메이 고레노리(亀井 茲矩)였다. 그는 분로쿠 2년(1593년)의 가을, 커다란 호랑이를 만나 총알 2개로 죽인 후 규슈(九州) 나고야(名護屋)에 있는 히데요시에게 보냈다. 이것이 최초의 호랑이 사냥이다.

다음해 4월 사쓰마(薩摩)[52]의 시마즈 요시히로(島津義弘)가, 11월에는 사가(佐賀)의 나베시마 나오시게(鍋島直茂)가, 분로쿠 3년(1594년) 겨울에는 이즈모(出雲)[53]의 도미타(富田) 영주인 깃카와 히로이에(吉川広家)가 호랑이를 산 채로 히데요시에게 올렸다. 히데요시는 마당에 내려와 호랑이를 구경하고 아주 좋아했다고 한다.

『가토 요시아키 공보』에 있듯 호랑이사냥은 히데요시의 명령이었다. 히데요시가 호랑이 고기 등을 일본에 보내라고 지시한 것이 분로쿠 2년(1593년) 경이라고 하여진다. 1593년이라면 출병 당시 하늘을 찌를 듯한 기세와는 달리, 조선 곳곳에서 일어난 의병과 명나라군에 일본군이 쩔쩔매기 시작하던 때이다. 또한 해상의 일본군 보급선도 조선의 이순신장군의 활약으로 위험해지고 있었을 때였다. 다지마·도요오카(但馬·豊岡)[54]의 영주 마에노 나가야스(前野長康)를 따라 조선에 출병한 무사가 남긴 기록인 『무공일기(武功日記)』에 의하면,

----

51 돗토리현(鳥取県)의 옛 지명.
52 가고시마현(鹿児島県)의 옛 지명.
53 시마네현(島根県)동부의 옛 지명.
54 효고현(兵庫県) 북부의 옛 지명.

"고려의 병사들이 요즘은 만만치 않아졌다. 우리 쪽에서 도망가는 자도 끊이지 않는다."라고 적고 있다. 또한 "서울에서 물러난 우리 병사들은 하루에 2합(合)의 잡밥으로 생명을 유지하고 있고, 나무껍질을 씹어 굶주림을 견딘다. 부산포에 도착했을 때 마에노 님의 2천 병사가 9백으로 줄었다."라고 적고 있다. 일본군은 명나라와 싸워 진격은커녕 크게 후퇴할 수밖에 없었다.

전쟁 상황의 악화에 따라 심신의 피로가 쌓여서 그랬는지 히데요시의 건강상태는 상당히 나빠졌던 모양이다. 그래서 의사들이 생각한 것이 호르몬 공급이었다. 호랑이 고기는 옛날부터 호르몬제로 잘 알려져 있었다. 깃카와 히로이에가 산 호랑이를 올렸을 때 희귀한 선물에 히데요시는 아주 좋아했다. 히데요시는 히러이에에게 앞으로 자신의 신체 보약으로 소금에 절인 호랑이고기를 보내라고 지시했다. 호랑이 가죽은 필요 없으니 히러이에에게 주겠다고 했다.

산속에서 우연히 호랑이를 만나 사냥을 했다는 이야기도 있지만, 대부분 히데요시의 명을 받아 위험한 호랑이 사냥에 하급무사가 동원되었다는 것이 사실인 것 같다. 어렸을 때 듣게 된 '호랑이퇴치'는 실은 '호랑이사냥'이었고, 영주들이 히데요시에게 잘 보이기 위해 열중했던 것이다.

뒤집어 생각해 보면 이런 것이 아닐까? 히데요시가 생각했던 대로 조선에서의 전쟁 상황이 전개되지 않았다. 고령에다가 스트레스가 쌓인 히데요시가 국정이나 건강이 너무 나빠진 상황에서 나온 마지막 발버둥의 결과가 바로 호랑이 사냥의 실체가 아니었을까 생각된다.

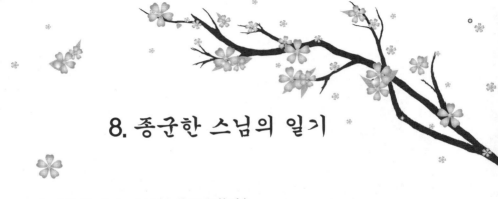

8. 종군한 스님의 일기

- 오이타현 우스키시(大分県臼杵市)
  옛 지명 분고(豊後)

　벳푸온천(別府温泉)에 여행 갔을 때, 선물가게에서 '데쿠(出偶)' 라는 인형을 만났다. 그 인형의 색깔이나 모양이 한국의 장승과 너무나 닮았던 것에 놀랐다. 장승은 마을 입구나 성문의 양쪽에 세워 나쁜 귀신들이 들어오는 것을 막거나 물리치는 수호신의 의미가 있다. 한국의 장승이 왜 이런 곳에서 팔리는지 이상했다. 그러나 이 데쿠의 별명이 '오토모 데쿠'인 것을 알고, 이 공예품이 오토모 요시무네(大友義統)의 조선출병에 관련된 것임을 알게 되니 이해가 갔다.

　'오토모'는 임진왜란 당시 분고(豊後)의 영주인 오토모 요시무네를 가리키며, 그는 당시에 6천명의 병사를 이끌고 조선에 출병했다. 그러나 분로쿠 2년(1593년) 명나라와 조선군이 평양을 점령했던 고니시 유키나가(小西行長)를 급습하여 고니시를 죽였다는 소식이 일본군에 알려졌다. 평양의 남쪽인 봉산(鳳山)에 주둔하고 있던 오토모는 그 소식을 듣고 놀라 일본군을 구원하기는커녕 서울까지 도망치고 말았다. 이 때문에 히데요시에게 '일본 최악의 겁쟁이'라는 욕을 얻어먹고 영지도 모두 몰수당했다. 조선

교넨이 이르킨 우스키 안뇨지(安養寺)

에 남은 그의 부하들은 다른 영주들 밑으로 분산 배치되고 말았
다.

'오토모 데쿠'는 아마 조선에서 돌아온 오토모의 무사들이 조선
에서 본 장승을 본떠 만들었던 것으로, 지금의 벳푸온천 특산물
이 되었을 것으로 짐작된다. 그 오토모 요시무네가 살았던 후나
이성(府內城) 앞에는 도진마치(唐人町)가 있었다는 것도 알게 되
었다.

오토모 요시무네는 조선에서 큰 실수를 했지만, 그의 아버지인
소린(宗麟)은 새로운 것을 받아들이는 기풍이 강한 영주였던 것
으로 알려졌다. 그는 조선·중국·포르투갈 등과 무역을 적극적
으로 진행했다. 많아지는 외국인 상인들의 거주지로서 도진마치
가 설치되었다고 하지만, 그것은 임진왜란 이전의 일이라 한다.
현재 오이타시의 도진마치는 후나이초(府內町)로 명칭이 변경되었다. 똑같은 오토모의 영지였던 이웃의 우스키시(臼杵市)에서는 지금도 도진마치의 이름이 그대로 살아있고, 당시 기록이 『오오잡록(桜翁雑録)』에 남아 있다.

"도진이 와서 많이 거주하므로 이것을 동네 이름으로 한다."

"도진 세이자에몬(清左衛門), 임씨(林氏), 가가리마치 시오야(掛町塩屋), 덴쇼년간(天正年間:1573년~1592년)에 도진마치에 와서 거주. 분로쿠년간(文禄年間:1592년~1596년)에 가가리마치에 이전. 겐나(元和) 2년(1616년) 병진년 설날 병사."

"고려인 젠자에몬(善左衛門), 우치다씨(内田氏), 혼마치 미하라야(本町三原屋), 에이록년간(永禄年間:1558년~1570년)에 도진마치 거주, 약장사. 게이초년간(慶長年間:1596년~1615년) 중에 혼마치에 옮김, 간에이(寛永) 10년(1633년) 병사."

"고려인 고우에몬(小右衛門), 가이(甲斐)씨, 요코마치 마쓰야(横町松屋), 게이초 9년(1604년) 요코마치 거주, 간에이 6년(1629년) 11월 병사."

에이록(永禄)이나 덴쇼(天正)라는 연호에서 알 수 있듯이, 임진왜란 이전에 이미 조선인이 이 땅에서 일본이름을 가지고, 가계를 소유하면서 장사하고 있었다. 이 부근을 걸으면 묵직한 3층 목조건물의 상가가 이어져 있어 옛날 우스키에서 가장 번창했던 거리라는 것을 엿볼 수 있다.

우스키에 왔으니 안뇨지(安養寺)에도 들르기로 마음을 먹었다.

정도진종(浄土真宗)[55] 혼간지파(本願寺派)인 이 절은 히데요시의 조선출병에 관한 중요한 문서인 『조선일일기(朝鮮日々記)』를 기록한 교넨(慶念)[56] 스님이 세운 절이다.

오토모 요시무네가 떠난 후, 우스키의 땅은 오오타 가즈요시(太田一吉)에게 주어졌다. 정유재란에 오오타가 군감(軍監)으로 출병했을 때, 교넨은 62세라는 고령에도 불구하고 종군승려로 따라오라는 명을 받았다. 조선에서의 9개월에 걸친 전쟁 체험을 와카(和歌)[57]에 섞어 넣어 쓴 일기가 『조선일일기』이다.

이 일기에 의하면, 교넨은 6월 하순 사가세키(佐賀関)를 출발하여 7월에 부산도착, 8월에는 히데요시의 명으로 전라도 남원성을 향해 진격했다.

히데요시는 임진왜란이 생각대로 되지 않는 것과 그 후 평화교섭이 결렬된 원인이 모두 전라도 때문이라 생각했다. 그래서 "이번에는 아카구니(赤國:전라도)를 한 곳도 남김없이 모두 공격하고, 아오구니(靑國:충청도)나 기타 지역은 여력이 있으면 공격하라"고 엄명을 내렸다. 일본군은 총 12만 명을 좌군·우군·수군으로 나눠 4천~5천의 조선과 명나라 연합군이 수비하는 남원성으로 향했다. 이때 교넨 스님도 남원성 전투에 따라 간 것이다.

----

55 일본 불교 대표적인 종파의 하나로 신란(親鸞:1173년~1262년)에 의해 창시.
56 '게이넨'이라 표기될 경우가 있지만, 오이타지역에서는 '교넨'이라 읽어, 이 책에서도 '교넨'으로 표기함.
57 와카는 '야마토우타(大和歌)', 즉 '일본의 노래'의 준말로서 일본의 사계절과 남녀 간의 사랑을 주로 노래한 5·7·5·7·7의 31자로 된 일본의 정형시.

도중에 그가 남긴 일기의 일부를 소개한다.

8월 4일

일본 병사들은 경쟁적으로 물건을 약탈하고 사람을 죽이고 서로 빼앗으려는 한다. 눈을 뜨고는 볼 수 없는 상태. 어마어마한 사람들이 죄도 없는 사람들의 재물을 빼앗으려고 미쳐 날뛴다.

8월 5일

집들을 태우고 올라가는 연기를 보면서 남의 일 같지 않았다. 아무리 이곳이 아카구니(전라도)라고 해도, 태워서 나는 연기가 검게 올라가는 것을 보면…

8월 6일

숲도 산도 성도 말할 것도 없이 모든 것이 다 불태워져 버렸고, 사람을 죽이고, 대나무를 이어 목을 묶고, 부모는 자식의 죽음을 슬퍼하고, 아이는 부모를 찾고, 불쌍한 몸, 이런 상태는 처음 봤다. 산도 숲도 다 태워 버리라고 외치는 무사의 목소리는 마치 지옥과도 같았다.

8월 8일

고려인의 아이가 잡혔고, 그의 부모를 죽여 다시는 못 만나게 했다. 서로의 한탄은 마치 지옥에서 고문을 당하는 것 같았다.

남원성을 공격하기 위한 행군 중에도 이미 일본군은 비전투원인 일반 사람들을 죽이고, 아니면 산 채로 잡거나 재산을 빼앗고, 동네나 마을을 모두 불로 태워버리는 만행을 거듭한 내용이 기록되어 있다. 교넨은 자국의 군이 저지른 행위를 마치 지옥 같은 상태라고 가록에 남겼다. 그리고 8월 15일 남원성 함락 후 관아에서는 이렇게 썼다.

8월 16일
성내에는 남녀를 남김없이 죽여, 산 채로 잡힌 사람은 없다. 그러나 다시 숨 쉬는 사람도 조금 있다. 참으로 비참하다. 세상이 이런 것이라고 해도 남녀노소를 죽여 세상에서 사라지게 했다.

8월 18일
이동하게 되었다. 새벽에 성 밖을 보니 길가에 죽은 사람이 얼마나 많은지. 차마 눈뜨고 볼 수도 없을 정도다.

일기에는 담담하게 기록하고 있지만, 결국 남원성 전투에서 히데요시의 명령대로 살아남은 사람이 없을 정도로 모두 죽여 버렸다는 이야기다. 그러나 히데요시는 이에 만족하지 못하고, 몰살의 증거로 코를 베어 보내라는 명까지 내렸다. 그래서 일본군은 성에서 도망간 비전투원의 나이나 성별과는 상관없이, 더욱이 '갓난아이의 코'까지 베어 히데요시가 있는 교토로 보냈던 것이다.

조선에서는 전쟁이 시작되면 일본과는 달리 병사도 민간인도 모두 성내로 피난하기 때문에 성이 함락당하면 민간인까지 희생

된다. 특히 남원성 전투는 처음부터 '몰살'을 목표로 했기 때문에 그야말로 "눈 뜨고는 볼 수 없는 상태"가 되어 버렸다. 지금도 남원시에 남아 있는 '만인의총(万人義塚)'은 그것을 보여준다.

이러한 잔인한 행위는 인간으로서 마음 아파해야 하는 것이 당연한 일이 아닐까? 그러나 출병한 많은 일본의 영주와 무사들이 기록한 것들 대부분은 자신의 공적이나 무공에 관한 것뿐이다. 그것에 비해 교넨의 일기는 전쟁의 잔악함을 인간으로서 솔직하게 묘사하고 있다는 점, 그리고 이런 식으로 쓰인 것이 단 하나밖에 없다는 점에서 특이하면서 귀한 기록이다.

우스키 시내 이치하마(市浜)에 있는 안뇨지(安養寺)는 간판조차 보이지 않아 언뜻 검소하고 소박해 보였으나 절의 문에 들어서니 안은 생각보다 넓었다. 오른쪽에 어린이집이 보였지만 낮잠 자는 시간인지 아이들이 떠드는 소리도 들리지 않고 매우 조용했다. 누구의 허락도 없이 절을 돌아보고 인사도 없이 가는 것이 실례가 될까 봐 먼저 어린이집에 들렀다. 초인종을 눌렀더니 깔끔한 얼굴의 선생님이 가볍게 뛰어 나와 주었다.
인사를 하며 알게 된 놀라운 사실은 이분이 교넨 스님의 15대 후손이라는 것이다.
갑작스런 방문자에 대해 그녀는 약간 긴장한 표정을 지었는데, 내가 "교넨 스님의 묘는 어디에 있습니까?"라고 묻자 겨우 미소를 지었다. 내가 무슨 이상한 말을 했나 걱정했는데, 조상 묘에 대해 물어본 사람이 내가 처음이었기 때문이라고 했다. 그녀의 이야기에 의하면, 교넨은 원래 엔슈(遠州)[58]가케가와성(掛川城) 성주인 안도(安藤)의 아이였는데, 출가해서 스님이 되었다고 한다. 이 지방에서는 많은 향토사가 주목해서 잘 알려진 존재였지만 오카야마대학(岡山大学)의 나이토 슌포 명예교수가 학회에서 『조선일일기』를 소개한 이후, 이 절을 찾아오는 사람이 늘었다고 한다. 동서고금을 통해 침략전쟁이 얼마나 잔인한 것인지를 잘 기록한 이 일기를 많은 사람이 읽어주었으면 한다.

----

58 시즈오카현(静岡県)의 옛 지명.

9. 뛰어난 심미안의 조선인 쇼안(庄庵)

-오이타현 사에키시(大分県佐伯市)

옛 지명 분고(豊後)

임진왜란 당시 규슈의 분고(豊後)라고 하면, 지금의 오이타현 전 구역이며, 대영주인 오토모 요시무네(大友吉統)의 영토였다. 그는 임진왜란 중의 실수로 인해 히데요시의 분노를 사서 영토를 몰수당했다. 그 결과 분고는 작게 나눠져 히데요시 바로 밑에 있던 부하들에게 분배되었다.

조선출병과 세키가하라전투(関が原の戦い)가 끝난 후, 분고의 각 영주들은 교체되었는데, 사에키(佐伯)[59]영주가 된 사람이 모오리 다카마사(毛利高政)라는 무사였다. 1582년 오다 노부나가(織田信長)가 혼노지(本能寺)에서 살해당했다는 소식을 들은 히데요시는 그때까지 적대했던 모오리(毛利) 가문과 급히 손을 잡았다. 그때 모오리 가문에 인질로 보내진 인물이 모리 간파치(森勘八)이다. 그가 바로 모오리 다카마사(毛利高政)이다. 모오리(毛利)라는 성씨는 그 인연으로 받은 것이고, 죠슈(長州)[60]의 모오리와는

---

59 오이타현(大分県)의 동남부에 위치하는 지역.

60 야마구치현(山口県) 서부의 옛 지명.

상관이 없다.

모오리 다카마사도 수군의 감독직으로 조선에 출병한 사람이며, 임진왜란 당시에는 해상 보급운반의 임무가 끝난 다음 강원도 침략에 참전했다. 사에키번(佐伯藩)의 『가쿠한랴사(鶴藩略史)』에는 이렇게 쓰여 있다.

"강원 방어사(江原防禦使)인 조선장군 원호(元豪)는 하치스카 이에마사(蜂須賀家政)를 구미포(龜尾浦)[61]에서 격파하고, 그 여세를 몰아 진군하여 강원도 춘천에 있던 모오리 다카마사를 공격했다. 다카마사는 병사를 대기시켜 조선군을 맞이하여 적극적으로 나가 싸웠다. 원호는 철고(鉄棍)로 다카마사를 때렸다. 투구에 맞아 패하였지만, 다카마사가 크게 분발하여 원호를 산 채 잡아[62] 마침내 강원도를 평정했다."

또한 그는 정유재란 때 전라남도 명량해협에서 펼쳐진 해전(1597년)에서 이순신이 이끄는 조선수군에 참패했다. 명량해전으로 일본수군의 장군인 구루시마 미치후사(来島通総)는 전사하고, 도도 다카토라(藤堂高虎)는 부상당했다. 모오리 다카마사 본인도 이마에 조선수군의 철환(鉄丸)을 맞아 바다에 떨어졌으나 겨우 구조되어 살았다.

그들이 조선에서 일본으로 돌아올 때, 도공(陶工)을 포함한 조

---

61 경기도 양평군 개군면(介軍面) 구미리(九尾里)와 여주군 금사면 전북리를 잇던 조선시대 나루터.

62 역자 주: 원호장군은 김화전투에서 왜군과 끝까지 싸우다 부하들에게 도망가라하고 자신은 낭떠러지에 떨어져 죽었다. 왜군은 그의 시신을 찾아 목을 베어 현문(縣門) 앞에 걸었음.(국역 국조인물고, 1999.12.30, 세종대왕기념사업회)

선인을 몇 명 데리고 왔지만, 그 중에 한 소년이 있었다. 그는 나중에 쇼안(庄庵, 小庵)이라 불리던 승려였으며, 후에 무사가 되었다. 그에 관한 약간의 이야기가 호에이년간(宝永年間:1704년~1711년) 쯤의 기록인『자노미이야기(茶飮話)』에 나와 있다.

가지니시 집의 묘가 있는 요켄지(養賢寺)

그 기록에 의하면, 쇼안은 게이초 8년(1603년) 연간 쌀 60석(石)의 보수로 다카마사를 모시게 되었고, 이름도 가지니시 긴자에몬(梶西金左衛門)으로 개명하여 불렸다. 그는 항상 영주를 가까이에서 모셨는데, 다카마사는 성격이 과격했던 모양이다. 그는 그의 규칙을 어긴 자가 있을 때는 새빨간 술(房)이 달린 대나무로 때리게 했다. 심지어 그 대나무가 쪼개져 갈라질 때까지 때리지 않으면 기분이 풀리지 않았다고 한다. 다카마사가 사람을 때리는 역할을 맡긴 자가 바로 쇼안이었다.

"이 사람은 다카마사 옆에 있으면서 아랫사람들의 잘못이 있으면, 때리라는 명령을 받고 사람을 때리는 역할을 한 관리"라는 이야기가 남아 있다. 별로 좋은 이야기는 아니지만, 영주의 명이라면 어쩔 수 없는 것이다. 그러나 그의 명예를 위해 또 다른 이야기를 소개한다.

어느 날, 히로시마(広島)의 후쿠시마 마사노리(福島正則)가 다카마사에게 이렇게 전했다. "종(鐘)이 2개 있어서 좋은 쪽을 선물로 드리고 싶다. 사람을 보내주시오."

이 말을 전해들은 다카마사는 쇼안을 보냈다. 그는 큰 종과 작은 종의 두 개의 종을 보고, "우리 주인에게 적합한 것"이라며 작은 종을 가지고 갔다. 실은 작은 종이 큰 종보다 좋은 종이었다. 쇼안이 조선인인 것도 모르는 후쿠시마의 부하들은 "다카마사공은 어떻게 저렇게 뛰어난 감정(鑑定)을 할 수 있는 자를 보냈을까? 다카마사공은 보통 사람이 아니야"라고 말했다고 한다. 이 일로 쇼안 덕분에 다카마사의 명성도 높아졌다는 것이다. 이 이야기는 『가쿠한략사』에도 비슷한 내용이 기록되어 있다.

"가지니시 긴자에몬을 후쿠시마 마사노리에게 보내서 약속의 종을 가져오라고 했다. 마사노리는 두 개의 종을 보여주고 그에게 선택을 맡겼다. 형태는 큰 것과 작은 것이었다. 쇼안은 바로 작은 것을 가지고 왔다. 사람들이 모두 그의 식별력에 감탄했다. 다카마사공은 쇼안에게 나전으로 장식한 창을 상으로 하사하고 칭찬했다."

사에키시는 작은 성하마을이며 성산의 기슭에는 성터가 있고, 그 앞에는 망루문(櫓門)이 있다. 문의 오른쪽 거리에는 무사들 살

앞던 하얀 벽의 저택들이 차분한 분위기를 풍기면서 나란히 줄서 있었다. 그 길을 더 걸어가면 요켄지(養賢寺)라는 절이 있다. 이 1킬로미터 정도의 길은 '역사와 문학의 길'이라는 이름의 관광코스이다.

요켄지는 번주였던 모오리 씨의 묘를 모시는 절이지만 가지니시 집안의 묘도 그곳에 있다. 번주와 같은 절에 부하의 묘가 있는 것이 건방진 일이라 생각할지도 모르겠지만 그만큼 가지니시가 힘이 강했다는 것을 증명하는 것이다. 그가 게이초 8년(1603년)에 부하로 출발할 때의 보수는 60석이었지만 순조롭게 출세하여, 결국 그의 후손은 150석을 받게 되었다. 작은 사에키번에서는 확실한 중간급 무사가 된 것이다.

나는 쇼안의 묘를 찾기 위해 요켄지를 찾았는데, 묘지에서 품위 있는 초로의 신사가 정성껏 자기의 묘지를 청소하고 있었다. 그 묘 주변은 놀라운 정도로 깨끗해서 그분이 조상을 소중하게 여기는 마음을 한눈에도 느낄 수 있었다. 더 지나가니 가지니시 집안의 묘가 있었다. 묘석은 십여 개가 있었지만 기울어진 것, 이미 넘어져서 깨진 것도 있었다. 오랫동안 묘를 찾아오는 사람이 없었다는 것과 같다. 초대 쇼안의 묘는 없고, 후손들의 묘가 다이쇼시대(大正時代)[63]까지 줄지어져 있었다.

가지니시 가문의 족보가 시내의 S씨 댁에 있다고 들었는데, 그

----

63 다이쇼시대(大正時代)는 1912년~1926년.

집을 찾아갈까 말까 망설였다. 그러나 모처럼 여기까지 왔는데 용기를 내어 가보기로 했다. 그 집은 오데문(大手門)[64] 동쪽으로 이어지는 옛날 무사저택들 중에 있었다. 집 앞에는 '구니키타 돗포(国木田独歩)[65]가 임시 거처했던 곳'이라는 표지목이 있었다. 메이지시대의 소설가인 구니키타 돗포와 상관이 있는 집인가 생각해서 방문했더니, 나오신 분이 놀랍게도 아까 요겐지에서 만났던 그 신사였다.

그분이 내 얼굴을 보자마자 "학생입니까?"라고 물었는데, 순간 말이 나오지 않았다. 날씨가 추워 걸친 편한 코트차림에 나는 바람에 날려 머리카락도 부스스해져 있었다. 옷차림에 별 관심이 없는 젊은 학생처럼 보였던 모양이다. 생각지도 않은 말에 나는 조금 당황했지만 "학생은 아니지만 귀댁에 가지니시 가문의 족보가 있다고 들었습니다. 그 족보를 보고 싶어서 찾아 왔는데요"라고 갑작스런 방문의 목적을 말했다. "실례했습니다. 학생들이 구니키타 돗포의 연구로 자주 오기 때문에…"라고 가벼운 미소를 지으며 고개를 숙였다. 이 말씀으로 듣고 나를 학생이라고 오해한 이유를 알게 되었다.

"언젠가 오실 것이라 생각했지만 조선에서 와 무사가 된 사람의 족보를 보고 싶다고 찾아온 사람은 당신이 처음입니다. 일단 2층으로 올라가세요"라며 안내한 곳이 바로 구니키타 돗포가 하숙

---

64 일본식 성에서 성 입구에 설치된 문, 일반적으로는 성의 정문.
65 구니키타 돗포(国木田独歩:1871년~1908년) 문학자 시인, 대표작에 『무사시노(武蔵野)』가 있음.

했던 방이었다. 메이지시대의 문호인 구니키타 돗포는 젊었을 때 사에키에서 교사를 했는데 잠시 몸을 의지하고 지낸 곳이 바로 이 S씨 댁이었던 것이다.

가지니시 족보는 이렇게 시작한다.
"대청국(大淸國) 이황제(李皇帝) 30대손, 시작은 쇼안이라고 하는 승려이다. 조선출병 시 잡아온 사람이다. 가지타니(梶谷) 씨와 니시나(西名) 씨의 성을 하나씩 떼어 가지니시(梶西)라고 했다."
초대는 가지니시 긴자에몬(梶西金左衛門), 2대는 도자에몬(藤左衛門), 3대는 긴자에몬(金左衛門)으로 이어져 6대까지 기록되어 있었다. 대청국 이황제 30대손이라고 있는 것은 집안의 뿌리가 중국에서 유래한 것이라는 이씨의 전승인 것 같지만, 중국인이라는 뜻은 아니다. 그가 어렸을 때 잡혀 온 것이라면 조선인이고, 조선의 성은 이씨와 같다.

"가지니시씨는 가로(家老)를 잇는 고위층에 있었습니다. 저택도 상당히 컸습니다."라고 S씨는 말하며, 메이지 4년(1871년)에 제작된 『사에키번시대 저택도(佐伯藩時代屋敷図)』를 보여주었다. 오데문을 나가서 곧바로 내린 다이니치지(大日寺) 옆에 '가시니시 사오리(梶西佐織)'라고 명시된 큰 저택이 있었다. 가로직에 있는 S씨 집의 크기와 차이가 없으므로 중급 이상의 무사였던 것을 엿볼 수 있었다. 가지니시의 후손들은 지금 사에키시에 살고 있는지 물어봤다. 역시 이곳에는 살고 있지 않고, 이제 집도 없어졌다고 한다. 그 날은 특히 추운 날이었는데도 불구하고 S씨가 가지니시 집터까지 안내해 주었다. 가는 도중 "저 집은 가지니시 친척이고, 저 집도 그렇다"고 알려줬다. 마침내 도착한 곳은 큰 파친코의 주차장이었다. 넓은 장소가 필요한 시내 중심의 주차장으로서는 딱 맞는 장소였다. 메이지시대 이후 사에키를 떠난 쇼안의 후손들이 그 후 어디서 어떻게 사는지, 아쉽지만 지금은 알 수 없다고 한다.

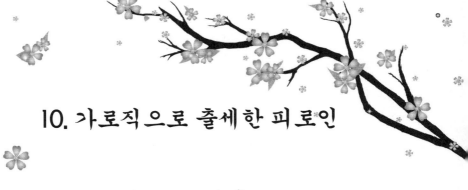

10. 가로직으로 출세한 피로인

- 오이타현 구스마치(大分県玖珠町)
  옛 지명 분고(豊後)

JR오이타역에서 규다이선(久大線)의 특급열차를 한 시간 넘게 타고 분고모리역(豊後森駅)에 내렸을 때, 왠지 상상했던 것과 다르다는 느낌이 들었다. 구스마치모리(玖珠町森)는 성하마을이라고 들었는데 그런 분위기가 아니었다. 보통 성하마을이라면 멀리에서도 성을 볼 수가 있고, 성과 관련이 되는 뭔가가 꼭 있을 터인데 그러한 느낌이 전혀 없었다. 과연 내가 가려고 하는 죠카마치모리(城下町森)라는 성하마을은 역에서 북쪽으로 약 2킬로미터나 더 간 곳에 있었다.

이름 그대로 주변에 숲(森)과 산으로 둘러싸인 분지(盆地)였고, 마을의 규모도 작았다. 실은 불과 1만 4천석의 작은 번이었으니 번주는 성을 가질 수 없었기에 모리에이(森営)라고 불리는 진야(陣屋)[66]에서 살았다. 그 주변만이 겨우 성하마을의 흔적을 보여주고 있었다. 이 땅의 영주는 구루시마(久留島)였다. 원래 세토나이해(瀬戸内海)[67]의 수군이었으며, 성은 구루시마(来島)였는데 이 땅

---

66 위병 대기소, 병영, 에도시대에 성을 갖지 못한 영주의 처소.
67 규슈와 시코쿠의 두 섬과 혼슈(本州)와의 사이에 있는 바다.

의 영주가 되면서 구루시마(久留島)로 개명했다.

그는 수군 출신임에도 세키가하라전투 후, 바다와 아무 관련 없는 산속에 영토를 받아 거처를 옮기게 되었다. 그래도 그는 운이 좋다고 해야 할지 모른다. 왜냐하면 구루시마는 세키가하라전투에서 패했던 서군(西軍)이어서 원래 영지가 모두 몰수될 위기에 처했었기 때문이다. 하지만 그는 모든 인맥을 동원하여 어떻게든 가문이 없어지지 않도록 애를 썼다. 결국 도쿠가와 이에야스(德川家康)의 측근인 혼다 마사노부(本多正信)를 통해 게이초(慶長) 6년(1601년) 분고(豊後) 깊은 산속에 겨우 1만 4천석의 영지를 받았던 것이다. 초대 번주는 구루시마 야스치카(久留島康親)이다.

그의 아버지는 구루시마 수군의 구루시마 미치후사(来島通房)이다. 마치후사는 그의 형인 도쿠이 미치유키(得居道之)와 함께 700명의 병사를 이끌고 조선에 출병했다. 수군이라면 이순신의 조선수군과 꼭 싸워야 했으니, 결국 두 형제는 모두 장렬하게 전사했다.

임진왜란 중 분로쿠(文禄) 원년(1592년) 6월 2일, 이순신이 이끄는 조선수군은 당포(唐浦)에서 가메이 고레노리(亀井玆矩)가 지휘하는 함대를 섬멸했다. 그 후 도쿠이 미치유키가 이끄는 구루시마 수군과 만나 이들을 6월 7일 율포해전에서 격파했다. 미치유키는 몸에 수십 개의 화살을 맞고 장렬한 죽음을 맞이했다고 한다. 『이충무공전서(李忠武公全書)』에는 그 모습이 자세히 묘사되어 있다.

"아침에 떠나 당포 앞 선창에 이르니 적선 20여 척이 줄을 서서 정박해 있었다. 우리 배가 둘러싸고는 서로 싸움을 벌였다. 적의 큰 배 한 척은 크기가 우리나라 판옥선만 하였다. 배 위에는 누각을 만들었는데 높이가 두 길이나 됨직하였다. 그 누각 위에는 왜장이 우뚝 앉아서 움직이지도 않았다. 편전과 크고 작은 승자총통으로 비를 퍼붓듯 마구 쏘아 대었더니 왜장이

피로인 출신인데도 모리번의 가로가 된 아사야마 집의 묘(안라쿠지安楽寺)

화살에 맞아 굴러 떨어지자 순간 모든 왜장이 놀라 한꺼번에 흩어졌다."

정유재란 당시 구루시마 미치후사가 전라도 남원성을 공격할 때, 도도 다카토라(藤堂高虎), 와키사카 야스하루(脇坂安治), 가토 요시아키(加藤嘉明), 시마즈 요시히로(島津義弘) 등의 각 수군과 연합하여 조선인 461수(首)의 전과를 올렸다고 『구루시마가계도(久留島家系図)』에 기록되어 있다. 그러나 그 후 하동으로 돌아가 육군이 북상함에 따라 바다에서 진도(珍島) 이북으로 진출을 노리고 있던 중 이순신 수군과 만났다. 그는 게이초 2년(1597년)

9월 16일 전라도 진도와 해남 사이 명량해협의 해전에서 전사했다. 믿을 수 없는 이 해전에서 불과 열 두 척밖에 없는 이순신의 조선수군이 300여 척인 일본수군을 격파해 압승했다.

이것은 이순신 장군이 바다의 흐름을 잘 이용한 전투였다. 처음에는 일본수군 300여 척이 조류에 따라 조선수군을 포위하며 우위에 있었지만, 갑자기 조류가 바뀌기 시작해 전세가 역전되었다. 바다의 흐름을 잘 탄 조선수군은 12척의 배로 종횡무진 움직이며 사방팔방에 포탄을 발사한 사투 끝에 일본군에 큰 피해를 주고 패퇴시켰다. 이순신의 『난중일기(亂中日記)』에는 구루시마 미치후사의 마지막 모습이 기록되어 있다.

"항복해 온 왜놈 준사(俊沙)란 놈은 안골포의 적진에서 투항해 온 자이다. 내 배 위에서 내려다보며, 저 무늬 있는 붉은 비단옷을 입은 놈이 적장 '마다지(馬多時)[68]'라고 하였다. 나는 김돌손(金乭孫)으로 하여금 갈구리를 던져 배의 앞부분으로 끌어 올렸다. 그러니 준사는 펄쩍 뛰며 '이게 마다지다'고 하였다. 그래서 곧 명령하여 토막으로 자르게 하니, 적의 기운이 크게 꺾여 버렸다."

이때 구루시마 미치후사뿐만 아니라 하타 노부토키(波多信時) 등 장군 수십 명이 전사하고, 도도 다카도라도 중상을 입었다. 군감(軍監)인 모오리 다카마사(毛利高政)는 바다에 떨어져 익사할

---

68 『난중일기』에서 '마다지'라고 기록되어 있는 사람이 구루시마 미치후사.

뻔했다. 조선수군에 대패한 일본수군은 북진을 포기하고 부산에 가까운 웅진포까지 밀려났다.

구루시마 형제가 전사함에 따라 구루시마 집은 둘째 아들인 야스치카가 상속했다. 이미 말한 바와 같이 그는 세키가하라전투에서 서군 쪽에 있었기 때문에 영지는 몰수되었다. 소수의 부하들만 데리고 한때 유랑했고, 후에 영토를 겨우 받을 수 있게 된 것이다. 유랑한 사이에 옛날의 부하들이 뿔뿔이 흩어져 불과 몇 명만을 데리고 이 땅에 들어왔다. 그 후 옛 부하들을 열심히 모았지만 30명 정도밖에 되지 않았다. 당연히 부하들을 충분히 확충해야 했지만 구루시마 야스치카 휘하로 들어온 새로운 부하는 없었다. 예외적으로 들어온 사람이 아사야마 안타쿠(朝山安琢)라는 의사였다.

『오이타현사(大分県史)』에 의하면, "아사야마 안타쿠가 오사카 다니마치(谷町)에서 의사를 하고 있었을 때, 연 100석을 받을 조건으로 구루시마 야스치카 밑에 들어갔다고 전해진다. 겐코인(玄興院)과의 관계가 있었던 모양"이라고 기록되어 있다. 겐코인이라는 사람은 야스치카의 아내이자 후쿠시마 마사노리(福島正則)의 조카이기도 하다.

이어 『오이타현사』에는 "아사야마 안타쿠의 아이 사쿠안(策庵)은 2대 번주 구루시마 미치하루(久留島道春) 때 150석으로 요닌

(用人)[69]격이 되었다. 사쿠안의 손자 주로베(十郎兵衛)는 4대 번주 미치마사(道政)와 5대 번주 데루미치(光道)가 집안을 상속받기 전에 가까이 모셨다. 데루미치가 번주가 된 후에는 300석을 받아 가로직으로 올랐다. 조상 대대로 따랐던 부하가 아닌데도 가로직까지 승진하는 것은 파격적인 출세라고 해야 한다"고 특별히 적고 있다. 이 아사야마씨들, 특히 초대 아사야마 안타쿠는 어떤 인물이었을까? 이 지역에는 다행히 번에 종사했던 무사의 유래를 기록한 덴메이(天明)[70] 3년(1783년) 『모리번사선조서(森藩士先祖書)』가 남아 있다.

이 유래서에 의하면, "원조(元祖) 안타쿠는 원래 조선출신으로 130석을 받았다. 안타쿠는 조선인이며 조선국왕에 가까운 외척이다. 일본에서 말하면 3,000석 정도의 규모였다고 전해진다. 히데요시 공의 조선출병에 의해 분로쿠 2년(1593년)에 포로가 되었다. 18세 때 웅천이라는 곳에서 아내와 함께 일본에 건너와 오사카 사카이(堺)에 있었다. 그 후 자유로운 신분을 얻자 각지를 유랑하여 돌아다녔다. 게이초 8년(1604년) 교토 후시미(伏見)에서 불가에 들었다. 의사 이마오지(今大路)씨를 스승으로 의학을 배웠고, 14년(1610년) 다이지인(大慈院)[71] 댁에 다니게 되었다. 그 후 번에 들어갔고 결국 100석을 받게 되었다."

----

69 재무 서무 등 중요한 내용을 관리하는 업무.
70 에도시대에 사용된 연호 중의 하나. 덴메이년간은 (天明年間)은 1781년~1789년.
71 불문의 들어간 후의 구루시마 야스치카(久留島康親)

나중에 번의 가로직까지 올라간 아사야마 가문의 초대 안타쿠는 놀랍게도 임진왜란의 피로인이었다. 강제로 일본에 이끌어왔지만 아마 그를 연행한 자가 세키가하라전투에서 패배하게 되자 자유로운 신분이 되었을 것이다. 그는 일본에서 살기 위해 당시 일본 최고의 의사인 마나세(曲直瀬) 가문의 게이유인(啓迪院)에서 의학을 배워, 우연한 인연으로 구루시마 야스치카를, 혹은 그 아내를 알게 되었다(아마 그들의 병을 치료했을 것이다). 그래서 높은 보수를 받고 구루시마 야스치카를 모시게 되었다니 참으로 있을 수 없는 인연이다. 지금까지 봐왔던 피로인이 도공(陶工), 혹은 무사라고 해도 소액의 녹으로 살았다는 것을 생각하면 놀라운 일이다. 구루시마 야스치카 사후, 안타쿠는 간에이 7년(1630년) 배치 명령을 받아 에도(江戸)[72]에 가게 되었다. 그곳에서 30석이 증가되었고, 게이안(慶安)[73] 2년(1649년)에 78세로 생을 마감했다고 한다.

　아사야마 씨 묘를 모시는 절은 번주의 묘가 있는 안라쿠지(安楽寺)였다. 과연 크고 훌륭한 묘였다. 주지스님에게 아사야마 씨에 관해 물어봤더니, 후손은 이 지역에는 없고 다른 곳에 옮겨 살고 있다고 했다. 『구스군사(玖珠郡史)』를 발간하는 향토사가 K씨가 안라쿠지 말고 다른 곳에도 아사야마 집의 산소가 있다고 알려줬다. 그곳은 마을에서 조금 떨어진 자위대 주둔지 가까이에 있는 산골짜기 아래라고 한다.

----

72 도쿄(東京)의 옛 지명.
73 에도시대에 사용된 연호 중의 하나. 게이안년간(慶安年間)은 1648년~1652년.

자위대 주둔지에 가까운 인기척이 없는 으스스한 산골짜기를 내려가니, 생각보다 넓은 곳에 묘석이 나란히 있었다. 그중에 아사야마 가문의 묘를 찾았다. 20개 이상의 훌륭한 묘석이 단정하게 줄지어 있었는데, 그것은 모두 가로로 된 4대 주로베 가즈타네(十郎兵衛一胤) 이후의 묘였다.

안타쿠는 간에이 7년(1630년)에 에도 근무를 맡아 에도로 나간 사람이다. 오사카 사카이에서 태어난 안타쿠의 아들 사쿠안도 에도 시바타초(芝田町)에 있던 저택에서 세상을 떠났다고 한다(사쿠안은 아버지 뒤를 이어 의사가 되어, 나중에 요닌직을 맡아 150석의 녹을 받았다). 초대와 2대가 에도에서 근무했다는 것을 생각하면 역시 둘은 에도에서 생을 마감했는지 모른다.

11. 도진부부의 전설

－미야자키현 다카치호초(宮崎県高千穂町)
옛 지명 휴가(日向)

　남쪽 지방임에도 눈이 가볍게 뿌려 서릿발이 날리는 묘지 한구석에 그 묘는 숨어 있었다. 묘석 앞면에는 '나무아미타불(南無阿弥陀仏)'이, 왼쪽에는 '도진부부(唐人夫婦)'라고 희미하게 새겨진 묘비명이 있었다. 내가 찾아온 곳은 천손강림전설(天孫降臨伝説)로 알려진 다카치호(高千穂)의 시모오시카타(下押方)라는 땅이다. 이 묘는 미야자키현(宮崎県)에서 처음으로 만난 조선출병과 관련된 흔적이었다.

　미야자키현에는 '고려공주전설(高麗姫伝説)'이라는 것이 있다. 규슈산지(九州山地)에서 발원하여 흘러내려오는 고카세강(五ヶ瀬川)이라는 강이 있는데, 미야자키현 북부 노베오카시(延岡市)에서 고카세강 연안의 마을로 데려온 조선여인에 관한 전설이다. 야카이(八峡)의 구와즈루(桑水流), 구와노키(桑の木), 마쓰후네(松船)[74] 등의 지역에 내려오는 고려공주전설은 다음과 같다.

----

74 마쓰후네(松船)는 히가시 우스키군 기타카타마치(東臼杵郡北方町)에 있음.

"가이 주로자에몬(甲斐十郎左衛門)이라는 무사가 가토 기요마사(加藤淸正)를 따라 조선에 출병해, 돌아올 때 3명의 조선여성을 데리고 왔는데, 이 여성들이 후에 이 지방으로 옮겨와 살게 되었다"는 것이었다.

나는 이 전설을 물어보면서 찾아왔다가 드디어 고카세강 상류 다카치호까지 와버렸던 것이다. 조선 출병 당시 이 지방의 영주인 다카하시 모토다네(高橋元種)도 조선에 출병했다가 귀국할 때, 다른 영주들과 마찬가지로 많은 조선인을 데리고 왔다. 에도시대에 번주의 전임 의사였던 시라세 에이넨(白瀬永年)이 쓴『엔료세감(延陵世鑑)』(1799년)에는 다음과 같이 기록되어 있다.

"다카하시 군대, 조선을 왕래할 때마다 조선인 남녀노소 상관없이 산 채로 잡아와 노예로 삼았다. 그 수가 수백 명에 달했다. 그 가운데 운이 좋은 여자는 누군가의 아내나 첩이 되었다."

에도시대 후기 노베오카번(延岡藩)[75]에는 유명한 국학자이며 시인이였던 히구치 다네미(樋口種実)라는 인물이 있었다. 그의 조상인 히구치 야스미(樋口休種)의 부인이 고려인이었다고 알려져 있다. 또한 양조업을 했던 오카무라(岡村) 씨의 아내도 고려인이었다고 기록되어 있다.

다카치호에 있는 '도진 부부'의 묘석은 높이 30센티미터 정도의 작은 것이었다. 오른쪽 측면에는 1840년에 해당하는 연호

---

75 에도시대 미야자키현은 소번(小藩)으로 분립되어 있었음. 대표적인 번에 노베오카번(延岡藩), 다카나베번(高鍋藩), 사도와라번(佐土原藩), 오비번(飫肥藩) 등이 있음.

가 '天保十一年正月改元'이라고 새겨져 있었다. 덴포년간(天保年間)[76]은 에도시대 후기에 해당하고 조선출병이 지난 지 이미 250년이나 되는 해이다.

"부부가 함께 죽었다고는 생각할 수 없고, 또한 1840년에는 연호가 바뀔 일이, 즉 가이겐(改元)이 없었어요. 옛날 마을을 위해 희생한 조선인 부부를 기리기 위해 마을 사람들이 새로운 묘비를 세워 모셨다는 것이지요. 아마 가이겐(改元)이라는 것이 가이간(開眼)[77]의 뜻이 아닐까 생각합니다." 이 지방에서 향토역사를 가장 잘 안다는 T씨의 명확한 설명이다.

"이 부부는 몸집이 크고 힘이 좋았던 것 같습니다. 강가에서 큰 돌을 가져와 지장당(地藏堂)의 주춧돌을 제공했다고 합니다. 둘이 일도 잘하고 마을을 위해 많이 힘썼다고 하네요."

그 지장당이라는 건물은 묘지 바로 앞 큰 은행나무 밑에 있었다. 은행나무는 언뜻 봐도 수백 년은 되어 보이는 오래된 큰 나무였다. 지장당을 이곳에 옮겼을 때 기념으로 심은 나무라고 한다. 지장당 안쪽을 자세히 살펴보니 '게이초(慶長) 6년(1601년)'이라는 글씨가 보였다.

"자, 거기에 보이지요? 큰 돌이…."

T씨는 건물 뒤쪽으로 돌아가 엎드려 건물 밑을 가리켰다. 나도 따라서 엎드려 밑을 보았더니 어둠 속에 큰 초석이 몇 개가 묵직

---

76 에도시대에 사용된 연호 중의 하나. 덴포년간(天保年間)은 1830년~1844년.
77 불도의 진리를 깨달음, 불화가 완성되어 처음으로 하는 공양.

다카치호에 남는 한국식 지개

한 건물을 받치고 있었다. 이 돌들을 다 카치호 계곡에서 이 높은 곳에 위치하는 오시카타까지 메어 들고 올라왔다는데, 돌이 너무나 커서 도 저히 믿을 수가 없었 다. 어느 계곡에서 들고 왔는지 확인하려고 아래를 내려다보았지만, 멀리 계곡만이 희미하게 보일 뿐이었다. 오히려 여기에서는 험한 다카치호의 산 봉우리들만 잘 보였다.

그러고 보니 영주 다카하시를 포함한 휴가(日向)[78]군 2,000명은 조선에서 강원도를 공격하면서 올라갔다. 이 군은 백의를 입거나 맹수나 귀신의 가면을 쓰는 등 조선에서 여러 기이한 작전을 썼다 고 한다. 이러한 연유로 이 도진부부는 혹시 강원도 사람이었을지 모르겠다고 멋대로 상상해 보았다.

조선출병에 의해 이러한 오지까지 조선인이 연행되었다는 것에 놀랐고, 또한 이 부부가 현재까지 이 마을사람에게 진심어린 존경 을 받고 있다는 것에 다시 한번 놀랐다.

"그렇다 하더라도 왜 이런 산골까지 이 조선인 부부가 왔던 것 일까요?" 이번에는 반대로 T씨가 나에게 물었다.

----

78 미야자키현과 가고시마현(鹿児島県) 동북부의 옛 지명.

79세나 되는 T씨를 이렇게 오랫동안 추운 곳에 있게 한 것이 미안해 서둘러 돌아섰다. 돌아가는 도중 T씨에게 도진부부에 관한 에피소드를 물어봤다.

"글쎄요, 아! '도진 가루이(唐人かるい)'라는 것이 있습니다."

"'가루이'라는 것이 '짊어진다'라는 뜻이지요?"

"그렇습니다. 여기서는 '가루우(かるう)'라고 하지만요"

혹시 그것은 한국어로 말하는 '지게'를 가리키는 것이 아닐까? 일본어로는 지게를 쇼이코(しょいこ)라고 하는데, 농촌 특히 산길이 많은 곳에서는 쇼이코는 없으면 안 되는 중요한 운반도구이다. 그러나 이제 이런 시골에서조차 농업은 거의 기계화가 되어 있고, 지금 시대에 이런 것을 더 이상 쓰지 않을 것이라 생각했다. 그런데 "아니요, 아직 차가 들어가지 못하는 곳도 있으니까요." T씨가 어느 농가의 창고 뒤에 기대어 세워 놓아둔 나무틀을 꺼내왔다. 그것은 하얗고 아직 새것처럼 보였다. 그가 가지고 나온 것이 나무들로 조립된 바로 한국의 '지게'가 틀림없었다.

일본의 쇼이코는 한국 지게와 구조가 약간 다르다고 들어본 적이 있다. 무거운 짐을 지고 가는 사람에게는 고정 기능이 확실한 한국 지게가 훨씬 안정감이 있었을 것이다. 일본의 쇼이코보다 더 기능적인 조선의 '지게'를 마을사람들이 바로 도입했던 것이 아닐까?

하사미야기(波佐見焼き)로 알려진 나가사키현(長崎県) 하시미초(波佐見町)라는 도자기 마을에서는 쇼이코를 바로 '지게(チゲ)'라고 말하는 것이 생각났다. 하시미초의 도자기산업은 조선에서

잡혀 온 조선인 도공이 일으킨 것이다. '지게'라는 명칭도 그들의 유산임에 틀림이 없을 것이다.

"T씨, 이것은 역시 한국에서 지금도 쓰는 '지게'라는 운반도구 입니다." 나는 조금 흥분한 목소리로 말했다. 다카치호에서 '도진 가루이'라고 하여진 것은 하시미초의 '지게'와 마찬가지로 조선에서 끌려온 사람들이 남긴 것임에 틀림없다. 또한 다카치호에서는 농업용 가래를 '고카라(小韓)'라고 한다. 이것도 조선과 무슨 관련이 있는 것인가.

노베오카(延岡)에서 고카세강을 거슬러 올라가면서 고려공주의 전설을 찾아보았다. 그러나 고려공주 전설을 하나도 못 만났던 것은 이제 이 지방 사람들 마음속에 이미 사라졌다는 것을 의미하는 것이었다.

이 강의 가장 구석인 다카치호 지방에서 지금도 아직 존경받고 있는 도진부부와 고려공주전설 속 그녀들의 차이는 무엇일까? 그것은 이 부부가 타국에서도 뿌리를 내려 마을에 공헌했기 때문이 아닐까 생각한다. 그 덕에 조선출병이 지난 250년이나 지난 후에도, 이 부부를 잊지 않고 다시 새로운 묘비를 세웠던 것이다.

묘비의 코앞에 자리 잡은 지장당은 오시카타 마을의 중심에 위치하고, 방화(防火) 기원의 지장으로서 근처에서는 잘 알려진 곳이다. 이것이 땅의 수호신으로서 있는 한, 도진부부의 자랑스러운 전설도 또 사라지지 않을 것이라고 생각한다.

12. 파리파리 절임

－미야지키현 휴가시(宮崎県日向市)
　옛 지명 휴가(日向)

　조선출병 당시 미야자키현 북부 노베오카 지방에서는 다카하시 모토다네(高橋元種)가 병사 625명을 이끌고 조선에 출병했다. 다른 큰 영주들, 예를 들어 가토 기요마사(加藤清正)나 시마즈 요시히로(島津義弘)에 비해 소영주임에도 불구하고, 그는 전쟁 후 많은 조선인들을 끌고 왔다. 사실 그 흔적은 고카세강(五ヶ瀬川) 연안의 마을들뿐만 아니라 노베오카(延岡) 일대에도 널리 찾을 수 있다. 노베오카시의 니시카타(西方), 고미네(小峯)의 사라야마 가마터(皿山窯跡)나, 노베오카시 남쪽에 접해 있는 가도카와초(門川町) 이오리강(庵川)의 사라야마다 가마터(皿山田窯跡) 등이 바로 그 흔적이다. 자료『엔료세감(延陵世鑑)』속에서 말하는 "남자는 주인의 허락을 받아 도자기 가마를 만든 자가 많았다"라는 기록을 뒷받침하고 있다.

　현재 노베오카 시내에 들어가게 된 구시쓰 도토로(櫛津土土呂)나 이오리강(庵川)을 건너가는 거도이시(角石)에는 수많은 '고려인' '조선할머니'라 불리는 묘석이 남아 있다고 한다. 그 안에는 도공뿐만 아니라 직물기술자나 대장장이도 포함되어 있다고 한다. 또한 노베오카 시내 어떤 명가의 족보에는 이런 기록이 남아 있다. "신진자에몬 마사사다(信甚左衛門正定) 그의 아내(同妻)는 고려출신이다(高麗之産也)."

이러한 흔적을 찾는 가운데 우연히 이 휴가(日向) 지방에 옛날부터 전해온 '조선기리(朝鮮ギリ)'라는 절임이 있다는 것을 알게 되었다. 처음엔 배추김치 같은 것이 아닐까 생각했는데, 재료로 무를 쓴다고 한다. 그러면 깍두기 같은 것인가 생각하고 시내의 절임전문점을 찾아봤지만 못 찾았다. 아무래도 시중에 판매되는 것은 아닌 것 같았다. '조선기리'가 임진왜란 이후 도래한 것인지, 아니면 일제강점기 이후 조선에서 돌아온 일본사람들이 전파한 것인지에 대해 생각을 많이 했다.

아주 오래전 이야기지만, 한국의 동해안과 접해 있는 효고현(兵庫縣) 다지마(但馬)라는 지역에 김치를 담그는 마을이 있다고 들었다. 나는 계절을 맞추어 겨울에 그곳을 찾아가본 적이 있다. 그곳은 다지마의 기히(氣比)라는 지역으로, 여름에는 해수욕장이 유명한 곳이다. 또한 한일고대사에 있어서는 아메노히보고(天日槍)[79]와 연관이 있는 곳이기도 하다. 상식적인 발상이 아니지만 그 아메노히보고와 관련이 있는 김치였으면 재미있겠다는 생각이 들었다. 그러나 그 김치는 이것도 김치냐 할 정도로 소량의 고춧가루와 마늘로 버무려 그저 김치 흉내만 낸 것이었다. 그 김치는 근대 조선에서 돌아온 사람이 만들었던 것이다. 그래도 그 김치를

----

79 아메노히보고(天日槍)는 BC 1세기경 신라의 왕자로, 일본에 건너갔다고 전하여지는 인물.

먹으면 감기에 잘 걸리지 않는다 하여 인기가 좋다고 한다.

여기 휴가에 있는 '조선기리'도 혹시 고춧가루를 사용하는 것이라면 광복 후 전해진 것이라는 생각이 들었다. 왜냐하면 김치뿐만이 아니라 '한국요리라고 하면 맵다'고 연상되는 재료인 고추는 조선에서 임진왜란 이전에는 없었던 향신료이기 때문이다.

고추는 한자로는 '苦椒'라고 쓰지만, 이 한자 이전에는 '왜교자(倭芥子)'라고도 했다고 한다. 한국에서 고추는 임진왜란 때 일본에서 들어왔다는 인식이 있어서 '왜'자가 들어간 것 같다. 고추는 비타민C를 많이 포함하고 있으며, 조선과 같은 추운 지역에서도 비교적 쉽게 재배되었기 때문에 새로운 향신료로서 폭발적으로 퍼졌을 것이다.

한편 일본에서는 도가라시(唐辛子)이라는 이름만 봐도 고추는 외국에서 들어온 것으로 인식하고 있다. 역시 임진왜란 당시 가토 기요마사가 조선에서 고추를 가지고 왔다는 설이 있다. 그 증거로 당시의 수도 교토에서는 고추를 '고려교자(高麗芥子)'라고 했을 정도이다. 여러 설이 섞여 있지만, 실제로는 16세기 중반 선교사들

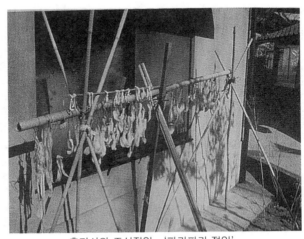

휴가시의 조선절임 '파리파리 절임'

이 일본이나 조선에 가져왔다고 생각하는 것이 타당하지 않을까 생각한다.

휴가시 시내에서 조선기리를 파는 곳이 없다면, 가정집에서 담그는 곳이라도 알 수 있을까 해서 휴가시 교육위원회에 문의했다. 운 좋게 "그것이라면 우리 집에서도 담그는데요."라고 해주는 교육위원회 사회교육과의 S씨를 만났다.

그가 안내해 준 곳은 시청에서 차로 30분이나 걸리는 시의 남쪽 끝에 위치하는 미미쓰(美々津)라는 지역이었다. 지금 합병되어 휴가시 행정구역에 들어갔지만, 이전에는 시외지역이었다. 미미강(耳川)의 하구에 위치한 미미쓰는 에도시대에서 1930년경까지 오사카에서 많은 배가 빈번히 왕래하여 물류유통기지로 번창한 항구 마을이었다.

미미쓰에 가는 길에 S씨는 "이 동네에도 1945년 이전에 많은 조선사람이 일하고 있었어요. 도미타카(富高)의 해군비행장이나 미미쓰의 철교나 대교 건설, 미미강 상류에서 일본 최초의 아치식 댐인 시이바(椎葉)댐을 건설할 때도 많은 조선사람이 일했다고 들었어요."라고 알려 주었다. 그런데 적지 않은 조선인이 공사 중 죽었다고 한다. 이러한 조선사람의 죽음을 마음 아파하는 의협심이 많은 일본인들이 그들의 혼을 위로하는 제례비를 세웠는데, 그것이 언제인가 없어져 버렸다고 아쉬움을 토로했다. 이러한 이야기도 사라지기 전에 기록해야 한다고 생각하지만, 지금은 우선 '조선기리'를 확인해야 했다.

도착한 곳은 미미강 하구를 거슬러 올라간 미미쓰 이이다니(飯谷)라는 마을이었다. 지나가는 아주머니들에게 물어보니, 어떤 사람이 "아! 조선절임 말이야? 우리는 '파리파리절임'이라고도 하는데"라고 대답했다. 이곳에서는 누구나 '조선기리'를 알고 있는 듯했다. 김치와 똑같이 '조선기리'도 겨울에 담근다. 무를 말리는 농가에 가서 실물을 봤는데, 신선하고 물기 많았던 무가 날씬해졌다고 하기보다는 완전히 말라 있었다. '조선기리'를 만들기 위해서는 먼저 무를 손질하여 껍질을 벗기고 세로로 반으로 잘라 말린다. 그다음 소금에 절인 후 또 말리고, 그 후 다시 소금에 절여서 항아리 등에 6개월 정도 밀봉해 놓는다. 이때 무와 소금의 비율은 무 10kg에 소금 1kg 정도란다. 이렇게 하면 물기가 올라가 하얗던 무는 황갈색으로 변해 색상도 맛도 좋아진다. 이 무는 2~3년은 상하지 않고 충분히 보존할 수 있다고 한다. '조선기리'는 장마철이 끝날 때쯤 맛이 들어, 더운 여름철에 먹기에 딱 좋은데, 이것만으로도 밥맛이 돈다고 한다. 먹을 때는 얇게 썰어서 간장, 조미료, 식초 등에 찍어 먹는데, 어떤 사람은 생강과 함께 먹기도 한다. 집에서만 먹을 만큼 담그는 것이 보통이기 때문에 시중에서는 못 보지만 가끔 농가에서 리어카를 끌고 다니며 팔 때도 있다고도 한다.

　"어렸을 때 이것이 바로 김치라 생각했었기 때문에 커서 도시에서 진짜 김치를 봤을 때 깜짝 놀랐어요."라고 말하는 S씨는 "화학조미료가 전혀 들어가지 않으니 건강에 좋을 것 같아요. 시에서도 '휴가 조선절임'이라는 이름으로 판매할 수 있도록 지도할 수 있지 않을까요?"라는 행정가다운 말을 했다.

　역시 휴가의 조선절임인 '조선기리' '파리파리절임'에는 고춧가루는 사용되지 않았다. 조선에서 고추가 출현하기 전의 절임은 무 종류를 소금으로 절인 단순한 채소 보존식품에 지나지 않았다고 한다. 임진왜란 당시 휴가시 북부는 다가하시 모토다네(高橋元種), 남부는 다카나베(高鍋) 지역을 중심으로 아키즈키 다네나가(秋月種長)가 지배하는 영토였다. 미미쓰에서 미미강을 거슬러 올라간 상류에 모로즈카촌(諸塚村)이라는 마을이 있다. 그 모로즈카의 나나쓰산(七山ッ山)에 전해지는 내용이 있다.
　분고(豊後)의 식물학자 가쿠 히카(賀来飛霞)가 노베오카번의 초청에 응해 다카치호산 주변을 조사했다. 그 때 미미강 상류 모로즈카를 찾아 조선할머니(朝鮮嫗)라 불리는 여성이 있었다고『다카치호채약기(高千穂採藥記)』(1845년)에 남겼다.

　"기쿠치 몬도(菊地主水)가 고려에 출병했을 때, 그곳의 여인과 친해져서 그녀를 데려왔다. 사나(支那) 근처에 왔다는 뜻인지 그는 그 여자에게 시나씨(おシナさん)라는 이름을 붙여 총애했다. 그 여인이 조선에서 가지고 왔다고 전해진 오미소(芋紡槽)[80]와 빗이 있다. 마을에서는 시나씨를 조선할머니(朝鮮嫗)라고도 불렀고, 높이 3촌(寸)[81] 정도의 목상(木像)이 있다."

----

80 우마(芋麻)를 뽑을 때 사용하는 통.
81 1촌이 약 3센티미터.

이 여성도 지방의 개척과 자녀교육에 관심이 높았다고 전해져 있다. 또한 휴가 시내에도 '조선 할머니(朝鮮姥)'라 불리는 묘가 있다고도 한다. 휴가의 독특한 조선절임은 무사들이 데리고 왔던 많은 '고려공주' '조선할머니'라고 불린 여성들이 가져왔던 것에 틀림이 없다고 생각했다.

13. 조선매듭

－미야자키현 사도와라초(宮崎県佐土原町)
　옛 지명 휴가(日向)

　미야자키의 친구를 찾아갔을 때, 내가 임진왜란에 관심이 있다는 것을 아는 친구가 "자세한 것은 모르겠지만 사도와라초(佐土原町)에도 고라이마치(高麗町)가 있다고 들었다"고 알려줬다. 사도와라초라는 곳은 미야자키시의 바로 북쪽에 있는 지역이고, 임진왜란 당시 영주는 시마즈 도요히사(島津豊久)이다. 그 성씨만 봐도 알 수 있듯 사쓰마(薩摩)의 시마즈 일족이다. 하지만 그는 독립해서 자신의 영토를 가지고 있었고 800명 병사를 이끌고 조선으로 출병했다. 그래서 사도와라초에 조선인 마을이 있다고 해도 이상하지 않을 것이라 생각했다.

　JR니포선(日豊線) 사도와라역에서 내려 고라이마치가 어딘지를 물어봤지만 아는 사람이 전혀 없었다. 나이 드신 분들에게 물어봐도 마찬가지였다. 그래서 "아타고신사(愛宕神社)를 아세요?"라고 물어보니, 그것은 니시사도와라초(西佐土原町)에 있다고 한다. 니시사도와라초는 사도와라역에서 서쪽으로 상당히 먼 거리에 있었다. 그쪽이 마을의 중심지라고 알려줬다. 내가 잘못 내린 것 같았다.

사도와라초 교육위원회에 문의해 봤더니, "고라이마치라고 불린 것은 이미 100년이나 지난 이야기"라는 답변을 들었다. 아무튼 현지까지 안내해 준다고 하여 교육위원회 T씨의 안내로 그 부근을 찾아갈 수 있게 되었다.

옛날에 고라이마치라고 불린 동네는 사도와라지구의 공용회관에서 아타고신사 입구까지의 오솔길 윗부분이고, 현재 신마치(新町) 부

사도와라초에서 본 '조선매듭' 짚신

근이다. 옛 분위기가 남아 있는 단층집이 이어져 있었다. 전에는 장사를 했었던 집들 같다는 느낌이 들었지만 지금은 조용한 거리가 되어 있다. 예전에 이들 집에서 사도와라인형(佐土原人形)을 만들었던 것일까? 유약(釉藥)을 바르지 않은 인형이나 인형용 틀이 창가에 버려진 듯 놓여 있는 것이 보였다. 옛날에는 인형 기술자들의 집들이 이곳에만 열 가정 이상이나 있었다고 한다.

이곳에 고라이마치의 유래에 관한 여러 이야기가 있다는 것이 놀라웠다. 어느 이야기에는 "사도와라의 남서쪽 교외지에 고라이산(高麗山)이라고 불린 작은 산이 있는데, 지금부터 350년 전 바닷가에 표류한 고려사람이 그 산에 옮겨 살기 시작해서…"라거나, "400년경 전 조선사람이 어떤 방법인지 모르지만 사도와라

에 도달하여 지금의 신마치에 살기 시작했다. 그 사람들의 집 몇
채…" 등이다.

이곳에서 '고라이미치'라는 기록을 볼 수 있는 것은 닛코상인
(日講上人)[82]이 32년의 생활을 기록한 『세쓰목일과(說黙日課)』라는
일기이다. 이 일기에 "죠쿄(貞享)[83] 2년(1685년) 4월 2일 새로운
절에 초대를 받아 식사를 마치고 아타고(愛宕)에 올라가 바다를
바라보았다. 고라이마치(高麗町)를 지나 이니리강(稲荷川)을 보고
돌계단을 올라 찻집에서 쉰다."라고 기록하고 있다.

그리고 2년 전인 덴나(天和) 3년(1683년)의 기록에는 "조선사
람과의 필담을 구경해 봤다."라고도 했다. 임진왜란 약 90년 후의
기록이다.

또한 『사도와라초사(佐土原町史)』에는 이런 기록도 소개되어 있다.

"겐나(元和) 5년(1619년) 2월 15일 간묘대자(漢妙大姉), 80세로
돌아가셨다."고 기록된 위패가 사도와라초 어느 집에 있다. 위패
뒤에는 "조선국에서 우리 휴가국(日向国)으로 건너와 이 집에서
살았다."라고 되어 있다.

일본 서쪽지방에 보이는 '도진마치(唐人町)'나 '고라이마치(高
麗町)'라 불리는 지역 대부분이 임진왜란 때 잡혀온 조선사람들에
게 제공된 지역이다. 그것을 생각하면, 역시 이곳의 고라이미치도

----

82 닛코상인(日講上人): 사도와라번에 유형이 된 고위직 스님으로 니치렌종(日蓮宗) 불수불시파(不
受不施派)에 속함.
83 에도시대에 사용된 연호 중의 하나. 죠쿄년간(貞享年間)은 1684년~1688년.

시마즈 도요히사가 잡아온 조선사람들이 거주한 곳이라 생각하는 것이 자연스럽지 않을까?

"고라이마치에 관해서는 그분이 잘 아시는데요"라며, 소개받은 사람이 사도와라인형 가마를 경영하는 K씨였다. "고라이마치의 거리는 지금의 신마치이고요, 고라이마치의 도공들이나 기술자들이 인형 만드는 것을 무사집이나 장사집들이 따라 한 것이 아닐까 생각됩니다."라고 그녀는 고라이마치와 사도와라인형의 관계를 말했다.

사도와라인형은 시마즈 도요히사가 끌고 온 도공들이 재미로 만든 것일까? 종번(宗藩)[84]인 사쓰마번(薩摩藩) 나에시로강(苗代川)의 도공이 나중에 사도와라번의 요청으로 이곳에 찾아와 도자기를 만들었다고 한다. 사쓰마에도 조사흙인형(帖左土人形)과 나에시로강흙인형(苗代川土人形)이 있다고 하니까 그들이 만들었을 가능성도 있다. 확실한 것은 알 수 없지만 아무튼 그 영향 아래 만들어진 것이 아닐까 생각된다. 초기의 흙인형을 보면 기모노의 왼섶을 앞으로 들어가게 한 모습으로 만들어진 것을 확인할 수 있다. 이것은 '히다리마에(左前)'라고 하여 일본에서는 오로지 세상을 떠난 사람만이 입는 양식이다. 때문에 이것이 바로 고려인 도공이 만들었다는 설을 뒷받침한다는 것이다.

흙인형 제작을 통해 한국에 친근감을 느낀다는 K씨가 이렇게 말했다. "그러니까 말이에요, 반드시 한국에도 흙인형이 있을 거

---

84 사도와라번은 사쓰마번의 지번(支藩)이었음.

예요. 아직까지도 흙인형을 만드는 동네가 있다면 꼭 찾아가고 싶네요. 좀 조사해 봐주세요." K씨는 나에게 숙제를 던졌지만, 나는 마음속으로 당혹스러웠다. 왜냐하면 일본 각지에서는 흔히 보는 이러한 흙인형이 한국에 있는지 없는지도 전혀 모르고 생각해 본 적도 없었기 때문이다. 게다가 이러한 흙인형이 일본에서 유행한 배경에 대해 들어본 기억이 있다. 에도시대 이후 음력 3월에 열리는 여자아이들 축제가 일반화된 것과 밀접한 관계가 있고, 이는 지극히 일본의 독특한 풍습이라고 한다. 그런데 일본에서도 미토번(水戸藩)[85]과 같이 유교의 영향이 강한 지방에서는 전혀 만들어지지 않았다고도 한다. 그렇기 때문에 유교사상이 강한 나라인 한국에서 이러한 인형이 있는지 확신할 수가 없었다.

"회관에 들렀다가 가세요"라고 말하는 그녀를 따라갔다. 전시된 사도와라인형을 구경하면서 복도를 걷는 도중 문득 짚신이 눈에 띄었다. "이것은 아시나카짚신(足半草履)[86] 입니까?"라고 무심코 회관 안내원에 물었더니 그렇다고 한다. 보기 드문 방법으로 짜진 짚신을 손에 들고 "그러면 끈을 묶은 법은 혹시 신념매듭(シンニョム結び)이라고 하는 것입니까?"라고 물어봤다. "신념 매듭이라고 하는지는 모르겠지만, 우리는 이것을 '조선매듭(朝鮮結び)'이라고 합니다."라는 의외의 대답이 들어왔다. 생각지도 않았던 발견에 가슴이 일렁거렸다. 일본식 짚신은 나무신인 게다(下

----

85 에도시대에 이바라기현(茨木県)의 북부·중부를 통치한 유력한 번.
86 짚신의 바닥의 부분이 발뒤꿈치까지 없어서 반 정도 밖에 없는 짚신, 농촌에서 사용.

駄)의 끈처럼 끝부분을 짚신 밑으로 보내서 묶는다. 그것에 비해 이 조선매듭의 짚신은 위에서 매듭을 만들어 발가락 방향으로 위에 쓱 올리는 모양을 갖추고 있다. 같은 것을 미야자키현 북부에서는 '신념매듭'이라고 하고, 중남부에서는 '조선매듭'이라고 부른다는 것을 알았다. 나는 이것도 조선의 피로인들이 전한 것이 아닐까 생각했다.

미야자키현 북부 노베오카시(延岡市)의 남쪽인 가도카와초(門川町) 이오리강(庵川)에는 옛날에 '이오리가와야키(庵川燒)' '신념야키(シンニョム燒)'라고 불린 도자기가 있었다. 이 도자기는 영주 다카하시 모토다네(高橋元種)가 조선출병 때 연행해 온 도공들인 '신념'과 '간념'이라는 형제에 의해 만들어진 것이 전승되었다. 이 신념의 묘와 가마터가 이오리강에 지금도 남아 있다고 하여 찾아간 적이 있었다. 그때 이 지방에서 짚신 짜는 방법 중의 하나로 신념의 이름을 붙인 '신념매듭'이라는 것이 있다는 사실을 알게 되었다. 그러나 지금은 그러한 짚신을 신을 사람도 없고, 또한 짤 수 있는 사람도 없을 것이라고 했기 때문에 실물을 확인하지 못하고 지나갔다. 다만 그것은 한국의 '고무신과 같이 생긴 것'이라고 들었기에 아마 발가락 부분이 위로 쓱 올라간 모양일 것이라는 상상만 했다.

재일한국인이라고 해도 한국에서 태어난 1세라면 지금도 조선식 짚신을 짤 수 있다고 들어 본 적은 있지만, 이제 짚신 짜기는 일본에서 사라져 버린 기술이 아닐까 생각했다. "우리가 어렸을 때는 스스로 짜서 신었습니다."라고 60대 후반 정도로 보이는 안내원이 말했다. "이 짚신은 지방 아이들의 향토교육을 위해 여기에 전시하는 것이고, 앞으로 실습시간도 가질 것"이라고 했다. 그 사람도 역시 현의 남부지방 출신이라고 한다. 노베오카시와 사도와라초는 지금은 같은 미야자키현이지만 옛날에는 서로 다른 번(藩)에 속했다. 그래서 짚신의 호칭이 다른 것도 당연하다. 공통점은 양쪽 모두 조선출병에 인해 연행된 사람들에 의해 전해졌다는 것이다.

다카치호(高千穗)에서 봤던 '도진가루이(唐人かるい)'라고 불린 조선식 지게도 현의 시골마을에 전체적으로 퍼져, 농촌에서는 없어서는 안 될 중요한 운반도구가 되었다. 휴가시(日向市)에서 봤던 '조선기리'라는 절임도 지역 서민들이 애호했다. 『엔료세감(延陵世鑑)』에는 이런 기록이 있다.

"일본말을 배웠는데도 모음이 맞지 않아 '고메(쌀)'를 '고미'라고 하고, '마메(콩)'을 '마미'라고 한다. 그 외에도 말하지 못 하는 언어가 많음."

이렇듯 연행된 조선사람들이 언어로 많은 고생을 하면서도 이 지방에서 서민들의 생활 속 깊은 곳에 없어서는 안 될 것들을 많이 남긴 듯했다. 진상품이 될 만한 화려한 것이 아무것도 없어 보여도.

14. 아득하게 먼, 400년

–가고시마현 미야마초(鹿児島県美山町)
  옛 지명 사쓰마(薩摩)

 '사쓰마야기(薩摩燒)'로 널리 알려진 가고시마현 미야마(美山)는 아름다운 도자기의 고장이었다. 마을 중심으로는 현도(縣道)가 가로지르고, 그 길 양쪽에는 잘 손질된 나무울타리나 예쁜 꽃이 심어져 미야마 사람들의 높은 미의식을 느낄 수 있었다. 특히 '나에시로강 민도관(苗代川民陶舘)'과 '수관도원(寿官陶苑)'을 잇는 샛길에는 훌륭한 맹종죽 숲이 있으며, 나도 모르게 멈춰 서서 넋을 잃고 보고 있었다. 동행한 미야자키 슈지로(宮崎修二朗)씨와 오충언(吳忠彦) 씨에게 다시 그 길로 돌아가자고 조르고 싶을 정도였다.

 이 땅이 도자기 '사쓰마야기'의 고장이 된 것은 역시 400년 전의 임진왜란 때문이다. 사쓰마번에서는 영주 시마즈(島津)가 약 1만 명의 병사를 이끌고 조선으로 출병했다. 다른 지역에서도 그랬던 듯 시마즈도 일본으로 돌아올 때 많은 조선인들을 연행해 왔다. 그 사람 속에는 많은 도공들이 섞여 있었다. 도자기의 고향 미야마의 성립에 관해서는 이곳 향토사람이 번에 제출한『선년 조선에서 잡혀 건너 머뭄(先年朝鮮より拔召渡留候)』이라는 기록에 자세히 나와 있다.

　게이초(慶長) 3년(1598년) 12월, 조선에서 잡혀온 피로인들은 구시키노(串木野)의 시마비라(嶋平), 이치키(市来)의 간노가와(神之川), 그리고 가고시마(鹿児島)의 마에노하마(前之浜)에 도착했다. 구시키노에 도착한 조선사람은 18개 성씨 43명, 이치키는 3개 성씨 10명 정도의 남녀였다. 그런데 그들을 실어 온 배는 어찌된 일인지 그들을 구시키노의 해변에 놓아두었다. 그래서 그들은 처음에는 나무 밑에서 잠을 자고 부근의 주민들이 준 음식을 먹고 겨우 목숨을 연명했다고 한다. 시간이 흘러 그들은 오두막집을 짓거나 도자기를 만들면서 5~6년을 보냈다. 그들은 생활이 너무 힘들어 조선으로 돌아가려고 했는데, 그들의 이야기가 영주의 귀에 들어갔다. 영주는 그들을 현재의 미야마인 나에시로강(苗代川)에 모이게 하고 집을 마련해 주었다. 그들이 일본군에 잡히기 전에는 조선에서 도자기를 만들었다고 영주에 전했다. 그러자 영주는 그러면 도자기를 열심히 만들라고 하면서 박평의(朴平意)[87]라는 사람을 촌장으로 세워 도자기마을을 만들게 되었다.

　간에이년간(寬永年間: 1624년~1644년)에는 이치키에 상륙한 조선인들도 나에시로강에 불려 들어왔다. 또 간분(寬文) 3년(1663년)에는 마에노하마에 상륙한 조선사람들이 살았던 고라이마치

---

87 메이지유신 이후 그의 후손인 박수승은 아들 박무덕(朴茂德)을 일본 사회 속에 넣고자 도고(東郷)라는 성을 사고 이름을 시게노리라 하였음. 후에 도고 시게노리(東郷茂德)는 태평양전쟁 당시 외무대신으로 평화주의자였고, 현재 야스쿠니 신사에 합사되었음.

(高麗町)에서도 불려 들어와 나에시로강 주변은 조선사람만이 사는 완전한 '소조선' 마을이 되었다.

그 후 3년 뒤에 영주는 조선사람들에게 난폭한 행동을 하는 자에게는 본인뿐만 아니라 일족에게도 벌을 주겠다는 명령까지 내렸다. 또한 조선혈통을 가진 사람은 다른 지역사람과 결혼이 금지되어 에도시대가 끝날 때까지 일본식 이름으로 바꾸는 것도 금

구시키노시 시마비라해안에 건립된 상륙기념비

지되었다. "조선혈통자에게는 다로 지로(太郎次郎)[88]의 이름은 풍속에 어울리지 않는다.(朝鮮筋目の者 太郎次郎之名 風俗分相応)"와 같은 조치는 '조선사람들의 번영을 위한 배려'였다고 하지만 진심으로 그랬을까?

실제로『산고구 명승도회(三国名勝図会)』에는 조선풍속 그대로의 모습으로 도자기 제작에 몰두하는 조선사람들의 모습이 그려져 있다. 번주 시마즈가 자주 이 땅을 찾아왔기 때문에 마을사람은 소주를 올리고 춤을 보여줬다고 한다.

예전에 미야마의 '나에시로강 민도관'의 사메지마 사타로(鮫島

---

88 일본에서 가장 흔한 이름의 예.

佐太郎) 씨를 찾아가 본 적이 있다. 책『도자기여행(やきもの
の旅)』의 저자인 미야자키 슈지로 씨를 따라간 것이었다. 미
야자키 씨는 사메지마 씨를 1953년 뉴욕에서 개최된 'Good
Design Contest'에 출품한 '구로히라초카(黒平茶家)'로 최우
수상을 받은 도자기 작가라고 소개했다. 초카(茶家)는 사쓰
마 사투리로 '질 주전자(土瓶)'를 뜻한다. 사메지마 씨는 당시
점점 어려워지는 미야마에 희망을 불어넣어 활기를 준 공로
자이며, 사쓰마 도자기의 전통을 알리기 위해 '민도관(民陶
舘)'을 무료로 공개하고 있었다.

멀리에서 찾아와서 그런지 사메지마 씨는 작업하던 손을
멈추고 옷을 제대로 차려입고 우리를 응대해 주었다. 그러나
나는 두세 가지만 질문하고, 나머지는 미야자키 씨와 오충
언 씨에게 맡겨 버렸다. 오충언 씨가 말하는 소리가 들렸다.
"사쓰마 도자기를 조선에서 직접 전해온 도자기로 세상에 어
필하는 것이 경제적으로 좋지 않을까요?"라고 말하자, 사메
지마 씨는 "그건 그렇지만, 이 지방 사람들은 그 소리를 듣
기 싫어합니다."라며 조용한 목소리로 대답했다. 역시 내 느
낌이 맞았다.

방문한 우리는 무심하게 미야마의 도자기에 관한 유래만
화제로 올렸다. 이 지방 사람들이 조선과 직접적인 관계가
있는 것은 사메지마 씨뿐만이 아니라 미야마 사람들이 더 잘
알 것이다. 게다가 오랫동안 남에게 말 못 할 차별을 받아왔
던 역사가 있다. 에도시대는 격리된 곳에서 살았지만, 메이

지시대 이후는 영주의 보호가 사라졌다. 조선식의 한 글자 성씨 때문에 주변 사람들에게 '고려의 도자기꾼'이라는 멸시와 차별을 받아 생활도 어려워졌다. 그런 가운데 마을 사람들은 계속 도자기나 만들면서 근근이 살아갈까, 아니면 이름을 일본식으로 바꿔 마을을 떠나 살까, 둘 중 하나를 선택해야 했다. 마을을 떠난 사람은 빈곤과 차별에서 해방이 되었을까? 다른 지역에서 취직하려고 하면 호적등본 제출이 요구된다. 등본에는 개명 전의 성씨기 남아 있을 것이므로 아마 마을을 떠난 사람도 여전히 많은 고생을 했을 것이라는 생각이 든다. 당시는 정한론(征韓論)부터 시작한 이야기가 드디어 조선합병으로까지 거세게 흘려가는 시대였기 때문에 더욱더 그랬을 것이다.

이것에 관해서는 시바 료타로(司馬遼太郎)의 『잊지 못한 조국(故郷忘じがたく候)』이나 강위당(姜魏堂)의 『살아 있는 포로(生きている虜囚)』를 읽어 그 시대의 분위기를 알고 있었다. 나는 이야기하는 도중 그것을 깨달았기 때문에 질문을 중단한 것이었다. 우리 스스로 같은 조선인이라는 친근감에 쉽게 조선을 화제로 올렸지만, 역시 '상처에 소금을 뿌리는' 것과 같은 배려 없는 행동이 되어 버렸다. 원래 사메지마 씨의 이름만 보고 이분을 순수한 일본사람이라는 선입감을 갖고 시작했기 때문에 더 그랬다. 사메지마 씨도 메이지시대 이전에는 하(何)씨라는 성을 갖고 있었다. 조상은 나에시로강에서 3대째 촌장을 맡았던 집안이다. 아무튼 아주 큰 실례를 했다고 후회하면서 우리는 민도관 뒷산에 있는 다마야마신사(玉山神社)를 향했다.

다마야마신사는 미야마 사람들의 수호신이고, 원래는 조선의 단군을 모셨던 곳이라고 하여 지방에서는 '고레간사아(高麗神様)'라고 한다. 신사 입구 도리이(鳥居)[89] 옆에는 '무진역종군기념비(戊辰役從軍記念碑)'라는 석비가 있었다. 다가가서 자세히 봤더니 이 기념비에 휘호(揮毫)한 사람이 일제강점기 조선총독을 지냈던 사이토 마코토(齋藤実)였다. 그 비에는 '정이위훈일등 자작 사이토 마코토(正二位勲一等子爵 斎藤実)'라고 새겨져 있었다. 이것이 쇼와(昭和)[90] 5년(1930년)에 세워진 것인데, 도대체 여기와 어떤 인연이 있었던 것인지. 사다리꼴 모양의 4면에는 출병한 사람들의 이름이 가득 기록되어 있었다. 세어보니 100명을 넘었는데, 놀랐기도 그 대부분이 이(李), 진(陳), 백(白) 등 한 글자의 성씨였다. 일본 국내의 무진전쟁(戊辰戰爭)[91]에 미야마의 젊은이들이 어떤 사정에 의해 종군했던 것인가?

우리는 마야마의 조상들이 도착하여 상륙한 구시키노시의 시마비라해안(嶋平海岸)에도 가봤다. 그리고 심수관(沈寿官)[92] 씨가 알려준 기념비를 겨우겨우 찾아냈다. 그것은 후키아게가하마(吸上

---

89 일본 신사 앞에 있는 문으로 우리나라의 홍살문과 같은 것.

90 쇼와시대(昭和時代) :1926년~1989년.

91 일본 메이지정권이 도쿠가와 막부에게 권력의 반환을 요구하자 이에 불복하여 친 에도막부세력이 무진년(戊辰年)인 1868년에 일본 전역에서 벌인 전쟁.

92 임진왜란 당시 남원성에서 일본으로 끌려와 사쓰마 도자기를 시작한 심당길(沈當吉)의 14대손.

ヶ浜)라는 긴 흰 모래 해변의 데루시마(照島)라는 곳에 있었다.

게이초(慶長) 3년(1598년) 겨울
아득한 바람과 파도를 넘어
우리들의 개조 이 땅에 상륙했다.

높이가 딱 우리 키만 한 큰 자연석에 심수관 씨가 쓴 글씨가 새겨져 있었다. 이 '아득한'이라는 표현을 '멀리 바다를 넘어서'라는 뜻으로 읽을 수도 있지만, 한편으로는 일본으로 온 다음의 '긴 세월'을 뜻하는 것 같기도 했다. 우리는 "이 비석이 한국을 향하는 것이 아닐까"라고 이야기했다. 심수관 씨와 만났을 때, 그는 이 비석에게 대해 이렇게 언급했다. "윤달세 씨, 그 비석 하나 세우는 데 400년이나 걸렸습니다." 이 말을 하는 심수관 씨의 표정이 기쁨인지 한숨인지 알 수 없어서 그 말이 계속 귀에 맴돌았다.

10년 후 나는 '사쓰마 도자기 400년 축제'에 들뜬 미야마를 다시 방문했다. 1998년은 미야마 사람의 조상들이 구시키노에 도착한 지 바로 400년이 된 해였다. 축제 첫날에만 무려 5만 명이 넘는 인파가 미야마를 찾아왔다고 한다. 축제는 대성공이었다. 지난번 심수관 씨는 "미야마에 있어 400년째는 1998년이다. 미야마의 발전과 한일우호를 위한 400년 축제를!"이라고 그 속마음을 터놓았는데, 그것이 실현된 것이다.

저녁 무렵 수관도원 앞에서 버스를 기다리고 있었을 때, 한 젊은이를 알게 되었다. 가고시마 시내의 대학생인 일본사람이었

다. 이 축제에 대한 느낌을 물어봤는데, 알고 보니 통역 봉사를
위해 축제에 참가한 것이었다. 그는 몇몇이 함께하는 그룹 속에
서 계속 한국어를 공부해 왔는데, 이 축제에 오는 한국 손님을
위해 통역을 해야겠다는 마음으로 왔다고 했다. 나는 그 말에 참
으로 놀람과 동시에 감동했다. 확실히 시대가 변해가고 있다는
것을 느꼈다.

15. 일본에서 가장 오래된 석교

-가고시마현 가고시마시(鹿児島県鹿児島市)
 옛 지명 사쯔마(薩摩)

　1998년 2월 18일 「미나미니혼신문(南日本新聞)」 1면에 "히가시이치키(東市来) 미야마(美山)의 조선인 도공 차씨(車氏) 원조 2대의 묘 발견"이라는 큰 표제의 기사가 나왔다. 이와 함께 "지방 의회의원(町会議員)과 가고시마대학(鹿児島大学) 조교수가 금년 2월, 차씨 원조와 2대의 묘를 찾아냈다"고 하는 기사가 게재되었다. 기사의 내용은 다음과 같다.

　"차씨는 게이초 3년(1598년) 시마즈 요시히로(島津義弘)에 잡혀와 구시키노(串木野)의 시마비라(嶋平)에 상륙한 18개 성씨 43명 중의 한 사람이었다. 그는 도공으로 미야마에 정주하게 되었던 것 같지만, 그 후 일족에 관한 자세한 자료는 남아 있지 않았다고 한다." "차씨의 묘는 다마야마신사(玉山神社) 참배하는 도중 옆 대나무 숲 속에서 발견되었다. 두 개의 묘석은 50센티미터 정도 떨어져 있고, 오른쪽에는 높이 60센티미터가 되는 차씨 원조의 묘석이 있으며, 왼쪽에 차씨 2대의 약간 작은 묘석이 세워져 있었다. 묘에는 이름 외는 아무것도 쓰여 있지 않기 때문에 언제 세워졌는지는 명확하지 않다."

　드디어 차씨의 묘가 발견되었다는 소식에 감개무량했다. 신문에 차씨 초대 조상의 이름은 실리지 않았지만, 아마 차경산(車慶山)이라는 사람이 틀림없다고 생각했다. 가고시마현립도서관이 소장하고 있는『나에시로강 연혁개요(苗代川沿革槪要)』(저자미상)에는 "차씨의 원조 경산은 석공의 대가로, 사쓰마번의 유명한 석교 건설에 공헌했다"고 쓰여 있다. 다마야마신사 입구의 있는 '무진전쟁기념비(戊辰戰爭記念碑)'에는 초대 차경산과 같은 이름을 가진 후손의 이름이 보였다.

　실은 그 한 달 전에도 역시 이씨(李氏)의 초대 선조 묘가 발견되었다. 미야마시에서 성대하게 진행된 '사쓰마 도자기 400년 축제'가 벌어진 그해, 우연히 조선 피로인들의 초대 묘가 두 군데나 발견되었다는 것이 참으로 기이하다고밖에 할 수 없었다.

　십 수 년 전, 가고시마대학 하라구치 도라오(原口虎雄) 교수가 감수한『가고시마현의 역사(鹿児島県の歷史)』에는 "조선인의 사쓰마문화에 대한 공헌은 고려도자기뿐만이 아니라 장뇌(樟腦)[93] 제조나 공사기술의 유입 등에도 있었지만, 그것은 아는 사람은 적다"고 쓰여 있다. 장뇌 제조는 정종관(鄭宗官)이라는 조선사람이 일본에서 처음으로 제조했다고 알려져 있다. 역시 정종관도

---

93 의약품이나 방부제 등의 원료로 사용되는 물질. 녹나무의 줄기 뿌리 잎 따위를 증류기에 넣고 수증기를 통하여 증류하고, 그 증류액을 냉각시켜서 제조.

조선에서 연행되어 미야마에 정착한 18개 성씨 중 한 명이었다. 사쓰마번이 장뇌를 중국이나 네덜란드에 팔아 큰 이익을 올린 것은 유명하다.

에도시대 후기 사쓰마 번주인 시마즈 나리아키라(島津斉彬)의 언행록에는 "국산제품에 있어서 가장 신

가고시마 시내 세이노강의 사네카타교
(1993년의 폭우로 인해 유실)

경을 써야 하는 것은 첫 번째가 설탕, 두 번째가 초, 세 번째가 장뇌"라고 기록하고 있다. 그 정도로 장뇌 제조가 중요시되었던 것이다. 미야마에는 정종관의 이름을 붙여 '장뇌제조 창업의 땅'이라는 기념비가 세워져 있다.

나는 공사기술에 관에서 하라구치 교수에게 질문해 본 적이 있었다. 구체적으로 피로인에 의한 공사기술의 유입이라는 것이 어떤 것을 뜻하는지를 알고 싶었다. 하라구치 교수는 "가고시마항의 축조나 가고시마시 교외의 사네카타교(実方橋)는 잡혀온 조선인이 설치한 것이라고 생각한다."고 말했다. 그러면 그 조선인이 누군지 궁금했는데, 『나에시로강 연혁개요』에 "차씨의 원조 경산은 석공의 대가로, 사쓰마번의 유명한 석교 건설에 공헌했

다"라고 기록되어 있기 때문에, 하라구치 교수도 차경산을 염두에 두고 말하는 것이 아닐까 생각했다.

사네카타교는 가고시마시 중심부에서 북쪽에 있다. 450년 전에 기독교 전도사 프란시스코 자비엘이 상륙했다고 하는 이나리강(稲荷川) 상류이다. 다만 그곳은 강의 이름이 바뀌어 세이노강(精の川)이라고 불린다. 이름 그대로 물이 깨끗하고 시내와 달리 아주 조용한 곳이었다. 에도시대 말기나 세이난전쟁(西南戦争)[94]에서 활약한 기리노 도시아키(桐野利秋)와 벳푸 신스케(別府晋介)의 고택도 있다. 이곳이 그들의 탄생지라 한다.

나는 전에 그 다리를 찾아가본 적이 있다. 다리의 길이는 8미터 정도로 그렇게 긴 다리는 아니었지만 강 양쪽에 커다란 바위를 튼튼하게 겹쳐 놓았고, 매우 실용적이고 옛날 분위기를 내는 홍예다리[95]이었다. 이런 다리를 일본어로 다이코바시(太鼓橋)라고 하는데, 이곳의 도로명도 시도 다이토바시선(市道たいこ橋線)이라고 한다.

다리를 구경하고 있을 때, 동네사람인지 나이 지긋한 어르신이 내게 다가와 "또 오셨어요?"라고 말을 걸었다. 그분의 말씀에 이곳에 처음 왔다고 말했더니, "지난번 도쿄에서 건설부 관계자인지 문화부 관계자인지 모르겠지만, 딱 당신만 한 나이의 사

----

94 일본의 개화기 당시 개화와 개방을 둘러싼 갈등이 심화되었을 때, 신일본정부에 반항한 사쓰마를 중심으로 한 지방의 사족(士族)들이 1877년에 내란을 일으킴. 그 내란이 바로 세이난전쟁.
95 양쪽 끝은 처지고 가운데를 높여서 무지개처럼 만든 다리.

람이 조사하러 왔길래 또 왔는지 싶어 말을 걸었다"며, 그 사람들이 말하기로 "이 다리를 만들었을 때 끌(鑿)의 사용방법 같은 것을 보면 꽤 오래된 다리라고 하더라"고 했다. 그리고 "이 다리는 영주가 삼근교대(參勤交代)[96]를 위해 이동할 때 지나가던 다리였기 때문에 아주 중요한 다리였다고 들었다"고 덧붙여 말했다. 이곳은 가고시마의 성하마을에서 북쪽 사쓰마, 그리고 히고(肥後)[97]에 이어지는 중심적인 길이었던 것 같다.

사네카타교가 만들어진 연대는 확실하지 않지만, 『가고시마현 유신전 토목사(鹿児島県維新前土木史)』를 보면, 간에이년간(寛永年間:1624년~1644년)에 건설된 것이라고 한다. 일본에서 가장 오래된 석조 홍예다리로 알려진 것은 나가사키현(長崎県)의 메가네교(眼鏡橋)로, 이 다리는 간에이 11년(1634년)에 완성된 것이다. 따라서 사네카타교는 메가네교와 연대가 비슷한 다리로 주목을 받았었다.

사네카타교가 설치된 연대가 이 지역에서 이상하게 빠르고, 또한 나가사키에서는 멀리 떨어져 있기 때문에 사네카타교는 류큐(琉球)[98]에서 유래한 다리가 아닐까 추측되어 왔다. 류큐에서는 일본 본토보다 훨씬 이른 16세기 이전에 석조 홍예다리가 만들어졌다. 아마 중국의 영향을 받았기 때문일 것이다. 그러나 사

---

96 에도시대 대명들을 일정한 기간 교대로 수도인 에도에서 머무르게 한 제도.
97 구마모토현(熊本県)의 옛 지명.
98 오키나와현(沖縄県)의 옛 지명.

네카타교와 류큐식 다리 구조는 확실한 차이가 있다고 한다. 류큐는 당시 일본에 속하지 않은 독립국이었기 때문에, 나가사키의 메가네교가 일본에서 가장 오래된 다리라고 인정받아 왔다.

그런데 1984년 2월 「요미우리신문(読売新聞)」은 지금까지의 상식을 뒤집는 기사를 게재했다. 그 기사는 "나가사키의 메가네교는 일본 최고(最古)가 아니다"라는 내용이었다. 기사 내용을 살펴보면,

"나가사키 종합과학대학(長崎総合科学大学)의 하야시 가즈마(林一馬) 조교수는 나가사키의 국가중요문화재 메가네교는 일본에서 가장 오래된 석교로 알려져 있다. 『간에이년간 나가사키항도(寛永年間長崎港図)』나 『나가사키도지(長崎図志)』 등을 근거로 1634년에 건설되었다는 것이 정설이었다. 그러나 『나가사키항도』에 그려져 있는 메가네교는 재판소나 절의 위치로 봤을 때, 후대에 추가 기입되었을 가능성이 높다."며, "『나가사키도지(長崎図志)』에서는 메가네교가 게이안(慶安) 원년(1648년)에 축조되었다고 볼 수 있다." "이렇게 되면 가고시마시 이나리강 상류의 요시노 다이코바시(吉野太鼓橋)(=사네카타교)나 가나자와(金沢)[99]오야마신사(尾山神社)에 있는 도게쓰교(図月橋)보다 메가네교가 후대에 건설되었다는 이야기가 된다. '일본석교를 지키는 모임'의 사무국장 야마구치 유조(山口祐造)씨는 일본 최초의 석교가 어딘지 새로 생각하는 좋은 계기가 되었다고 말했다."라고

----

99 이시카와현(石川県)의 중심도시.

보도되었다.

가나자와의 도게쓰교는 간에이 19년(1642년) 쯤의 가교라고 한다. 그렇다면 기사에 있는 바와 같이 사네카타교가 일본에서 가장 오래된 석조 홍예다리일 가능성이 높아진다.

나는 심수관 씨에게 홍예다리에 대해 물어본 적이 있다. 심 씨는 "나도 조상의 누군가가 만들었을 것이라 생각하는데, 고려의 기술이 아닐까요? 이 근처에 있었던 다리도 석교였습니다. 지금은 평범한 다리가 되어버렸지만, 그것을 만든 것도 『선년 조선에서 잡혀와 머뭄(先年朝鮮より被召渡留帳)』에 기록되어 있습니다"라고 했다.

가고시마시내를 관통하여 흐르는 고즈키강(甲突川)에 고라이교(高麗橋) 등 다섯 개의 홍예다리가 있었던 것은 잘 알려진 사실이다. 그 다리는 사네카타교 가교 이후 200년이나 지난 에도시대 후기의 건설물이다. 남쪽 규슈 각 지역에서 석교를 만든 히고(肥後)의 유명한 석공 이와나가 산고로(岩永三五郎)들에 의한 것이다. 그들이 처음으로 다리를 설치한 곳은 바로 이나리강이었다. 혹시 사네카타교를 참고로 했을지 모른다.

'사쓰마 도자기 400년 축제' 때 나는 미야마를 다시 방문하고 차씨의 묘를 찾아갔다. 그 묘비는 다마야마신사 심배도에 있는 '조쇼 쇼자에몬 무라타 도겐의 초묘(調所笑左衛門 村田堂元の招墓)' 뒤에 있는 대나무숲 속에 있었다. 그곳에는 '조선인 도공 차씨 원조, 차씨 2대의 묘'라고 쓰인 말쑥하고 하얀 표지목이 세워져 있었다. 그 밑에 두 묘석 중 기다란 묘석에는 그냥 '차씨 원조'라고 새겨져 있고, 다른 하나는 약간 작은 자연석 묘석으로 '차2대째'라는 소박한 글자가 새겨져 있을 뿐이었다. 400년이라는 세월이 지나면서도 새겨진 글씨가 풍화되지 않았던 것은 무성한 대나무 숲 덕분이었을지도 모른다.

나는 사네카타교를 다시 보려고 가고시마 시내로 돌아갔는데 가서 깜짝 놀랐다. 그 울퉁불퉁하고 고풍스럽고 멋진 홍예다리는 없어지고, 대신 현대적이고 세련된 다리가 걸쳐져 있었다. 동네 사람들에게 물어보니, 1993년 8월의 폭우로 인해 다리가 유실되어 버렸다고 한다. 그 당시 고즈키강까지 범람하여 다리 5개 중 2개가 유실되었다고 알고는 있었지만, 설마 이나리강의 사네카타교가 없어졌으리라는 꿈에도 생각하지 않았다. 마치 만날 것을 약속한 사람에게 바람맞은 기분이었다.

옛날에는 홍예다리를 만드는 기술 등은 번의 비밀이었다고 한다. 그러나 가교한 사람도 확실히 밝히지 못한 채 그 다리 자체가 없어져 버렸으니, 이제 사람들의 기억에서 다리에 관한 사실조차 사라져버리는 것은 아닐까 하는 마음에 참으로 안타까웠다.

16. 남원성에서 잡혀온 아이

-가고시마현 다네가시마시(鹿児島県種子島市)
  옛 지명 사쓰마(薩摩)

　다네가시마(種子島)에 가고 싶다고 생각한 이유는 시바 료타로(司馬遼太郎)의 기행문 중 『가도를 간다』 다네가시마편(種子島編)[100]을 읽었기 때문이다. 책의 한 구절 중, 시바 씨가 다네가시마를 찾아갔을 때, 가고시마에서 온 심수관 씨와 함께 니시노오모테시(西之表市) 시장을 만났다는 이야기가 있었다. 심수관 씨의 조상들이 도공이었기 때문에 정유재란 당시 남원성전투에서 잡혔다는 이야기는 이미 잘 알려져 있다. 이 기행문에서 시바 씨는 자리를 함께 한 이노모토 시장(井元市長)이 한 말을 자세히 적었다.

　"다네가시마의 니시노오모테 시장인 이노모토 마사루(井元正流) 씨는 '실은 우리 이노모토 집안도 남원에서 잡혀온 사람들'이라고 했다. 이노모토 씨의 조상은 고니시 유키나가(小西行長) 군에 잡혀왔다고 한다. 그러나 잡혔다고 해도 도자기와는 아무 인

---

100 『가도를 간다(街道をゆく)』전권43편 중, 8권째 구마노 · 고자가도 · 다네가시마길 외(街道をゆく8 熊野 · 古座街道 · 種子島みちほか)에 수록된 내용.

전 니시노오모테시 시장 이노모토 마사루씨

연이 없어서 보통의 무사가 되었다. 그가 고니시 가문에서 상당한 우대를 받은 것을 보면 학문 쪽에 능력이 있었을 것이다. 세키가하라전투에서 고니시가 몰락한 다음에 유랑하게 되었지만, 그 후 사쓰마번에서 불러 어떤 직위를 받고 다네가시마(種子島) 씨 밑으로 배치되었다. 시장의 조상이 잡힌 곳은 심수관 씨의 조상과 같은 남원성이었다고 한다."

나는 이 구절을 읽고 시장을 만나 여러 이야기를 물어보고 싶었다. 그러나 그 당시 이노모토 씨는 현직 시장이어서 매우 바쁘게 지내고 있을 것이라는 생각이 들었다. 그래서 이러한 이야기로는 만나 주지 않을 것이라는 생각이 들어 포기했었다.

그런데 최근 일이 생겨 가고시마에 갔을 때, 그 이야기가 생각났다. 내가 사는 고베에서는 먼 다네가시마지만 가고시마에서는 가깝다. 마음먹고 이노모토씨에게 전화를 했더니, 의외로 "오시기를 기다리겠습니다."라는 흔쾌한 대답을 들었다.

다음 날, 페리로 니시노오모테에 도착해서 이노모토시장 댁을 찾아갔다. 시장의 따님이 "아버지가 선생님이 오시기를 기대했습니다."라고 이야기해 주었다. 그 말을 들으니 다소 긴장했던 마음이 풀어졌다. 이노모토 씨는 미리 준비해 두었던 나무상자에 있는 가문 유래서를 꺼내어 보여주었다. 그것은 꽤 오래된 것이었지만 충분히 읽을 수 있었다. 시작 부분을 소개하면 다음과 같다.

"원래 조선국 남원성에 있었다. 아버지의 관계(官階)는 보국숭녹태부(輔国崇録太夫), 이씨(李氏)가 명나라 홍무년간(洪武年間:1368년~1398년)에 건국하여 그 관제(官制)를 정한 나라이다. 그 이전의 일은 알 수 없다. 정관(貞貫) 료센(了潜) 지로자에몬(了潜次郎左衛門) 분로쿠(文禄) 2년(1593년) 조선국 탄생, 어머니의 성은 알 수 없다.

게이초(慶長) 2년(1597년) 히데요시 공이 규슈의 여러 장군들에게 다시 조선정벌을 명했다. 동년 가을 8월 남원성을 함락했다. 성내의 여자들과 아이들이 밖으로 도망갔다. 그때 두 시녀가 다섯 살이 되는 료센을 안고 벼랑 밑에 숨었다. 고니시군의 병사인 이이다 사콘(飯田左近)이 덮치려 가까이 다가왔다. 시녀들이 금관(金冠)을 건네며 '이 아이는 성장(城将) 보국숭녹태부(輔国崇録太夫)의 태자(太子)이다'라고, 눈감아 달라고 울면서 빌었으나 사콘은 그들을 놓아줄 수 없었고, 결국 잡혀버렸다. 얼마 지나지 않아 바다를 건너 가고시마로 향했다. 일본에 도착한 후 이이다 댁에 의지하게 되었다고 한다."

이하의 내용을 요약하면 다음과 같다.

세키가하라전투에서 패자가 된 고니시(小西)가 몰락하고, 이이다(飯田)의 부하가 료센을 걱정했다. 그가 "사쓰마의 영주는 마음이 넓어 인덕이 있다. 또 그분은 고려인을 한 마을에 정착시켜 생활하게 하고 있으니 그쪽으로 가는 것이 좋겠다."고 했기 때문에 료센은 가고시마에 갔다. 거기서 시녀들과 함께 자신의 사정을 호소했더니, 다네가시마(種子島) 씨의 부하인 와타나베(渡辺) 씨에게 맡겨지게 되었다. 어느 날 혼즈이인(本瑞院)의 스님 닛소(日相)가 와타나베 댁을 찾았다. 그때 료센의 시녀가 말하는 옛날이야기를 듣게 되었고, 그 내용을 다네가시마 히사토키(種子島久時)에 전했다. 히사토키는 료센의 배알을 허락했다. 료센은 조선소년 옷차림 그대로의 모습으로 히사토키를 모시게 되었다. 그는 관악기를 연주하여 높은 보수를 받았다고 한다. 그리고 게이초 11년(1606년) 료센이 열네 살 때, 히시토키의 명으로 닛소 스님의 제자가 되었다. 두 명의 시녀들은 각각 다네가시마 씨의 부하와 야쿠시마(屋久島)의 염색가게로 시집갔다고 한다. 그다음 해 료센이 히시토키에게 이노모토(井元) 성과 '정(貞)'자를 하사받았기 때문에, 이름을 지로자에몬 데이간(次郎左衛門貞貫)으로 바꿨다. 그는 간분 8년(1668년)에 세상을 떠났다.

유래서의 기술은 계속 이어가지만, 나의 관심은 초대에만 있었기에 그 소개는 이 정도로 끝낸다. 유래서에 있듯 초대 선조는 이른바 양반의 아들이었고, 당시 불과 다섯 살로 일본에 잡혀왔던 것이다. 그러나 조선의 이름은 확실하지 않다. 고니시 씨가 몰락했기 때문에 세키가하라전투에서 고니시 씨와 같은 서군(西軍)에 있었던 시마즈 씨를 통해 다네가시마 씨에 맡겨지게 된 경위는 잘 설명되어 있었다. 다네가시마 히사토키도 남원성전투에 참전했었고, 닛소 스님도 또한 종군승(從軍僧)으로 참전한 사람이다.

남원성전투를 되돌아보면 그전까지 일본과 명나라 사이에서 강화교섭을 했는데 결렬되었다. 히데요시의 재침략 목적은 강화조건으로 원했던 조선 남쪽의 4도를 무력으로 획득하겠다는 것이었다. 게이초 2년(1597년) 8월 일본군은 우키타 히데이에(宇喜多秀家)를 총대장으로 5만 명의 병사로 전라도의 요충지인 남원성을 공격했다. 이때 남원성은 전라병사 이복남, 방어사 오응정, 남원부사 임현, 남원판관 이덕회, 구례현감 이춘원, 흥덕현감 이용제 등 1천 군사와 명나라군 부총병 양원의 4천 군사 등 조명연합군 5천 병사가 지키고 있었다.

이에 비해 일본군은 5만 명으로 남원성의 4개문을 포위했다. 각각 남문 우키타 히데이에군, 서문 고니시 유키나가군, 북문 시마즈 요시히로군, 동문 하치스카 이에마사군이 배치되었다. 며칠간에 걸친 싸움 후 일본군이 남문을 돌파했기 때문에 비전투원과 민간인의 일부가 북문과 서문을 통해 성 밖으로 탈출했다. 이때 료센은 고니시군에게 잡혔다고 하니 서문 쪽으로 탈출하려다 잡힌 것으로 보인다.

이노모토씨는 "료센은 성의 장군 아들이라 하니, 그때의 남원성 장군이 임현이었지요. 임현이 우리 조상이 아닐까 생각됩니다."라고 말했다. 임현의 본관은 풍천임씨(豊川任氏)이며, 임진왜란 당시 강원도사(江原道事) 재임 중 춘천에서 일본군을 격퇴한 공을 세워 함경도남병사로 승진했다. 정유재란 때는 남원부사가 되어 남원성전투에서 전사했다(향년 51세). 사후 숭정대부(종일품)·의정부좌찬성(종일품)을 추증받았다. 그는 충간공(忠簡公)으로 현재도 남원 만인의종(萬人義塚)의 충열당에 모셔져 있다. 임현뿐만 아니라 남원성전투에 참여한 조선장군들은 모두 전사했다. 남원성전투의 특징은 비전투원에 대한 몰살과 코베기였다.

시내를 안내해 주겠다는 이노모토 씨를 따라갔다. 따님이 운전하는 차로 이동하면서 여러 곳을 들렀다. 만나는 사람마다 이노모토 씨에게 모두 고개를 숙여 인사하는 모습을 보고, 역시 전 시장으로서 지금도 많은 존경을 받은 분이라는 것을 느꼈다. 시내 각지를 구경한 다음 어느 곳에서 차가 멈추었다. 그곳에는 '고향 역사산책'이라 쓰인 안내판이 있었다. 안내판에는 "이 부근은 이노강(井ノ川)라고 불리는데, 오래전부터 물이 솟아 수량이 풍부한 강이 있었던 곳이다. 이 맑은 물은 이곳 주변 주민의 생활에 사용되어 온 귀중한 수원이었다. 또한 이노모토라는 성씨는 이 이노강 부근에 거주하면서 무역상으로 활약한 것과 연관이 있다. 다네가시마 개발종합센터."라는 설명이 있었다. 이노모토 성의 유래가 안내판에 있다는 것도 놀랐지만, 또 료센의 후손이 무역상으로 활약했었다는 것도 놀랐다.

"2대 데이카(貞可)는 가고시마에서 장사를 시작해서 세토나이해(瀬戸内海)나 오사카까지 상권을 넓혀 크게 활약했다고 합니다. 3대는 가고시마에서 다네가시마 히사토키를 모셨고, 4대는 돛의 크기가 21반(反)이나 있는 커다란 범선을 만들었습니다. 이어서 23반이나 되는 더 큰 범선도 건조했지만, 범선이 너무 커 주변 사람이 멈추게 했다고 합니다. 가장 큰 배는 사이쿄마루(西京丸)라고 하였고, 오사카 안치강(安治川) 하구에는 사이쿄마루 전용 선착장까지 있어서 '여기에 배의 밧줄을 묶지 마라, 밧줄을 풀지 마라, 여기는 사이쿄마루가 묶는 곳'이라는 뱃노래까지 있다고 합니다. 마지막 배는 고도(五島)쪽 먼 바다에서 난파했다고 하네요. 돛대만은 가져와서 집의 마루 밑에 넣어 두었는데, 집에 불이 날 뻔했을 때, 그 소동 중 누가 가져가 버린 것 같아요."

이노모토 전 시장이 당시 활약한 조상들의 역사를 설명해 주었다. 피로인의 자손이라 하는데, 지금까지 생각했던 것과는 달리 너무나 자유분방한 활약을 했던 것에 나도 놀랐다.

"이제 나이가 많아지니 더 힘이 없어지기 전에 남원만이라도 찾아가고 싶다는 생각이 듭니다. 그리고 임현 장군이 조상이라고 했는데, 그 묘도 찾아가보고 싶은데…"라고 말하는 이노모토 씨는 오랫동안 이곳의 시장으로 있으면서 해외에는 많이 나갔지만 한국만은 방문할 기회가 없었다고 한다.

그 후 나는 서울의 풍천임씨 종친회에 연락하여 임현의 묘를 찾아달라고 부탁했다. 이노모토 씨는 고령에다 다리가 약해진 몸임에도 불구하고 한국을 방문하기로 결정하고 가족 4명이 함께 서울로 향했다. 풍천임씨 종친회의 회장을 비롯한 임현 직계 후손도 한자리에 모여 환영했다. 그다음 날에는 군사분계선 가까이에 있는 임현장군의 묘를 방문했다. 그다음 날은 드디어 남원성을 방문, 이노모토 씨는 긴 세월 동안 품었던 소원을 풀었다.

17. 류큐(琉球)의 후예들

－오키나와현 나하시(沖縄県那覇市)

　옛 지명 류큐(琉球)

　일본열도에서는 4월 초면 벚꽃이 겨우 다 피었을까 말까 할 정도의 계절인데, 오키나와는 최고기온이 27도나 되었다. 초여름이라고 하기보다는 이미 한여름 더위였다. 이곳은 벚꽃 대신 오키나와현의 꽃인 데이고(デイゴ)나 하이비스커스가 새빨간 꽃을 피우고 있었다.

　마치 묘와 함께 사는 듯 이곳저곳에서 묘를 흔히 볼 수 있는 나하(那覇) 시내를 걸었다. 이곳저곳 묘지 앞에 여러 대의 자동차가 줄지어 주차되어 있는 것이 눈에 띄었다. 이날은 시미제(清明祭)라고 하여 신앙심이 깊은 오키나와 사람들에게는 가장 중요한 조상 성묘의 날이었다. 시미(清明)라는 것은 1년 24절기 중 하나이다. 조상의 성묘를 하는 한국의 한식과 시기가 비슷하다. 마침 그해는 한식의 다음 날이 시미절기였다.

　오키나와의 묘는 일본의 전통적인 묘와 전혀 다르게 생겼으며,

언뜻 보면 전쟁터의 토치카[101] 같이 보이는 큰 묘이다. 콘크리트로 굳힌 이 묘는 '몬추묘(門中墓)'라고 불린다. 이른바 한 집안 조상 대대로의 묘에 해당할까. 토치카와 같다고 말했지만 잘 보면 그 형태는 여성의 자궁 모양과 같아 보이기도 한다. 사실 오키나와에서는 사람이 죽으면 굴장(屈葬)[102]으로 하고, 이 큰 묘에 돌아가게 한다고 한다. 이 묘제는 어머니에서 태어나 어머니의 태로 돌아간다는 소박한 사상이 깔려 있는지 모른다.

몸에서 나오는 땀을 닦으면서 한국민단 오키나와본부의 김동선 사무국장의 안내로 제사 중인 '장씨(張氏)' 일족을 찾아갔다. 묘는 나하시의 중심지 마키시(牧志)의 미도리가오카공원(緑が丘公園)의 한구석에 있었다. 간신히 그곳에 도착했을 때는 이미 20명을 넘는 장씨 식구들이 모여 있었으며, 막 제사를 시작하려고 할 때였다. "그럼 지금부터 시작하겠습니다. 다 같이 조선을 향해 배례!"라는 소리와 동시에 참석자 모두가 북쪽을 향해 고개를 숙였다. 나는 "조선에 향에 배례"라는 소리에는 몹시 놀랐다. 그들이 조선 방향에 경례한 이유는 그 시조가 조선인이었기 때문이다. 시조의 이름은 장헌공(張献功)이라고 한다.

장헌공은 정유재란 때 사쓰마(薩摩)의 시마즈 요시히로(島津義弘)에 의해 조선에서 연행되어 구시키노(串木野)에 상륙한 18개

---

101 철근 콘크리트제의 방어진지를 가리키는 군사용어.
102 시체의 팔다리를 꺾여 구부린 자세로 매장하는 장례 방법.

의 성씨의 43명 중 한 명의 도공이었다. 그가 오키나와에 온 이유는 당시 류큐왕 쇼네이왕(尙寧王)의 황태자 쇼호(尙豊)가 도공 초빙을 간절히 요청했기 때문이다. 그래서 1616년, 그것을 받

시미제의 날, 시조·장헌공의 묘에 모인 후손들

아들인 사쓰마가 1관 3관의 관리와 함께 도공을 파견한 것이다. 관리들은 그 후 사쓰마에 돌아갔지만, 장헌공은 류큐왕이 꼭 머물기를 원해서 이곳에 남게 된 것이다. 장헌공의 도자기기술에 의해 오키나와에 처음으로 유약을 바른 도자기가 만들어졌다고 한다.

흙과 풀로 덮인 장헌공의 묘는 시내에서 많이 봤던 귀갑형(龜甲型)[103]이 아니라 핀쳐식 구조[104] 라고 하는 꽤 오래된 묘였다. 그 묘 앞에 50센티미터 정도의 석주가 있었고, 석주에는 '장씨원조 일육중지려진(張氏元祖一六仲地麗進)'이라고 지금도 확실히 읽을 수 있는 선명한 글씨가 새겨 있었다. 일육(一六)이라는 것은 헌공의 다른 이름이다. 뒷면에는 광서12년 병술중추입(光緖十二年丙戌仲秋立)라고 새겨져 있었다. 광서 12년은 중국의 연호로, 1886년에 이 비석을 세웠다는 것을 나타내고 있다.

----

103 오키나와의 묘지는 한 채의 집 모양인데, 지붕이 거북이의 등딱지 모양과 비슷한 육각형인 것을 귀갑형 묘.
104 파고 들어가는 형식의 묘.

배례를 한 다음, 참석자들은 꽃이나 이 지방의 독특한 검은 색의 납작한 향을 올렸다. 그리고 술이나 떡, 고구마 등을 묘 앞에 올리고 노란 종이를 태웠다. 이 종이는 돈 대신 올리는 것일 게다. 우리 한국인의 한식과 다를 것이 전혀 없었다. 한 명 한 명 절을 하고 제사가 끝나자, 모두 각자 준비해 온 음식을 나누면서 서로 웃음꽃을 피우며 이야기를 나눴다. 그들의 얼굴에 한국사람의 분위기는 전혀 없었다. 아무리 봐도 오키나와 현지 사람으로밖에 보이지 않았다. 생각할 필요도 없는 당연한 일이다. 왜냐하면 이들은 조선에서 온 여기 계신 어르신의 14대째 이상이 되는 후손들이니 말이다. 어리석은 질문이라고 생각하면서도 그들에게 물어봤다.

젊은 사람도 한국인의 자손이라는 자각을 가지고 있는지, 또한 오키나와 사람들이 한국 사람을 어떻게 생각하는지. 그들은 웃으면서 "우리들에 대한 편견은 전혀 없습니다. 오키나와 사람은 태평양전쟁 전에는 일본 본토 사람에게도 많은 차별을 받았기 때문에 오히려 오키나와 사람들이 감정이 있다면, 그것은 일본 본토 사람들에 대한 것이지요."라는 명백한 대답을 했다. 더불어 "어디서 오셨어요? 어? 한국분이시네 명함 주세요."라며, 마치 먼 친척과 같은 태도로 대접해 줬다. "우리 장헌공의 자손들은 시조의 이름에서 한 글자를 빌려 쓰고 려(麗)자를 이름에 넣습니다. 그래서 분가하고 성이 갈라져도 누가 장헌공 후손인지 바로 알 수 있습니다."라고 자랑스럽게 이야기했다.

이날의 책임자인 사키마 레이신(崎間麗進) 씨, 나하시 시의원을 여섯 번이나 지낸 도구치 레이슈(度口麗秀) 씨, 의사인 사키마 레이고(崎間麗考) 씨, 명함을 안 가져왔다고 작은 종이에 정성스럽게 이름을 써주신 미야기 레이에이(宮城麗英) 씨와 미야기 레이세이(宮城麗正) 씨, 더욱이 어떤 분은 자신이 운영하는 가게 이름까지 '레인보'라고 해서 웃음이 나왔다.

안내해 주신 김동선 씨는 "내 말이 맞지요."라는 말이라도 할 것 같은 표정으로 나를 보고 미소를 지었다. 어제도 같은 질문을 김동선 씨나 다른 오키나와 사람에게 물어보았기 때문이다.

어제 공항까지 일부러 마중 나와 준 한국민단 오키나와 본부 김태섭 단장님이 저녁식사에 초대해 주셨다. 그때도 같은 질문을 던져봤는데 자리를 함께했던 국회의원 비서나 신문기자라고 하는 그들은 이렇게 단언했다. "여기서는 전혀 그러한 것이 없습니다. 오키나와는 문화적으로 중국의 영향이 강한 곳이니까요. 만약에 우리들에게 그러한 감정이 있다면 그것은 일본 본토 사람들에 대한 것이지요." 생각지도 않은 단호한 대답이었다.

태평양전쟁이 끝날 때까지 일본 본토에서는 방 하나 빌리려고 해도 "조선사람과 류큐사람에게는 안 빌려 줌"이라는 말이 있었을 정도로, 조선과 오키나와 출신자가 똑같이 차별을 당했다. 오키나와가 아직 미국 지배하에 있던 시절, 오키나와의 한 젊은이가 도쿄에 있는 대학교에 진학했을 때 경험했다는 이야기가 있다. 그가 경찰에게 붙들렸을 때, "뭐? 오키나와에서 왔다고? 여권 보여 줘 봐. 너 일본어 참 잘한다." 등 오키나와를 완전히 우습게 보는

말을 들고 화가 났으며, 같은 민족으로서 너무나 정이 없는 것에
실망해서 오키나와로 돌아왔다는 것이다. 그들은 처음으로 만난
나에게 그러한 이야기를 격렬하게 쏟아냈다.

이어서 원래 류큐가 무력으로 약탈하는 것보다 무역으로 힘을
키우는 것을 지향하는 평화로운 성격의 나라였다는 것, 그리고 임
진왜란 때 류큐왕이 조선출병을 거부했다는 것을 이유로 1609년
사쓰마가 류큐를 침략했다는 것을 알려 주었다.

임진왜란과 류큐의 관계에 있어서 조금 언급해야 할 것이 있
다. 히데요시는 사쓰마의 시마즈에게 병사 1만5천 명을 출병시키
라는 명령했다. 사쓰마는 류큐에게 그 반절인 7천500명의 병사에
게 필요한 식량 1만1천250석을 내라고 요구했다. 그것을 류큐가
못할 경우 오시마(大島) 이하 5개의 섬을 분할하는 것을 인정하라
는 무리한 요구였다. 류큐국에서는 갑작스런 요구에 당황했지만,
명나라에 히데요시의 계획을 통보함과 동시에 시마즈에게는 요구
된 양의 반절이 되는 식량을 보냈다고 한다. 시마즈는 조선출병이
끝난 후 그것을 이유로 도쿠가와 막후의 허락을 받아 3천 명의 병
사를 보내 류큐를 공격했다. 그 당시 류큐국은 완전히 무방비 상
태였다. 왜냐하면 이미 100년 전에 평화선언을 하고 군비를 모두
철폐했기 때문이다. 이리하여 금방 정복당해 버렸다. 그 결과 아
마미오시마(奄美大島) 등 5개 섬이 사쓰마에게 분할되어, 류큐는
사쓰마의 지배하에 들어가게 된 역사를 가지고 있었다. 이러하니
어제 옆에서 지켜보던 김동선 씨가 나를 보고 미소 지었던 이유를
알 수 있었다.

나의 할머니와 비슷하게 생긴 오키나와의 할머니 한 분이 말했다. "이곳은요, 우리 조상이 '내가 죽어도 임금님이 보이는 곳에 묘를 쓰도록 허락해 주십사'하고 부탁해서 하사받은 땅입니다. 옛날 이 주변은 바다였어요. 슈리(首里)에서 나하에 오는 길은 이 앞길밖에 없었어요. 그래서 류큐왕이 이쪽으로 오실 때에는 꼭 가마에서 내려 묘 앞에서 절을 하셨다고 들었어요." 이곳 사람들에 대한 내 걱정에, 그녀는 이곳 사람들이 가지고 있는 높은 자존심을 강조했다.

　여러 이야기가 오고가는 중, 사키마 레이신 씨가 무심한 듯 툭 한마디 던졌다. "윤달세 씨, 우리 조상은 도대체 한국의 어디에서 살았던 것일까요? 우린 요즘 모이기만 하면 그런 이야기를 합니다. 어떻게 찾을 수가 없을까요?"

18. 민요의 주인공

－오키나와현 나카도마리(沖縄県仲泊)

엣 지명 류큐(琉球)

　장헌공(張献功)이 오키나와에 초빙되어 주거를 정해서 도자기 가마를 만든 곳은 나하(那覇)의 와쿠타(涌田)라는 곳이었다. 그 후 1682년에는 섬 여기저기에 흩어져 있었던 도자기 제작용 가마가 마키시(牧志)의 쓰보야(壺屋)라는 곳으로 통합되었다. 그 쓰보야는 현재의 나하시 중심부에 위치하지만, 이런 도시 가운데에 가마가 있다는 사실이 놀라웠다. 쓰보야는 장헌공의 묘지에서 얼마 멀지도 않고, 나하시 최고로 번화한 거리 고쿠사이 오도리(国際大通り)를 끼고 동쪽에 있다. 옛날과 달리 인구가 많아지고 시의 영역이 확대되었기 때문일 것이다. 이 도자기 고장도 공해 때문인지 지금은 북쪽에 있는 요미탄촌(読谷村)으로 점차 옮겨가고 있다고 한다. 아니면 나하시가 발전할수록 도자기 마을이 도시에 어울리지 않고 불편한 존재가 되는 것은 아닐까? 그러나 옛날 그대로의 오래된 가마가 쓰보야 지역에 중후감을 더해주는 시설임이 눈에 들어온다. 이 지방 특유의 강한 바람에 의해 날려 벗겨지지 않게 회반죽(漆喰)으로 굳어진 빨간 기와지붕, 이끼 낀 돌담, 큰 용수나무 뒤에 살짝 숨겨져 있는 도자기가마 등의 풍경들, 시내 한가운데임도 불구하고 쓰보야는 가장 오키나와다운 분위기를 풍기는 곳이다.

고려기와의 탁본을 시조 장헌공으로서 모셔 제사하는 집 (나카도마리仲泊)

1682년부터라고 하면, 이 도자기 고장도 300년 이상의 역사를 가진다. 이곳의 도자기 기술은 남방과 중국 및 조선, 그리고 사쓰마 등 여러 방면에서 들어왔다. 그래서 그런지 일본 본토의 도자기와는 느낌이 사뭇 다르다. 유난히 새침 떠는 분위기를 가진 일본의 도자기와는 달리 남국의 너그러움과 밝음을 이곳의 도자기에서 느낄 수 있다.

이곳에는 노보리가마(登り窯)와 뎃포가마(鉄砲窯)라 불리는 큰 가마가 있었다. 그것을 가까이에서 잘 보려고 K도자기 제작소를 방문했다. 들어갈 때 언뜻 보니, 담에 조선기와가 사용되는 것이 눈에 띄었다. 어제 마부니언덕(摩文仁の丘)의 조선인 위령탑을 보러 갔을 때도 정자에 조선기와가 사용된 것을 보고 놀랐다. 왜 오키나와에서 조선기와가 사용되었는지 신기하다고 생각했지만, 이 근처는 관광공원이기 때문에 일부러 화려한 조선기와를 쓴 것일 거라 추측하고 깊이 생각하지 않았다. 그런데 도자기제작소라고는 하지만 일반 민가인데, 이곳에서 다시 조선기와를 볼 수 있다는 사실에 놀라움이 더했다. 이 기와가 이곳에서 어떻게 불리는지, 일반 민가에서도 사용되는지를 제작소의 기술자에게 물어보았다. 그가 말하기로 기와의 명칭은 모르겠지만, 이 기와의 원형

은 슈리성(首里城)[105]의 터에서 나온 것이고, 그것을 견본으로 해서 만들어진 것이라고 한다.

슈리성은 이제 없고, 그 흔적으로서 슈레이문(守礼之門) 간카이문(歓会門), 그리고 신앙심이 깊은 지역사람들의 사랑을 받고 있는 엔카쿠지대문(円覚寺大門)만이 남아 있다. 그리고 조선왕 세조(世祖)가 선물한 대장경을 넣었던 베자이천당(弁財天堂)의 기와도 모두 조선기와였다고 한다. 슈리성의 축성 시기는 이른 것이었지만, 상당히 늦은 시기까지 그 지붕은 나무였다고 한다.

1534년 류큐왕의 책봉사(册封使)[106]로 류큐에 온 중국인 진간(陳侃)의 『사류큐록(使琉球録)』에 의하면, "왕궁은 모두 나무를 가지고 기와를 대신한다."고 기록하고 있다. 당시 슈리의 상황에 관해서는 "부잣집 귀족의 집이라고 해도 번듯한 기와집은 불가 두세 채뿐이고, 나머지는 갈대를 섞은 흙집으로 바람이나 비의 피해를 받기 때문에 사람들의 걱정이 많다. 사람들이 도자기를 잘 만들지 못해 왕궁이라고 해도 기와의 어처구니[107] 조차 없는데, 하물며 민가의 형편은 어찌 말할 수 있을까."라고 하고 있다.

슈리에 있는 현립박물관을 찾아가서 이것에 관해 질문해 봤다. "그 기와는 히게가와라(髭瓦)라고 합니다. 중국에서 귀화한 도카시키 산라(渡嘉敷三良)라는 기와공이 있었으니까요."라는 명료한 답을 얻었다. 도카시키 산라가 류큐에 와서 기와를 만든 것이 『사

---

105 슈리성은 류큐왕국의 왕성 즉 왕이 거주했던 성. 류큐왕국 시대에 3번 소실과 재건. 태평양전쟁 때 미군폭격을 의해 완전히 파괴되어 성터만이 남은 것을 1992년에 복원.
106 국왕이나 왕비, 태자 혹은 세자 등을 책봉하기 위하여 중국에서 보내온 사신.
107 궁궐 지붕 위에 올린 동물모양 토우상.

류큐록』의 수십 년 후이고, 슈리성의 정전(正殿)에 기와가 올라간 것이 100년 후인 1670년의 일이다. 즉 장헌공이 류큐에 온 이후보다 더 늦은 시기다.

삼각형의 노키히라기와(軒平瓦)[108]는 임진왜란 당시 조선에서 들어온 것이기 때문에 일반적으로 일본 본토에서는 조선기와(朝鮮瓦), 또는 조선노키(朝鮮軒)라고 불린다. 오키나와에서는 중국에서 들어온 것이며, 할아버지의 긴 수염(일본어로 히게)에 닮았다고 히게기와(髭瓦)라고 한다는 것이다.

일본에서 처음으로 기와가 사용된 것이 소가노 우마코(蘇我馬子)가 아스카데라(飛鳥寺)[109]를 건립했을 때이고, 그 기와는 백제인의 손으로 만들어진 것이었다. 이곳 오키나와에서도 처음으로 기와를 구운 자는 고려인이었다. 그것은 나하시의 바로 북쪽에 위치하는 우라조에시(浦添市)의 우라조에성(浦添城)이라는 고성지에서 출토된 기와에 의해서 정설이 되었다. 그 기와에는 '계유년 고려와장조(癸酉年高麗瓦匠造)'라는 명문이 붙어 있었다. 계유년이 1153년, 1273년, 1393년 등으로 추정되지만, 다른 옛 성터에서도 비슷한 기와가 출토되었음으로, 오키나와에서 처음으로 기와를 만든 사람은 고려인 기술자였다는 것은 확실한 이야기라고 알려져 있다.

----

108 처마 끝에 놓는 암기와, 대부분 당초무늬를 새기기 때문에 당초기와라고도 함.
109 나라현(奈良県) 이스카촌(明日香村)에 있는 아스카데라(飛鳥寺)는 596년 창건된 일본 최고(最古)의 절로, 백제인 기술자들이 건너와 기와, 탑, 불상, 등의 제작에 관여.

"출토한 고려기와의 탁본을 조상의 위패로 모시는 집이 나카도마리(仲泊)에 있다"고 김동선 씨가 알려줬다. 나카도마리는 나하시의 북쪽 약30킬로미터 떨어진 것에 있다. 오키나와의 지도를 보면 바로 허리처럼 잘록한 부분에 위치한다. 에메랄드색 해수욕장으로 유명한 문 비치의 근처에 있다.

나카도마리 버스정류장의 앞길로 들어서면 시마부쿠로(島袋) 씨 저택이고, 마당으로 한 걸음 들어가면 오른쪽에 폭이 1.8미터 경의 사당이 있다. 거기에 그 기와의 탁본을 모신다는 것이다. 이곳 역시 시미절이라 많은 식구가 모여 있었다.

이곳에서 모시는 고려인은 옛날에 오키나와에 고려기와를 전한 기와공 중의 한 명이고, 처음에는 나하의 쓰보야에서 살고 있었다. 각지에 기술을 지도하는 중에 나카도마리의 시모쿠라리(下倉里)라는 집의 딸을 첩으로 맞아 이곳에 거주하게 되었고 한다. 또한 이 고려사람이 여기저기를 돌아다니면서도 이곳에서 자주 머물렀기 때문에 지명이 '나카도마리'[110]가 되었다는 설도 있다고 한다. 이 마을의 남쪽 벼랑에는 그 고려인 묘도 있었다. 고려기와의 탁본을 위패로 모시는 이 인물이 도대체 누구인지 궁금했다. 물어봐도 이것을 아는 사람이 없었는데, 나중에 이것에 대해 잘 안다는 시마부쿠로 도시노리(島袋利德) 씨를 소개받았다. 그와 전화통화에서 질문해 봤더니, 그 조상이 바로 장헌공이라고 한다.

장헌공이 섬에서 활약할 무렵, 시마부쿠로 씨의 조상 할머니를

----

110 '도마리(泊まり)'라는 말에 숙박하다는 뜻.

알게 되었고, 장헌공이 류큐를 위해 많은 공헌을 했기에 왕이 허락하여 그 여자를 첩으로 삼았다고 한다. 그리고 그는 도자기뿐만이 아니라 기와기술도 전했기 때문에, 우라조에성지(浦添城址)에서 나온 가와의 탁본을 위패로 하여 이 마을 전체가 축제를 하면서 제사를 올리고 있는 것이라 한다.

김동선 씨는 류큐 전통 민속악기인 산신(三線)[111]에 맞춰 노래하는 '가라야부시(瓦屋節)'라는 민요에 관한 이야기를 하나 들려주었다. 류큐왕이 어느 우수한 도공을 섬에 머물게 하기 위해 그가 속으로 좋아했던 아름다운 유부녀 마우시(眞牛)를 신랑과 헤어지게 하고, 그 도공에게 보냈다. 마우시는 전 신랑을 그리워해서 몰래 바다를 볼 수 있는 뒷산에 올라가 눈물을 흘렸다는 내용이다. 그 멜로디가 매우 애처로워 듣는 사람의 눈물을 자아낸다고 한다. 그 민요에 나오는 도공의 모델이 바로 장헌공이라고 한다.

시마부쿠로 씨의 가문에 내려오는 전설과 '가라야부시' 민요의 내용은 일맥상통하는 부분이 있다. 전설이 편집되어 노래가 된 것인가? 어쨌든 장헌공은 섬에 있어서 상당히 중요한 인물이었다는 이야기다. 마을사람들뿐만이 아니라, 나하시 쓰보야에서도 사람들이 사미절에 장헌공의 묘라고 알려진 고려인의 묘를 참배하러 간다고 한다. 오키나와의 일부 전문가 중에는 장헌공의 유물이 발견되지 않으므로 그는 오키나와의 도자기문화에 어떤 공헌

---

111 오키나와의 대표적인 전통악기 산신(三線)은 중국의 현악기 삼현이 기원. 세 줄 악기로 일본의 세미센(三味線)과 비슷하게 생겼지만 크기가 약간 작으며, 발목을 쓰지 않고 깍지를 집게손가락에 끼워서 사용. 목제의 통에 바다뱀 가죽을 붙이고 몸통과 옻칠의 장대로 이루어져 있음.

도 하지 않았다는 극단적인 의견을 내놓는 사람도 있다. 나카도마리의 후손들은 내려온 전승에 의하면, 장헌공이 서민들이 사용하는 일상용품인 잡기가 아니라 왕족을 위한 다기(茶器)를 만들었다는 것, 그리고 도자기 전파뿐만 아니라 기와기술을 지도하면서 돌아다녔다고 주장한다. 장헌공은 1638년 52세로 세상을 떠났지만 그 아들인 장양조(張揚祖)는 1672년에, 3대인 아지미네 레이코(安次嶺麗康)는 1701년에, 각각 류큐의 기와 전문직으로 임명되었다. 장양조의 아들인 레이코(麗興)도 도자기 쪽 전문직을 맡았다. 그 후손들은 1766년경부터 무사의 대우를 받게 되었다. 류큐에서는 도자기와 기와를 같은 가마에서 만든 사례가 적지 않다. 이러한 것을 생각하면 역시 장헌공이나 그 후손들은 도자기뿐만이 아니라 기와제작에도 힘을 다해 슈리성이나 귀족집, 부잣집의 지붕에 기와를 올려 장식한 것이 아닐까 생각한다.

19. 정한비(征韓碑)가 있는 항구도시

-가고시마현 센다이시(鹿兒島縣川內市)
  옛 지명 사쓰마(薩摩)

　가고시마현의 센다이시(川內市)라고 하면 정유재란 당시 사쓰마의 시마즈군이 조선을 향해 출발한 곳이다. 센다이강(川內川) 하구인 구미자키(久見崎)가 그 외항이고, 그곳에는 지금도 시마즈군의 조선출병을 기념한 '게이초정한비(慶長征韓碑)'가 남아 있다.

　그 비석은 원래 항구에 있었는데 항구 보수공사 때문에, 현재 센다이원자력발전소 북쪽으로 옮겨졌다. 발전소를 둘러싼 펜스 북쪽에 조성된 방풍림 한구석에 그 비석이 세워져 있다. 받침돌까지 포함하면 약 4미터 가까이 되는 거대한 비이기에 어떻게 해도 올려다볼 수밖에 없다.

　비석의 윗부분에 있는 '호국'이라는 글은 사쓰마의 마지막 번주인 시마즈 다다시게(島津忠重)가 쓴 것이다. 비석의 제목은 그 유명한 도고 헤이하치로(東鄕平八郎)의 글씨를 새긴 것이다. 이 비는 쇼와 7년(1932년) 구미자키청년단(九見崎靑年團)에 의해 세워졌다고 한다. 청년단이라고 해도 단장은 퇴역한 해군중사였다.

　러일전쟁에서 러시아의 발틱함대를 물리친 일본의 영웅 도고가

'정한비'의 글을 썼다는 것을 알고 나니 조금 충격을 받았다. 그가 러시아의 발틱함대를 격퇴했을 때, 사람들이 스페인의 무적함대를 격파한 영국의 넬슨과 견줄 만하다고 칭찬했다. 그때 그가 "넬슨은 몰라도 나는 이순신장군에게는 필적할 수가 없다."고 했다는 에피소드를 들어본 적이 있었기 때문이다. 비석의 왼쪽 면에는 한문으로 다섯 줄 스물네 자로 그 유래가 새겨져 있었다. 이미 해가 지기 시작하여 어두워서 읽기가 힘들었지만, 그 대강의 내용은 다음과 같다.

"히데요시가 다시 조선에 출병명령을 내렸을 때, 시마즈 요시히로(島津義弘)도 게이초 2년(1597년) 군선을 이끌고 구미자키에서 출정했다. 그때 전투에서 고생하여 사해에 무공과 이름을 올린 지 250년이나 지났다. 이곳은 사쓰마번의 군항으로 사용되어 메이지유신에 이르렀다. 지난날을 추상하여 기념비를 세워 충용의열(忠勇義烈)을 다한 사람들을 추모하여 영원히 호국을 비는 것이다."

센다이항에는 정유재란 때 사쓰마군이 출발한 인연으로 조선출병과 관련된 많은 이야기가 남아있다. 매년 춘분에 올리는 닛타신사(新田神社)의 하야마제(早馬祭)나 8월16일 소후렌(想夫恋)춤, 9월22일 추분에 열리는 왕줄다리기 같은 것은 모두 조선출병에 유래가 있다고 한다.

하야마제는 방울을 단 말을 끄는 청년들이 북이나 샤미센(三味

線)[112]의 소리에 맞춰서 노래하고 춤 추는 성대한 제례이지만, 그 유래 는 사쓰마 번주인 시마즈 요시히로 가 정유재란에서 돌아온 개선축하 에 기원한다는 설이 있다. 또한 왕 줄다리기도 센다이시를 대표하는 큰 축제이고, 줄의 길이가 200미 터이며, 무게가 4톤이나 되는 문자 그대로 왕줄다리기다. 이것도 시마 즈 요시히로가 백성들의 사기를 고 양시키기 위해 시작했다고 한다. 이것은 지금도 전라도에서 행하여

센다이시에 세워진 '게이초 정한비'

지는 고싸움놀이와 닮았다. 그러고 보니 시마즈는 정유재란 당시 전라도를 돌며 심하게 공격하였을 것이다. 혹시 왕줄다리기는 전 라도 축제에서 유래한 것이 아닐까.

소후렌춤은 원례 본절(お盆)[113]의 춤이다. 정유재란 때 구미자키 항에서 출병한 후, 돌아오지 않은 남편을 그리워한 미망인들이 영 혼을 위로하기 위해 남자용 정장 기모노를 입고 검은 포로 얼굴을 싼 뒤 작은 칼을 허리에 차고 춤을 추었다고 한다.

게이초 3년(1598년) 히데요시가 사망한 그해 말, 아직 조선에

---

112 일본에서 민요 등 전통 민속음악에 사용되는 현악기.
113 일본에서 전통적으로 음력 7월15일에 행하여진 추석과 같은 조상에 대한 제례.

남아 있는 일본군은 마지막 철군을 시작하려고 했다. 고니시 유키나가(小西行長)도 순천에서 탈출하려고 했는데, 단 한 명의 병사도 일본에 돌려보내지 않겠다는 이순신장군의 강한 의지 앞에 움직이지도 못했다. 시마즈 요시히로는 배 500척과 병사 1만5천 명으로, 고니시군을 구원하고자 달려갔다. 그 절박함의 비참한 모습이 『충무공전서』에 기록되어 있다.

"적병이 익사하고 불에 타죽고, 질려 죽은 자가 바다에 떠 있다. 살아남은 자는 거의 없다. 요시히로들은 남은 병사와 배 불과 50척만 이끌고 탈출했다."

이순신장군의 기록에 보는 바와 같이 시마즈군 즉 이 지방의 희생자들이 많았을 것이다. 돌아오지 않은 남편을 추모하는 모습이 마음을 아프게 하지만, 이렇게 큰 지방 축제에도 조선출병이 깊이 관계되어 있는 것이 사실이다.

그러나 내 관심은 위와 같은 내용과는 좀 다른 지점에 있었다. 시마즈에 의해 이곳 군항에도 조선에서 잡혀 온 사람이 없었을까 라는 점이다. 이 지방의 기록에 의하면, 센다이에서도 수십 명의 무사나 뱃사람이 조선출병에 동원되었다고 알려져 있다. 센다이시 남부 시내 중심부에서 떨어진 오지로에(尾白江)라는 촌락에서 출병한 하라다 다테와키(原田帶刀)라는 지방의 무사가 조선여성을 데리고 돌아왔다는 기록이 있다. 또 그 묘도 남아 있다고 한다. 하라다는 히데요시가 조선출병 전에 일본 국내를 통일하려고 했을 때, 히데요시군에 대해 격렬하게 저항한 것으로 지방에서 잘 알려진 인물이다. 어떤 사람이 "하라다 후손이 유명한 사람이니까, 가서 동네사람에게 물어보면 바로 묘를 알 수 있을 것입니다."라고 하고 길을 알려주었다.

가르쳐준 대로 시내 남쪽에 있는 우회도로의 교차점을 왼쪽으로 꺾어 들어가니, 그 도로 끝에 '고려묘'라는 안내판이 붙은 자연석이 눈에 들어왔다. 높이가 불과 20센티미터 정도의 작은 것이었지만, 바로 이것이 그 조선여성의 묘석인 것 같았다.

하라다 후손의 집은 그 근처에 있다고 하여 찾아갔다. 과연 다른 집과 달리 돌담으로 둘러싸인 그 저택은 옛날 무사집의 격식을 보여주고 있었다. 주인이 집에 없어서 근처에서 그 묘의 유래를 확인했다. 역시 하라다의 조상이 데리고 온 조선여인의 묘였다. 하라다 다테와키 사후에는 하라다의 자손이 그 여자를 돌봐줬다고 한다. 그 여성이 죽기 전, 그녀가 모국을 볼 수 있는 산에 묻어 달라고 하여 그 집 앞에 있는 감나무 산에 묻었다는 것이다. 나중에 그 산에서 산업용 흙을 가져가게 되었으므로, 묘를 산기슭 즉 도로 쪽으로 옮기고 안내판을 세워 관리하면서 모시는 것이라고 한다. 보기에도 그렇게 큰 산은 아니었지만, 하긴 많은 흙을 깎아 그런지 산다운 모습은 남아 있지 않았다.

오지로에와 바로 가까운 다른 동네에도 '고레가미사마(고려신)'라고 불리는 묘가 있다고 한다. H씨라는 분이 그 묘를 모시고 있다고 해서 전화번호부에 나와 있는 모든 H씨에게 전화를 해봤다. 운이 좋게도 바로 내가 찾는 H씨와 통화할 수 있었다.

그 묘가 있는 곳을 안내해 달라고 부탁했더니 "그곳은 산에 있는데… 가까이 있으니 안내해 드릴게요."라고 말해주었다. H씨와 산길을 올라 묘를 찾아갔다. 넓거나 크지는 않았지만, 대단히 깨끗하게 청소되어 있었다. 묘석은 모두 세 개였다. 두 개는 오지로에서 봤던 묘와 비슷한 자연석의 작은 묘석이었다. 나머지 하나는 높이 1미터 50센티미터나 되는 네모지고 훌륭한 것이었다. 그 묘에 세 명의 이름이 새겨져 있는데, 일부는 풍화되어 읽을 수도 없었다. 위에는 '심(心)'이라는 문자가, 중앙에는 다음과 같이 명문이 새겨져 있었다.

현효　최○ ○영위(顯孝　崔○ ○靈位)
형　　최복량영위(兄　崔伏良靈位)
딸　　○인전영위(娘　○ 仁田靈位)

덧붙여서 말하면 현효(顯孝)라는 말은 돌아가신 아버지, 아니면 초대 조상을 말한다. 형까지 모시는 것을 보면 아마 이 집의 둘째 아들이 아버지와 형을 모시기 위해 세웠다고 생각된다. 그렇다고 해도 최씨라는 조선 성씨를 명기한 묘는 드물다.

"최씨는 조선에서는 명문가라고 하네요. 옛날에는 시모쓰키(霜月)의 오(午)의 날, 오(午)시에 묘를 모셔야 한다고 했어요. 왜 그런지 모르겠지만 그땐 절대로 중간에 사람을 만나면 안 된다는 이야기가 전하고 있어요."라고 H씨가 말했다. 시모쓰키는 11월을, 오시는 정오를 뜻한다.

"1945년 이전엔 그날은 쌀로 만든 과자를 함께 먹거나 했습니다. 찹쌀을 맷돌로 갈고 그것을 도자기에 넣고 찐 것입니다. 내가 전쟁에서 돌아왔을 때는 이미 그런 풍습은 사라지고 말았어요."

H씨가 자꾸 그리운 듯 과자 이야기를 하길래, 그 과자의 이름이 뭔지, 팥을 넣는지를 물어봤다. 그것의 이름은 '고레가시(コレ菓子)'라고 하는데 팥도 넣었으며, 팥은 쌀 사이에 끼어 있었다고 한다. '고레가미사마'나 '고레가시'의 '고레'는 가고시마에서는 고려(高麗)를 의미한다.

"그것은 지금도 한국에서 만들어 먹는 시루떡이 아닐까요? 한국에서는 지금도 제사 때 만들어요."라고 말했더니, H씨는 그 떡이 조선에서 전해왔다고는 생각해 보지도 않았는지 굉장히 놀라 감탄했다.

이 묘에는 연호가 없었지만 350~360년 전 것이라고 하니까 역시 조선에서 연행된 조선사람들의 묘라고 생각해도 문제가 없을 것이다. 그렇다고 해도 왜 H씨가 여기를 소중하게 여겨 정성껏 청소하고 모시는지, 나는 그것이 신기하여 물어봤다.

"이 묘를 H씨가 긴 세월 아끼고 모시는 것을 보면, 여기가 H씨 조상님의 묘입니까?" 그랬더니 H씨는 한순간 망설이더니. 등을 쭉 펴면서 "그렇습니다. 우리 조상입니다."라고 확실히 대답했다.

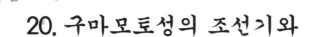

20. 구마모토성의 조선기와

−구마모토현 구마모토시(熊本県熊本市)
　옛 지명 하고(肥後)

　구마모토라고 하면, 바로 구마모토성이 머리에 떠오를 정도로
이 성은 유명하다. 구마모토성이 명성(名城)이라 불리는 이유는
덴슈카쿠(天守閣)[114]을 지지하는 돌담을 쌓은 독특하고 우아한 축
성방법에 기인한다. 이 축성방법은 일반적으로 부채경사(扇勾配)
라고 한다. 돌담의 윗부분은 조선이나 중국의 성곽에서 볼 수 있
는 거의 수직으로 쌓아가는 방법으로 만들었고, 밑부분은 조선의
절 지붕과 비슷한 우아한 곡선을 보여준다. 이 축성방법은 가토
기요마사(加藤淸正)가 조선에서 배워왔다는 설이 있다. 그 이야기
는 확실하지 않지만, 구마모토성의 기와는 조선에서 잡혀온 조선
인 기와공에 의해 만들어진 것이다. 『구마모토시사 구판(熊本市史
旧版)』에는 이렇게 적혀 있다.

　"기요마사가 구마모토성과 성하마을을 건설하려고 할 때, 기와
의 수요가 엄청나게 많았다. 기와공 우두머리는 기요마사가 조선

----

114 성의 중심부에 있는 건물의 중앙에, 3층 또는 5층으로 높게 만든 마루, 천수각.

에서 데리고 온
고려인이었는데,
일본 이름 후쿠
다(福田)로 부르
게 해서 구마모토
시 교외인 오야마
토시마촌(小山戸
島村)에 거주하게
했다."

구미모토토성의 덴슈카쿠를 장식하는 '조선기와'

임진왜란 정유재란에 참전한 일본 장군들은 참으로 많은 조선
인과 문화재를 빼앗아 갔다. 그 중에 기와공를 연행했다는 확실한
기록이 남아 있는 곳이 이곳 구마모토이다. 가토 기요마사라고 하
면, 지금도 일본에서는 영웅 중의 한 명이지만, 그만큼 많은 문화
재를 조선에서 빼앗아 간 영주도 없었다. 1919년 3월 1일 독립운
동의 발상지 서울 파고다공원에 있는 한국의 국보 원각사지십층
석탑(円覚寺跡十層石塔)을 일본으로 약탈하려고 한 것도 기요마사
군이다. 석탑이 너무나 무거워서 가져가기를 포기했다는 웃기는
에피소드가 기요마사에 관해 남아 있다.

우연히 구마모토를 찾아갔을 때가 구마모토의 2대 축제 중 하
나인 '후지사키궁축제(藤崎宮の例大祭)'의 마지막 날, 이른바 수
병회(隋兵会) 축제의 날이었다. 이 축제는 기요마사가 조선출병
전승을 기원하고, 귀환 후 무사히 돌아온 것에 감사한 것에서 시

작되었다고 한다. 하지만 이 축제는 '보시타축제(ボシタ祭)'라는 명칭으로 더 알려져 있다. 이 '보시타'라는 말이 놀랍기도 '조선을 멸망시켰다'는 뜻으로 일본어 '호로보시타(滅ぼした)'에서 온 명칭이라고 한다. 정유재란 말, 울산성에 갇히게 된 가토 기요마사가 간신히 도망 왔다는 역사적 사실을 보면 멸망시켰다는 이야기는 완전한 허구이다. 가토 기요마사가 죽을 뻔했다고는 말하지 못하니까 허세로 '멸망시켰다'고 했을 것이다. 그렇지 않다 하더라도 원래 히고(肥後)는 백성들의 반란이 심한 곳이었다.

"보시타, 보시타, 호로보시타"라는 구호는 국제친선의 관점에도 바람직하지 않다고 지방신문사가 캠페인을 해서 그런지, 이번에는 "도카이, 도카이, ○○카이(○○회)"라는 구호로 바꾸어 외치는 단체가 많았다. 그러나 세이세이가쿠고등학교나(済々学高等学校)나 구마모토상고(熊本商高) 등 학교 동창회 팀은 "보시타, 보시타"의 구호로 소리를 맞추고 있었다. 세이세이가쿠고교 같은 데는 원래 정한론을 지지하는 사람들이 설립한 학교이어서, 그 전통을 이어가는지 모른다. 메이지시대 초기의 교육칙어(教育勅語)를 창안한 사람도 구마모토 출신자들이었다. 이 지역은 대체로 국수주의적 분위기가 깔려 있는 것인가.

품위 있어 보이는 초로의 어느 부인이 "역시 보시타축제의 구호는 '보시타'가 맞지요! 감각에 맞게 '보시타'라고 말해야지요!"라고 마치 감동한 것 같은 표정으로 주변 구경꾼들에게 동의를 권했던 모습은 조금 충격적이었다. 그 부인에게 '보시타'는 어떤 뜻인지 물어봤다. 그녀는 "당연이 조선을 멸망시켰다는 뜻이지요. 실은 남녀의 성적인 관계를 의미하는 것이라고 하지만, 아무튼 교과서문제도 있고 지저분한 말을 쓰지 말자고 신문에서 계속 홍보했던 것 같아요."라고 친절하고 정중하게 알려줬다. 또 어떤 사람은 "'보시타'는 한국말로 '또 만납시다'를 뜻한다고 하는 사람도 있어요." 이 이야기에는 어이가 없었다. 이건 한국말의 '봅시다'를 억지로 연계시킨 것이 아닐까 생각되지만, 침략군에게 '다시 만납시다!'라고 하는 사람이 세상 어디에 있을까? 나중에 알게 된 이야기지만, 신사관계자가 참석자에게 구호로 '도카이'가 아니라 '보시타'를 써달라고 했었다고 한다.

기와공인 후쿠다가 살았다고 하는 오야마토시마는 구마모토 시내에서 버스로 1시간 걸리지 않은 곳이었다. 오야마(小山)의 지명 그대로 그 마을 뒤에 작은 산을 끼고 있었다. 이곳의 흙과 산의 소나무가 기와제작에 적당했었던 것일까? 후쿠다 집안의 십여 개 묘는 풀이 무성해 잘 관리되고 있지 않는 것 같지만, 그 묘에는 에도시대부터 다이쇼시대까지의 이름이 새겨져 있었다. 현재 여기에는 후쿠다의 자손이 살지 않고 묘지에 그 이름만이 남아 있을 뿐이었다. 동네 사람들은 묘를 모시로 오는 사람도 없어 후쿠다의 후손이 끊어져 버린 것이 아닐까 한다고 말했다(뒤에 들은 이야기지만, 다른 곳에 거주하고 있는 후쿠다의 자손이 나타나 묘지를 정비했다고 한다).

후쿠다 씨와 마찬가지로 조상이 이 지방에서 선대를 이어 100년 동안 기와를 만들었다고 하는 동네사람이 이런 이야기를 해줬다. "어렸을 때, 번주인 호소카와(細川)댁의 기와를 만든 것이 후쿠다 씨 집안이라고 들었다." 후쿠다 씨의 유래서에 의하면, 초대는 후쿠다 고에몬(福田五右衛門)이라고 하는데, 가토 기요마사가 그를 기와공 우두머리로 임명했다. 호소카와가 새로운 영주가 된 후에도 후쿠다가 계속 그 역할을 맡았다. 하지만 마을의 기와용 흙이 떨어지기 시작했기 때문에 간분 12년(1672년) 쓰치야마(土山)에 옮겼다. 후쿠다의 후손들은 성(姓)을 갖는 것과 칼을 들고 다니는 것이 허락된 신분이 되었다. 후쿠다 가문은 대대로 기와공으로서 다이쇼시대까지 기와제작에 종사했다. 후쿠다 씨는 번주였던 가토와 호소카와가 인정하는 전속 기와공이었다는 것을 알 수 있다.

현대 집에는 아무나 기와를 쓸 수 있지만, 당시는 절이나 되어야 기와를 사용했다. 임진왜란 직전까지 성조차 갈대나 나무를 이용하여 지붕을 만들었다고 한다. 가토 기요마사가 히고에 들어와 새로운 성을 축성할 때, 우수한 기와공이 꼭 필요했을 것이다. 이러한 때 히데요시가 일으킨 임진왜란은 기요마사에게 천재일우(千載一遇)의 기회였다.

1877년 사이고 다카모리(西鄉隆盛)에 의해 세이난전쟁(西南戰爭)이 일어나 구마모토성의 덴슈카쿠는 불타서 없어져 버렸다. 쇼와 34년(1959년) 복원공사를 하는 중에 조선기와가 완벽한 형태로 발견되었다. 조선기와라고 불리는 이 기와는 일병 노키사키기와(軒先瓦)라고도 불렸다. 그 특징은 전면이 삼각형으로 내려져 있고, 그 안에 모양이 새겨져 있는 것이다. 이것을 통칭 조선기와라고 하는 이유는 이러한 형태의 기와를 임진왜란 이전의 일본에서는 볼 수가 없었기 때문이다. 임진왜란 이후 이 기와가 일본의 지붕을 장식하기 시작했다.

구마모토성에서 발견된 그 기와는 '게이초(慶長) 4년(1599년) 8월 길일(吉日)'이라는 명문이 들어 있다. 이 기와가 덴슈카쿠에 전시되어 있다고 하여 구마모토성에 갔을 때 덴슈카쿠까지 올라가 3층에 전시되어 있는 기와를 보고 왔다. 이 기와는 세이난전쟁 화재 때문에 약한 적갈색으로 변했지만 완전한 모습을 유지하고 있었다. 바로 조선기와였다. 그러나 이 기와가 전시되어 있는 이유는 조선에서 전해왔다는 것을 알리기 위한 것이 아니었다. 세이난전쟁으로 구마모토성의 덴슈카쿠가 불탔다는 역사를 증명하기 위한 것이었다. 보통 관광객들이 그러한 사연을 모르고 지나가는 것이 유감스러웠다.

이 기와를 구경한 다음, 관광객을 따라서 덴슈카쿠의 최고 높은 곳에 올라가 구마모토 시내를 내려다보았다. 그때 북쪽으로 튀어나온 덴슈카쿠의 기와들도 모두 조선기와인 것을 알았다. 조금 전 전시실에서 봤던 기와와 같은 것이 나란히 쌓여 있었다. 북쪽뿐만 아니라 동서남북의 지붕 끝이 모두가 그랬다. 그러나 자세히 보면 기와들이 400년 동안 풍설을 견뎌온 기와처럼 보이지 않았다. 뒷면을 보니 '쇼와 34년(1959년) 모조'라는 글씨가 있었다. 즉 복원공사 때 1599년의 기와를 복제한 것이다. 세이난전쟁 이전의 구마모토성을 충실히 복원한 것이었다. 덴슈카쿠에서 뛰어 내려가 다시 한번 밑에서 덴슈카쿠를 올려다보니 역시 지붕 끝이 모두 조선기와로 장식되어 있었다.

국보로 지정된 성내의 우토야구라(宇土櫓)[115]에 올라갔더니 그곳에도 기와가 전시되어 있었다. 이 기와에도 '게이초 4년 8월 길일'이라는 명이 있었다. 더욱이 '가토씨 시대 히아시몬(日足紋)[116] 노키마루기와(軒丸瓦) 조선기와'라는 설명이 붙어 있었다. 그리고 "이 기와의 대부분은 구마모토시 동부의 오야마(小山)나 마시키마치(益城町)의 쓰치야마(土山)에서 구워졌다."라고 자세히 설명되어 있었다. 고니시 유키나가의 거성인 우토성(宇土城)에서도 '게이초 13년(1608년) 8월 길일'이라는 명이 있는 노키사키기와(軒先瓦)가 발견되었다. 이 지방에서는 그러한 역삼각형의 기와를 직설적으로 '조센노키(朝鮮軒)'라고 부른다. 우터(宇土)의 절에는 그것과 같은 기와가 사용되어 있다고 한다. 아마 자세히 조사하면, 구마모토성뿐만이 아니라 구마모토현 내 오래된 절의 '삼각형'기와에서 후쿠다 씨를 포함한 조선인 기와공이 제작한 것을 틀림없이 더 찾을 수 있는 것으로 보인다.

----

115 구마모토성에서 유일하게 소실되지 않고 남아 있는 측성 초기의 건물. 외관 3층, 내부 5층, 지하 1층의 구조로 주로 소나무를 사용한 목제건물이며 지붕기와는 4만6천 장에 달함.
116 태양의 빛살 즉 태양광선을 도안화한 것.

21. 피로인 형제가 전한 한지

—구마모토현 가호쿠마치(熊本県鹿北町)
  옛 지명 히고(肥後)

JR가고시마 본선의 구마모토시의 5개 역 앞에는 고노하(木の 葉: 나뭇잎)라는 역이 있다. 동화에나 나올 법한 이름을 가지는 이 역에서 열차를 내렸다. 이곳은 1877년 세이난전쟁터로 유명한 다 바루언덕(田原坂)과도 가깝다. 도케이계곡(道慶谷)이라는 곳이 어 느 쪽인지 젊은 역무원에게 물어봤지만 들어 본 적이 없다는 표정 이다. 그러면 우라타계곡(浦田谷)은 어디냐고 물어봤다. 이 역시 모르겠다고 고개를 갸웃거린다. 옆의 나이 드신 직원이 "우라타계 곡은 모르지만, 우라타는 이 길로 똑바로 가면 한 시간 정도, 당신 이라면 아마 4~50분으로 갈 수 있을 것"이라고 가르쳐주었다.

이러한 작은 역에서 내린 이유는 가토 기요마사(加藤清正)가 '도케이(道慶)와 게이슌(慶春)'이라는 형제를 조선에서 잡아 와 그 중 형인 도케이를 이곳에 거주시켰다는 이야기를 들었기 때문이 다. 기요마사가 이 형제를 데려온 이유는 그들이 종이를 만드는 기술자였기 때문이다. 조선의 종이기술자 연행에 관한 기록이 보 이는 곳은 구마모토뿐이다.

역 앞에 있는 신문판매점에서 산 「구마모토일일신문(熊本日日

新聞)』을 펴보다 우연히 '어린이백과'라는 코너에 실린 '수예화지(手漉き和紙)'에 관한 기사를 보게 되었다.

"종이제조법은 2세기경 중국에서 발명되어 7세기경 조선을 통해 일본에 전해졌다. 불교가 전래하여 사경(寫經)[117]이 활발해짐에 따라 종이 수요가 늘어나 전국적으로 종이가 만들어졌다. 구마모토에서는 옛날부터 종이가 만들어졌지만 근세의 어느 때부터 비약적으로 확대됐다. 가토 기요마사가 조선에서 데려온 종이기술자가 조선식 제조법을 전했다. 호소카와번(細川藩)이 그들을 잘 보호하고 사업을 육성했기 때문에 일부러 다른 번 사람이 그 기술을 배우러 왔을 정도였다. 종이는 막부나 천황에 올리는 진상품으로서도 많이 사용되었다."

"7세기경 조선을 통해 일본에 전해왔다"라는 것은 『일본서기(日本書紀)』의 기록에 의한 것 같다. "수이코천황(推古天皇) 610년에 고구려에서 온 담징(曇徵)이 오경을 전했을 뿐만 아니라 물감이나 종이, 묵의 제조법을 전했고, 또 덴가이(碾磑)[118]를 만들었다."

덧붙여 말하면, 이슬람 세계 등 서쪽으로 제지법을 전파시킨 것도 전쟁이었다. 고구려인 2세인 고선지(高仙芝)장군이 당나라 군을 이끌고 751년에 이슬람군과의 전투에서 패했지만, 그 전쟁 포로가 제지법을 서양세계에 전파하여 퍼지게 되었다고 한다. 고

---

117 공양 등의 목적으로 경전을 필사하는 것과 필사한 경전.
118 수력을 이용한 맷돌로 연자방아를 뜻함.

구려는 제지법의 동서전파에 인연이 있다. 히고(肥後) 구마모토의 경우 근세에 다시 한번 조선에서 제지법이 전해왔다는 것이다.

역직원이 가르쳐준 대로 산 쪽으로 50분이나 걸었을까, 주변에 논밖에 없는 길에서 내 앞에 길을 막는 몸집이 큰 여성이 서있었다. 도케이계곡이 어딘지 물어보았더니, 여기가 맞다고 했다. 그녀가 손가락으로 가리킨 곳은 작은 시냇가였다. 전날 비가 내렸음에도 불구하

조선도래 화지(和紙)제조 기념비
(가호쿠마치 가와라다니)

고 맑은 물이 흘려가고 있었다. 그곳을 거슬러 올라가니 평평한 곳이 나타났다. 거기에는 20미터는 족히 넘을 것 같은 상나무 몇 구루가 우뚝 서있었고, 낮임에도 어둑어둑했다. 그 구석에 몇 기의 묘가 나란히 줄지어 있었지만, 대부분 동그란 형태의 스님 묘였다. 아마 옛날 여기에 절이 있었을 것이다.

"묘가 어디에 있는지 찾았나요?" 아래서 조금 전 만났던 여성의 목소리가 들렸다. 큰 소리로 "확실하지 않다"고 외치니, 그녀는 바로 나무를 잡으며, 편하지 않은 신발로 질퍽거리는 언덕을 올라왔다. "그 끝에 있는 묘가 찾고 있는 것이에요"라며, 그녀는 바로 한 귀퉁이에 있던 네모난 묘석을 가리켰다. 이끼를 벗긴 뒷면에 '○ ○도케이○묘(○ ○道慶○墓)'라고 새겨져 있는 것을 겨

우겨우 읽었다. 도케이는 수지종이를 만든 사람이었다는 것을 이야기하다가 그녀는 "그렇습니다. 우리 집도 전에는 종이를 만들었어요."라고 대답했다. '전에'라는 것이 언제를 말하는 것인지 물어봤더니, 그녀는 본인이 시집왔을 때라고 했다. "전이라고 해도 엄청 오래된 이야기네요"라고 내가 농담을 하니, 그녀가 크게 웃었다.

그 종이를 제작하는 도구가 조선에서 유래한 것인지 아닌지 알고 싶어서, 그 도구가 어디에 있는지 물어봤다. "구마모토대학의 어떤 선생님이 역사자료라든가 뭔가 하며 가져갔다"고 했다. 언제 가져갔는지 되물으니 "꽤 오래전 이야기예요. '전'이라고요. 제가 시집왔을 무렵인 것 같아요"라고 웃으면서 말했다. 60대로 보이는 그녀가 꼭 최근의 이야기처럼 말하기에, 나도 모르게 끌려들어가서 물어본 것이지만, 실제로 40년이나 지난 이야기였다.

나중에 인사하려고 간 그녀의 집 문패를 보니 기모토(木本)성이었다. 도케이의 후손이 번주에 올린 문서에 의하면, 그들의 일본명이 기모토였다. 이 여성의 시댁도 도케이의 후손에 해당할지 모른다. 그래서 도케이의 묘 바로 옆에 집이 있고, 40년 전까지 조상 대대로 내려온 방식으로 수지종이를 만들어왔던 것이 아닐까? 그들이 만든 종이는 우라타지(浦田紙)라고 했다.

도케이의 동생 게이슌은 형과는 다른 지역, 현재의 가호쿠마치(鹿北町) 가와라다니(川原谷)에서 종이를 만들었다고 한다. 가와라다니는 구마모토시에서 국도3호선(옛날 후쿠오카가도)을 타고 북쪽으로 올라가 야마가온천(山鹿温泉)을 지나 버스로 20분 정도

더 간 곳에 있다. 구마모토 중심부에서는 멀고 오히려 후쿠오카현과의 경계선에 가깝다. 아리아케해(有明海)에 흘러 들어가는 기쿠치강(菊池川)의 상류 이와노강(岩野川) 연안에 있는 동네이다.

가와라다니의 버스정류장에서 내려 게이슌과 관련이 있는 곳을 찾던 중 "그 숲 주변이 게이슌마치라는 곳이에요"라는 이야기를 들었다. 나는 '마치'가 일본에서 읍을 의미하는 '마치(町)'인 줄 알았다. 이러한 시골에 읍이 있다고? 나의 귀를 의심했지만, 실은 '마치'는 같은 음으로 '기다린다'를 뜻하는 '마치(待ち)'였다. '게이슌마치(慶春待ち)'의 유래는 게이슌이 성하마을에서 이곳으로 왔을 때, 마을사람들이 여기까지 그를 마중 나왔다는 것에 비롯했다고 한다. 마을의 발전을 도모할 수지제조법을 가지고 온 게이슌을 마을 사람들이 모두 나와서 환영했다는 것이다. '게이슌축제'라는 것도 매년 12월에 열렸는데, 요즘은 없어졌다고 한다.

콘크리트 공장 옆에 있는 숲 속에 '게이슌마치'라는 비석이 나무에 기대는 듯 서있었다. 그러나 현재 가와라다니에는 우라타와 마찬가지로 수지제지를 하는 농가는 하나도 없다. 가까운 이와노강가에 '기요마사공 사적의 땅'이라는 비석이 남아 제지 역사의 흔적을 겨우 유지하고 있을 뿐이다.

"기요마사공 게이슌을 이 땅에 보내 이곳에 제지를 창시시켜 그 업이 번영했다. 그 당시 이곳 법의 허락을 받아 심어진 경계목의 팽나무 십여 그루 중, 여기에 있었던 마지막 한 그루도 쇼와 28년(1953년) 수해로 넘어져버렸다. 더욱이 쇼와 45년(1970년) 하천정비 사업으로 '수지종이 세척장소 건조장소' 등 그 모습이 변했기 때문에 역사 유적이 사라지는 것을 막기 위해 여기에 비를 건립한다. 쇼와 50년(1975년) 5월."

가까운 신사에서 십여 명의 초등학생들이 놀고 있었다. 아이들에게 "옛날 여기에서 종이를 만들었다는 것을 아니?"라고 물어봤다. 모두가 모른다고 했다. 아이들의 성씨를 물어봤더니, 하야노(早野)가 3명이 있었다. 하야노는 게이슌의 자손 성씨이기도 하다.

혹시나 해서 닥나무가 어디 심어져 있을까 물어봤다. 하야노성을 가진 두 아이가 따라오라는 듯 강 방향으로 뛰어갔다. 따라갔더니 게이트볼장였으나 아이들의 놀이터로 사용되는 공원이 있었다. 그 공원 옆에 있는 작은 잡목림에서 아이들이 나를 불렀다. 그들이 가리킨 나무는 검고 거의 말라 죽은 것 같았지만, 그래도 닥나무임에 틀림이 없었다. 이 닥나무는 일본에서 조선고조(朝鮮楮)라고 불린다. 전에는 우량종으로 다른 번에도 많이 옮겨졌다고 하지만, 이제는 역할을 끝나서 돌볼 사람도 없어진 모양이다. 일본에서는 수지 제지의 원료로서 닥나무 외에 삼지닥나무(三椏)도 사용하지만, 조선에서는 닥나무가 주류이다.

닥나무 때문에 생각났는지, 한 아이가 "우리 친척이 지금도 수지로 종이를 만들어요"라고 했다. 그 친척은 가와라다니가 아니라 옆 동네에 산다고 했다. 가와라다니에서 시작된 제지가 옆에 인접한 동네에 퍼져 지금도 만들어지고 있는 것 같다.

메이지시대에 들어온 후 서양식 종이의 유입으로 전통적인 수지 제지는 급격하게 쇠퇴했다. 가와라다니의 수지 제지도 시대의 흐름에 거역할 수 없었다. 그러나 완전히 사라진 것이 아니다. 매년 야마가온천에서 8월16일에 '보는 것도 바보, 보지 않은 것도 바보'로 유명한 야마가등불(山鹿灯篭) 축제가 열려 수만 명의 관광객이 모인다. 이 축제는 하룻밤으로 3년 동안 졸린다 할 정도로 성대하게 노는 것으로 유명하다. 이 축제에서 사용되는 등불의 재료가 모두 수지로 만든 종이인 것은 잘 알려져 있다. 그것도 여기 가와라다니에서 출발한 것이며, 또한 이곳 특산물인 '야마가가사 (山鹿傘)'의 재료도 마찬가지이다.

그 옆 동네 가모토마치(鹿本町) 구타미(来民)에서 전통공예 지정을 받은 '구타미부채(来民うちわ)'의 원료 중 대나무는 아소(阿蘇)에서 오지만, 종이는 가호쿠마치(鹿北町)나 미가와마치(三加和町)에서 구입한다. 그들의 전통공예품이 게이슌들이 전한 수지종이의 여운을 현대에 남기고 있다.

22. 노예 상인의 암약

−나가사키현 나가시키시(長崎県長崎市)
옛 지명 히젠(肥前)

옛날 일본 가요세계에서 나가사키와 관련이 있는 노래는 반드
시 히트한다는 신화가 있었다. 나는 굉장한 음치임에도 불구하고
나가사키에 관한 노래는 좋아해서 가끔 부를 때가 있다. 나가사키
라는 이국적인 분위기 때문인지 많은 사람들이 호감을 가지고 받
아들이는 것 같다. 나가사키의 일반적인 관광코스는 오란다언덕
(Holland slope)[119], 그라바원(Glover Garden)[120], 도진야시키(唐
人屋敷)와 이국적인 절들, 그리고 우라카미 천주교성당(浦上天主
堂)을 도는 것이다.

나가사키는 중세부터 근대까지 일본에 있어 해외의 출입구로서
열린 항구였다. 때문에 일본의 많은 새로운 문물이 이 항구를 통
해서 받아들여졌다. 음식만 봐도 유럽으로부터 카스테라, 튀김,
비스킷, 햄, 자몽(ザボン: 귤 종류 중 가장 큰 왕귤) 등이 나가사
키를 통해 들어왔다. 당연히 동아시아에서 셀 수도 없을 만큼 수

---

119 메이지시대 초기 나가사키에는 외국인 거류지가 있었다. 당시 일본인들은 유럽인을 '오란다상'
이라고 불러 왔고 언덕 이름도 거기에 유래.
120 1863년 영국 상인 토마스 글로버에 의해 지었음.

많은 문물이 유입되었다. 그 결과가 '나가사키 짬뽕'에 나타나는 이문화 혼합정신이다. 그런데 왕성하게 외국 것이 비벼졌던 나가사키의 역사 속에 조선에서 온 것이 뭐냐고 생각하면 쉽게 생각하지 못한다. 그러나 놀랍게도 남자의 속바지를 뜻하는 '팟치(パッチ)'라는 단어가 나가사키를 통해 전국으로 퍼져 나갔다고 한다. 물론 '팟치'의 어원은 한국어의 '바지'이다. 바지와 관련되어, 일본의 남자용 팬티의 고어라고 알려진 '사루마타(サルマタ)'도 한국어에서 온 것이 아닐까 하는 생각이 들었다. 사루마타는 한자로 '猿股(원고)'라고 쓰지만, 음으로 쉽게 맞춰서 붙인 이름일 것이다. 일본의 대표적인 사전『고지엔(広辞苑)』에서는 사루마타는 '서양 훈도시(西洋ふんどし)'[121]라고 쓰여 있다. 다른 사전에는 '원숭이 곡예사가 원숭이에게 입혀줬기 때문'이라는 설명도 보인다. 일본어로 원숭이를 '사루'라고 하기 때문이다. 아니면 '거시기(さるところ : 사루토코로)에 입는 것'이라는 애매한 해석을 하기도 한다. '사루'는 한국어 '샅' 즉, 두 다리 사이의 뜻인 고간(股間)에서 온 말이라 생각한다. 일본어 '마타(股)'도 그 뜻은 '샅'이다. 그래서 '사루마타'는 같은 뜻을 두 번 반복한 단어가 아닐까 생각한다. 이러한 말이 나가사키에 남았다는 것으로도 이곳에는 조선인이 많이 살았던 것이 아닐까 추측된다.

이 땅에는 1642년, 즉 에도시대 초기의『나가사키 히라도 초닌 별장(長崎平戸町人別張)』이라는 주민기록이 남아 있다. 그 기록을

---

121 훈도시는 남자의 국소를 가리는데 쓰는 아주 좁고 긴 천.

보면, 이 히라도초(平戶町)만 해도 17명의 고려 출신자의 이름이 기재되어 있다. 예를 들면 가와사키야 수케에몬(川崎や助右衛門)이라는 60세 노인에 관한 이야기가 실려 있다. 그는 48년 전의 조선출병 시 소년시절에 오카야마(岡山)로 잡혀와 나중에 나가사키에 팔려 천주교 신자가 되었다고 쓰여 있다.

또한 이케모토 고시로(池本小四郎)라는 소년에 관한 기록도 있다. 그 기록에 의하면, 그의 아버지는 고려 사람이고, 그는 어렸을 때 나가사키에 오게 되어 천주교 신자가 되었다. 그해 마카오에 팔려갔다가 다시 나가사키에 들어왔다. 천주교 신앙을 버리는 것을 강요받아 불교 신자가 되었다. 그가 남만인(南蠻人)[122]의 아이를 양육했었다는 것이 발각되어 다시 마카오로 추방되었고 한다. 도요토미 히데요시가 일으킨 임진왜란은 침략전쟁에 의해 강제로 연행한 조선인들을 일본 국내뿐만 아니라 해외까지 노예로 팔았다는 측면을 놓쳐서는 안 된다.

현재 오이타현인 분고(豊後) 우스키(臼杵)의 승려로 종군한 의사이기도 했던 교넨(慶念)이 쓴 『조선일일기』라는 일기에는 이러한 기록이 있다. "일본에서 온 많은 상인중에는 인신매매하는 자가 와 있었다. 일본군의 뒤를 따라가 남녀노소를 사가지고 밧줄로 목을 묶어 모이게 하고, 상인들 앞에 걸어가라고 몰아내고…"라는 인신매매 상인의 암약 기록을 남겼다.

일본군의 침략 뒤에는 상인들이 따라가 포로가 된 조선인을 노

----

122 당시 일본에서는 유럽인 중에서 포르투갈 사람이나 스페인 사람을 남만인이라고 불렀다.

예로 일본에 보냈다는 것이다. 나가사키는 인신매매를 목적으로 한 포르투갈 상인이 날뛰던 거리였다. 1587년 히데요시가 내린 천주교 금교령의 배후에는 포르투갈 상인에 의한 일본인 인신매매가 있었다고 한다. 선교사들은 포르투갈 상인들이 하는 행위가 전도에 불이익을 미친다고 자국의 상인들에게 항의했지만 없어지지는 않았다.

또한 가토 기요마사를 비롯한 침략으로 가담한 영주들도 총이나 대형포 총알의 원료가 되는 납이나 화약의 원료가 되는 초석(硝石)의 대가로 조선인 연행자들을 적극적으로 포르투갈상인에게 팔아 수출했다. 이러한 측면에서 볼 때, 일본을 뒷받침한 나라는 포르투갈과 스페인이었고, 조선의 저항을 뒷받침을 한 나라는 중국의 명나라였다. 임진왜란이 국제전쟁이었다는 일면을 나가사키라는 국제도시에서 볼 수 있다.

그러한 전쟁 가운데 나가사키에 온 프란시스코 카르렛치라고 하는 이탈리아인이 있었다. 그는 세계일주 여행 중 필리핀의 루손에서 나가사키에 들렀다. 그가 나가사키에서 본 것은 엄청난 수의 조선인 소년소녀가 아주 싼값으로 매매되고 있는 모습이었다. 그도 그러한 소년 다섯 명을 싼 값으로 사서 여행을 계속했다. 다음 해 포르투갈의 영토였던 인도의 고아에 도착했다. 그는 그곳에서 그의 아버지를 뜻하지 않은 사고로 잃게 되었고, 조선인 소년 다섯 명 중 네 명을 그 땅에 남겨놓았다고 한다. 카르렛치가 조선 소년 한 명만을 데리고 모국 이탈리아에 간신히 도착한 것이 1606년의 일이다.

그가 저술한 『동서인도항해기(東西印度航海記)』는 그가 죽은 후인 1701년이 되어서야 겨우 출판되었다. 그 책 속에는 나가사키에서 산 소년에 관한 기술이 있다. 그 소년에게 '안토니오 코레아'라는 이름을 붙이고, 그의 소식에 관해서는 "안토니오는 지금 로마에 체류하고 있다"고만 적었다.

『조선서교사(朝鮮西敎史)』 저자인 야마구치 마사유키(山口正之)씨는 조선인 최초로 유럽으로 건너간 안토니오 코레아를 소개하고, "그 후 그의 인생에 관해서는 전혀 알려져 있는 것이 없다. 어떻게든 알아내고 싶다는 마음을 가진 자는 저자뿐이 아닐 것"이라고 말했다. 나가사키에서 팔려 이탈리아에 끌려간 소년이 그 후 어떻게 되었는지 나 자신도 흥미가 생겼지만, 어찌지 못하고 있었다. 그런데 그 기억이 아직 희미하게나마 남아있을 때, 한국일보에 '안토니오 코레아의 후손 발견!'이라는 기사가 1면에 실렸다.

1979년 10월 한국일보의 김성우 특파원은 로마에서 "이탈리아 코레아씨들의 마을, 그 뿌리는 한국인이었다"라는 큰 표제를 붙여 보도하여 약 400년 전의 역사적인 사실을 밝혀냈다. 그 기사에 의하면, 이탈리아에 '코레아'라는 드문 성씨가 있다는 것은 알려져 있었지만, 지금까지 아무도 『동서인도항해기』와의 관련을 생각하지 않았다. 김 특파원은 그것을 찾기 위해 로마의 전화번호부의 모든 코레아씨에게 전화를 걸었고, 그들이 그 관계성을 상기(想起)할 수 있게 했다고 한다.

이탈리아 코레아씨의 본가는 로마에서 먼 알비라는 마을이다. 장화형인 이탈리아의 지형을 상상한다면 바로 발바닥 중간정도에 위치한다. 그 마을에는 코레아씨가 200명 이상이나 살고 있었다.

이탈리아 '코레아' 씨의 뿌리는 한국이었다고 보도한
『한국일보』의 기사

그 외에도 칸타체로라는 도시에는 60명 이상, 타베르나, 마지사노, 체르바, 세리나 등에는 수 명씩, 로마에는 20명 이상이 살고 있었다.

알비에는 조상 안토니오 코레아에 관한 전승이 있었다. 시조는 로마에서 배로 이 땅 근처까지 오고, 적당한 밭을 찾는 가운데 이 지방의 아가씨에게 마음이 끌려 결혼하고 정주하게 되었다고 한다. 코레아 일족의 어떤 사람의 경우, 머리카락이 검고 눈이 옆으로 치켜져 있는 등 자신들이 비서양적인 특징을 가지고 있다는 것을 아는데, 도대체 어디서 이런 형질이 온 것인지는 전혀 알지 못했다. 그리고 『동서인도항해기』라는 책에 그러한 기록이 있었다는 것도 일족 중 아무도 몰랐다고 한다. 또 알비 사람들, 특히 코레아 일족은 매운 것을 잘 먹고, 다른 지방 사람들에 비해 쌀을 이상하리만큼 많이 먹는다는 것도 부가되어 있었다.

자신들의 뿌리가 한국에 있다는 것을 알게 된 어느 코레아씨는 "조상의 뿌리를 알게 되어 기쁘다. 일족에 이 사실을 넓이 알리겠다. 언젠가 꼭 한국에 가고 싶다. 먼저 로마의 한국대사관에 가서 인사하는 것부터 시작하고 싶다"라고 말한 것이 보도되었다(그 후 코레아씨들은 조상의 땅 한국을 방문하여 크게 보도되었다).

안토니오 코레아와 같이 얼마나 많은 조선의 소년소녀가 멀리 해외로 잡혀 갔는지 알 수 없다. 임진왜란은 일본에서 '도자기전쟁'이라 할 때도 있지만, 오히려 '사람납치전쟁'이라 하는 것이 어울리는 침략전쟁이었던 셈이다.

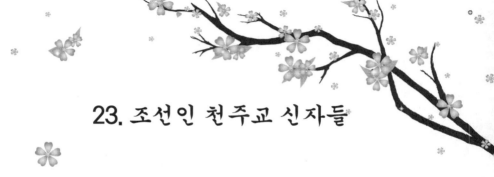

23. 조선인 천주교 신자들

-나가사키현 나가시키시(長崎県長崎市)
옛 지명 히젠(肥前)

나가사키는 내가 사는 고베와 많이 닮은 곳이다. 산과 바다와 항구, 그리고 이인관(異人館)[123], 중국과 관계가 깊은 도데라(唐寺) 등 이국적인 분위기는 마치 고베의 쌍둥이 도시인 듯하다. 그러나 나가사키가 고베보다 낫다고 생각하는 것은 시내 중앙을 흐르는 나카시마강(中島川)에 메가네교(眼鏡橋) 등의 석제 아치형 다리들이 존재하기 때문이다.

나카시마강의 강가를 거슬러 올라가면 두 방향으로 갈라지는 데, 강을 오른쪽으로 꺾으면 얼마 가지 않아 첫 번째 석교가 보인다. 그 다리가 고라이바시(高麗橋)이다. 폭이 약 1.8미터, 길이 약 13.5미터로 현재도 왕래하는 차나 사람이 많은 현역 다리다.

나카시마강에는 역사적인 석교가 16개나 있지만, 고라이바시는 그 다리들 중 네 번째로 1652년에 만들어진 오래된 아치형의 다리이다. 만든 사람은 중국의 명나라 사람이라고 되어 있지만 이름은 확실하지 않다고 한다.

----

123 일본에서 에도막부 말기부터 메이지시대에 걸쳐 주로 서양인의 주택으로 건설된 건물.

옛날에는 석교에 붙여진 번호로 그냥 '제2교'라고 했지만, 1882년에 되서야 고라이바시의 이름을 붙였다고 한다. 이 다리가 고라이바시라 불리는 이유는 이 다리의 남쪽 일대가 현재 가지야마치(鍛冶屋町)라고 하지만, 옛날에 고라이마치(高麗町)라고 불렸기 때문이다. 그것이 임진왜란 이후의 이야기고, 여기에 살게 된 사람들은 침략전쟁 때문에 조선에서 잡혀온 조선인들이다. 그들은 천주교를 믿는 번주들에게 연행되어, 그중에서 많은 사람이 천주교 신자가 되었다. 프로이스가 쓴 『야소회연보(耶蘇会年報)』(1595년)에는 "올해는 많은 조선인에게 설교를 했다. 그들은 여기 나가사키에 많이 거주하고 있지만 남녀 아이까지 포함해서 300명 이상이다. 2년 전부터 대부분이 세례를 받아, 올해 신앙고백을 한 자도 많았다."고 기록하고 있다.

놀라운 것은 그들이 천주교 신자가 된 것뿐만 아니라, 자기들의 성당을 고라이마치에 세웠다는 것이다. 그것은 정유재란이 끝

제2교 고라이바시

난 후 12년이 된 1610년의 일이며, 다들 끌려온 신분으로 여유가
있는 사람도 없었을 것이다. 가난한 그들이 기부금을 모아 간소한
성당을 세웠다는 것이다. 그 건물은 '산·로렌소교회'라 하여, 조
선의 천주교 역사 전체를 봐도 국내 국외를 포함해서 이것이 최초
의 교회가 아니었을까 한다.

조선사람들이 많이 거주하고 있었으므로 고라이마치라는 마을
이 생겼고, 조선인들의 교회까지 있었다고 하지만 현재 그 흔적은
전혀 남아 있지 않다. '고라이바시'라는 다리의 이름만이 희미하
게 그 흔적을 유지하고 있을 뿐이다.

나가사키에 잡혀온 조선인들이 천주교 신자가 되어 자신들의
교회를 세웠을 무렵, 아직 일본에서는 천주교 신자에 대한 탄압은
없었다. 하지만 2년 후 도쿠가와막부는 히데요시와 마찬가지로
엄한 천주교금지령을 내렸다. 그 영향으로 산·로렌소교회도 행
정의 손으로 파괴되었다. 교회 터에는 의도적으로 일본의 신도와
관련 있는 이세궁(伊勢宮)이나 하치난궁(八幡宮)을 건립했다. 따
라서 지명도 이세마치(伊勢町), 하치만마치(八幡町)로 바꿔 버렸
다. 게다가 천주교 신앙을 가진 것으로 인해 그들의 앞길이 더욱
가혹해졌다.

JR나가사키역에서 내려 바로 눈앞에 들어오는 작은 언덕이 있
다. 이 언덕이 일본의 천주교 역사상 유명한 나시자카언덕(西坂の
丘)이고, '26성인 순교의 땅'이다. 이 언덕 아래는 에도시대 당시
낭떠러지였고, 그 밑은 바위가 많은 바다였다. 그래서 내가 지금

서 있는 역의 건물도 당시는 바다에 있었을 것이다. 바다를 바라보는 벼랑 위 언덕은 사형장으로 딱 맞는 장소였을 것이다.

1961년의 성렬100년제(聖列百年祭) 때, 이 언덕에 기념비가 설치되어 이곳이 국제적인 순례지가 되었다. 서쪽 일본에 사는 중·고등학생 중에는 수학여행으로 이곳을 방문한 경험이 있는 사람이 많을 것이다. 또 나가사키를 찾아오는 관광객들이라면 꼭 들르는 사적지이다. 이날도 26성인 조각상 앞에 많은 사람이 기념사진을 찍고 있었다.

그 성인들이 이 언덕에서 순교한 것은 1597년의 히데요시의 금교령 때문이지만, 도쿠가와에 의한 에도시대가 시작된 이후에도 이 언덕은 계속 천주교신자들의 순교의 땅이었다. 유럽선교사나 일본인 천주교 신자들뿐만이 아니라, 실은 조선인 천주교 신자도 여기에서 순교했다.

레온·파제스가 쓴 『일본기리시탄 종문사(日本切支丹宗門史)』는 1598년부터 1651년까지 천주교 신자들의 수난 기록이다. 그 책에는 놀라운 만큼 많은 조선인 천주교 신자의 순교가 기록되어 있다. 그 일부를 발취하면 다음과 같다.

"열한 살 때 일본에 온 '고스메 다케야'는 이에스즈회(イエスズ会)의 신부에 의해 세례를 받았다. 그는 어떤 영주를 잘 모셔 가로(家老)직까지 승진했으며, 그 공으로 높은 보수와 저택을 받았었다. 그는 굉장히 잘살았으며 종교 수행자들에게 꾸준히 숙소를 제공했다. 그러다가 1619년 11월 천주교를 믿었다는 이유로 사형을

당했다. 그 아들인 프란시스코도 1622년 불과 열두 살의 나이에 순교했다."

"'가이오'는 조선에서 태어났지만 잡혀와 교토에 연행되었다. 그는 처음 선교사로서 활동하여 오사카 등에서 신부를 돕고 있었지만, 1614년 다카야마 우콘(高山右近)과 함께 필리핀으로 추방되었다. 2년 후 일본에 들어와 다시 선교를 시도하다가 잡혀 1624년 화형의 처분을 받았다."

"'빈센시오 칸'은 신분이 높은 용감한 장군의 아들이고 한성(서울)에서 태어났다. 열세 살 때 포로가 되어 고니시 유키나가(小西行長)에게 연행되어 세례를 받았다. 신학교에서는 인덕과 박식함으로 주목받아 조선인과 일본인에 대한 선교에 힘썼다. 이에스즈회의 신부관구장이 그를 조선에 들어가는 선교사로 임명해 북경으로 파견했다. 4년 동안 머물렀지만 조선에 들어갈 수 없어서 1620년에 다시 일본에 들어갔다. 그리고 조라 신부들과 함께 잡혀 손가락이 절단되고, 물고문을 당했다. 마침내 다른 다섯 명과 함께 1626년에 화형으로 죽게 되었다."

이상의 사람들은 26성인과 마찬가지로 니시자카언덕에서 순교한 조선사람들이다. 그 외에도 임진왜란으로 일본에 연행되어 천주교신자가 된 사람들은 히젠[124] 오무라(肥前大村), 구치노쓰(口之

----

124 나가사키현의 대부분과 사가현의 옛 지명.

津), 그리고 멀리는 수루가(駿河) 데와(出羽) 등의 땅에서 순교했고, 이름이 확실한 사람만 21명이나 된다.

그 시대 천주교 신자들의 굳건한 신앙이 놀랍기도 하지만, 더 궁금한 것은 일본에 연행된 조선인들이 왜 천주교를 믿게 되었을까 하는 점이다. 당연히 어렸을 때 천주교를 믿는 영주에게 잡혀 온 자는 그 영향으로 신자가 되었을 수도 있다. 그러나 침략전쟁, 그리고 이국으로 연행되었다는 불운을 겪은 경우 천주교를 통해 구원을 얻고자 신자가 된 사람이 많았을 것이라 생각한다.

당시의 선교사들은 히데요시의 조선출병은 침략행위로 정당성이 없다고 선언했다. 동시에 조선인 포로의 매매에 종사하는 포르투갈 상인을 단속하자고 했다. 또한 당연한 사명으로 극한 상황의 포로 구제와 교화에 힘썼다. 그리고 난민인 조선인을 가능한 한 '고레조(コレジョ)'라는 학습소에 수용했다. 프로이스에 의하면, 그들에게 일본어 쓰기 읽기와 산수를 가르치면서 조선어 교본까지 만들었다고 한다.

조선인들이 천주교 신자가 되는 것은 당연하다고 생각한다. 그들을 가장 이해하고자 했던 이들이 선교사였기 때문이다. 그러나 금교령으로 선교사들이 국외 추방된 이후에는 어떻게 되었을까? 이미 소개한 『나가사키 히라도 초닌별장(長崎平戸町人別帳)』에는 '생국고려자(生国高麗の者: 고려출신자)'가 열 명 넘게 기재되어 있다. 하지만 그것에 끝나지 않았다. 이어서 "그들이 고려사람이기 때문에 주민들에게 조사를 받고, 확실한 보증인을 세워 그 증서를 받은 다음에 주민조직으로 들어오는 것을 인정해야 한다."

고 기록되어 있다. 즉 임진왜란 후 반세기나 지났음에도 불구하고 고려인은 동네사람에게 조사를 받고 신분 보증인과 증서를 받은 다음에야 겨우 주민조직으로 들어가는 것이 허락되었다는 것이다. 침략전쟁, 강제연행, 차별, 암살 등 근대사로 연결되는 원형이 400년 전에도 있었던 것 같다.

순교자의 성인비(聖人碑) 앞에서 아무 생각 없이 크게 웃는 관광객에 대해 버릇이 없다는 생각이 들었지만, 내가 갑자기 마치 도덕적인 인간이 된 것 같아 마음이 복잡했다. 그러다가 "미안하지만 사진 좀 찍어주시겠습니까?"라고 부탁하는 귀여운 아가씨들 3명을 대하니, 아까 그 생각은 어디로 갔는지. "네 좋습니다. 예쁘게 찍어드릴게요."라는 소리가 나도 모르게 나왔다. 게다가 나는 애교 섞인 미소까지 띠며 부탁받은 대로 셔터를 누르고 있었다.

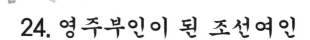

24. 영주부인이 된 조선여인

－나가사키현 히라도시(長崎県平戸市)
  옛 지명 히젠(肥前)

"히라도(平戸)에 간다고요? 그곳 영주의 소실이 조선사람으로, 이름이 고무기(小麦) 님이라 하지요. 그런데 이건 알고 가는 것이 좋아요. 히라도에서 차별이라 하면 그것은 천주교 신자에 대한 차별을 뜻해요. 우리 어렸을 때, 교실에서 뭐가 없어지면 '아! 저 천주교 신자 짓!'이라고 말하곤 했지요."

내가 히라도에 간다는 것을 알게 된 나가사키 출신자가 그렇게 가르쳐주었다. 솔직히 말해서 나는 고무기 님의 일도, 히라도에서 천주교 신자가 차별받아 왔다는 것도 몰랐다. 천주교 신자가 박해를 당하는 것은 먼 옛날이야기인 줄로만 알았다.
"교실에서 뭐가 없어지면"이라는 이야기는 내가 초·중·고 시절에도 조선학생으로서 겪었던 것과 같은 좋지 않은 경험을 연상시켰다. 쓸쓸한 기억을 떠올리게 하는 이야기지만, 그렇다고 해도 아직 천주교인 차별이 남아 있단 말인가?

히라도는 '역사와 로망의 섬'이라는 문구가 내걸어진 서쪽 일본

유수의 관광지이다. 이 땅은 이른 시기에 유럽과 통상관계를 가진 덕택에 그 유적이 존재하고 있어, 지금은 그것이 관광객을 유치하는 볼거리가 되었다. 지리적으로 중국이나 조선과 가깝기 때문에 옛날부터 그쪽과 교류가 있었을 것이다. 역사에는 해적 마쓰라당(松浦党)의 왜구로 히라도의 인물이 보인다. 더구나 여기는 임진왜란이 남긴 흔적도 짙은 곳이다.

임진왜란 당시 영주 마쓰라 시게노부(松浦鎮信)는 3천 명의 병사를 이끌고 고니시 유키나가(小西行長) 밑의 부대로 조선에 쳐들어가, 조선인 100명 이상을 연행했다고 한다. 영주 마쓰라 시게노부의 후손 마쓰라 세이잔(松浦静山)이 에도시대에 쓴 『갓시야화(甲子夜話)』에는 이러한 이야기가 있다.

"우리 성하마을에도 고라이마치(高麗町)라는 어떤 사람들이 모여 사는 곳이 있다. 이 사람들은 시게노부공이 조선에 출병했을 때, 잡아 데려온 많은 포로들의 후손이다. 이들은 다른 일족과 결혼하지 않고 외국을 천하게 본다. 그런데 세월이 흘러감에 따라 그 손자들이 그것을 싫어하고, 점점 그 범위를 벗어나 우리나라 사람들과 섞였고 드디어 조선 혈통이 끊겨졌지만, 이름만 고라

히라도시 네지시에 있는 '고무기님' 묘지 안내판

이마치라 부른다.”

고라이마치는 히라도 시내 중심가를 조금 벗어난 곳에 있었다. 시내로 가는 버스길을 거슬러 올라가면 길가에 ‘고라이마치’라는 표지석이 있었다. 그 석비에는 “1598년 정월(正月) 히라도 번주 마쓰라 시게노부공이 조선에서 귀국할 때, 거관(巨關) 외 수십 명을 데려와 이 땅에 거주시켜 도자기 제작에 종사시켰다. 이것이 히라도야기(平戸焼)의 발상이고, 고라이마치의 기원이다”라고 새겨져 있었다.

거관의 거(巨)자가 잘못해서 신(臣)자로 되어 있었던 것은 그냥 그렇다고 하고, 이 표지석으로 보아 이 근처에 조선인 마을이 있었다는 것을 알 수 있었다. 버스길을 벗어나, 샛길에 들어가니 ‘고라이마치 공민관(高麗町公民館)’의 간판을 건 목조 건물이 보였다. 이것으로 볼 때, 현재의 행정지명에는 ‘고라이마치’라는 표기가 없어졌지만, 지금도 그 이름은 통칭으로서 편하게 사용되는 것 같다.

히라도야기(平戸焼き)라 알려진 도자기를 처음 만든 조선인 도공과 마찬가지로 ‘고무기 님’도 잡혀온 한 사람이었다. 그녀의 묘가 있다고 하는 사이쿄지(最敎寺)라는 절에도 들러봤다. 이 절은 고보대사(弘法大師: 홍법대사)[125]가 창건한 것이며, 일본 서쪽의 고야산(高野山)[126]이라 부르는 웅장한 절이다. 또한 번주의 묘를 모시

----

125 공해(空海)라고도 하여지는 고승. 일본 진언종(眞言宗)의 개조.(774년~835년)
126 일본 불교, 진언종의 총본산.

는 절이기도 하다. 이 절의 깊은 곳에 역대 영주의 묘가 줄지어 있고, 그 안에 마쓰라 시게노부의 묘가 있었다. 그러나 고무기 님 묘는 표지도 없고 찾을 수가 없었다.

절을 나가려다 관광 온 단체가 영보관(靈宝舘)이라고 하는 전시관에 들어가려고 해서, 나도 같이 섞여 들어갔다. 지금 생각하면 그곳에 무엇이 있었는지 전혀 기억이 나지 않는다. 다만 하나의 불화가 생각이 난다. 세로 약 3미터, 가로 약 2미터 반 정도의 커다란 불열반도(仏涅槃圖)였다. 참으로 화려한 그림으로 중요문화재로 지정되어 있었다. 그 유래에 관해서는 '조선에서 청래(請来)한 것'이라는 간단한 설명밖에 없었다. 이 설명문으로는 너무나 부족했다. 정확하게는 '조선출병 당시 마쓰라 시게노부가 조선에서 약탈하고, 이를 관계 깊은 이 절에 기증한 것'이라 해야 할 것이다.

고무기 님의 묘라고 알려진 것이 이 섬에 한 곳 더 있다고 한다. 그곳은 네지시(根獅子)라고 하고, 히라도시에서 버스를 타고 남쪽으로 한 시간 정도 내려간 곳이었다. 여기는 '천주교 신자의 땅'으로 유명한 곳이다. 네지시에 도착해서 그녀의 묘를 찾아가는 길에, 길을 알려준 아주머니에게 "여기는 천주교 신자의 마을이라네요"라고 아무 생각 없이 말해버렸다. 그분은 "그들은 일부일 뿐입니다"라고 얼굴을 조금 찡그리면서 말했다. 역시 지금도 차별이 존재하는 것 같은 느낌이 들었다.

고무기 님의 묘는 아름다운 백사장 해변을 앞에 둔 높은 언덕에 있었다. 묘는 큰 것과 작은 것 두 개였다. 묘석은 없고 흙을 올려 그것을 돌로 네모지게 둘러싸고 있는 독특한 묘였다. 여기에 '고무기 님의 묘'라는 표시판이 없었으면, 이것이 그 묘인지 알 수 없었을 것이다. 그 표시판에는 "히데요시공 조선출병 시 시게노부공이 적의 땅 조선에서 순찰 도중, 밀밭(小麦畑)에서 한 관녀(宮娘)를 찾았다. 그녀는 대단히 마음씨가 좋고 미인이었으므로 개선 시 히라도에 데리고 왔다."고 쓰여 있다.

나중에 알게 되었는데 네지시에 고무기 님의 묘가 있는 이유는, 그곳이 그녀가 낳은 아들 마쓰라 구란도(松浦蔵人)의 영토였기 때문이다. 영주인 마쓰라 시게노부가 죽은 후, 고무기 님은 불문에 들어가 남은 인생을 네지시에서 지내다가 간에이(寛永) 6년(1629년)에 생을 마감했다. 두 기의 묘 중, 작은 묘는 마쓰라 구란도 부인의 묘라고 한다.

임진왜란으로 잡혀온 여자가 대명(大名)[127]의 소실이 된 것은 드문 이야기다. 또 그녀가 낳은 아들 마쓰라 구란도는 서자이지만 영주의 둘째 아들이었기 때문에 3천석을 받는 필등가로(筆頭家老) 직을 맡았다. 그는 니시구치(西口) 마쓰라 집의 시조로, 그 후손들이 계속 대를 이어가고 있다고 한다.

히라도에서 고무기 님 이야기는 임진왜란과 관련해서 꼭 등장

---

127 일반적으로 에도시대, 즉 17세기 이후 1만 석(1万石) 이상의 영토를 받은 무사로 번주(藩主)라고 함.

하는 이야기인데, 여기에서는 고무기 님의 본명을 '가쿠세이'라고 보고 있다. 한자로는 '廓淸' 아니면 '加久世伊'라고 표기한다. 나도 처음엔 이것을 그냥 믿고 성이 곽(郭)씨고 이름이 청(淸)인가 했다. 그러나 본인이 원하지도 않은 채 잡혀온 여성이, 그것도 신분이 높은 여성이 이름을 밝힌 사례는 거의 없다. 그것이 마음에 걸려 히라도의 '마쓰라 사료박물관(松浦史料博物館)'을 찾아 자료 원본을 확인해 봤다. 과연 그녀의 이름은 'かくせい(가쿠세이)'라는 히라가나표기로 쓰여 있었다. 한자는 역시 후대의 음에 맞춰 붙인 것이었다. 그러면 '가쿠세이'라는 것이 도대체 무엇을 뜻하는 것인가?

『야마구치현 지방사연구(山口縣地方史硏究)』에 '고려사지사(高麗詞之事)'가 소개되어 있는데, 그 내용을 보니 역시 '가쿠세이'는 그녀의 이름이 아닌 것을 알았다. '고려사지사'는 임진왜란 당시 일본군이 사용한 일한회화사전과 같은 것이다. 368개의 단어와 간단한 문장이 실려 있다. 그중 하나에 "아름다운 여자를 데리고 와라"라는 일본어에는 조선어를 가타카나로 쓴 "コブン　カクセイ　トボラヲキヨ"라는 말로 맞추고 있다. 'コブン(고분)'은 '고운'이며 아름답다는 뜻이고, 'トボラ(도보라)' 즉 '더불어'는 함께라는 뜻, 'ヲキヨ(오요)'는 '와라'라는 뜻이다. 즉 아름다운 'カクセイ(가쿠세이)'를 데려오라는 의미가 된다. 조선을 침략한 무사의 장군들은 조선 각지의 백성들 중 아름다운 여자 사냥에 협조하라고 명령했던 것에 틀림없다. 문제는 '가쿠세이'인데, 이건 한국어의 '각시'가 아닐까 생각한다. 현재 '각시'는 시집 온 새색시를 뜻하지만 옛날

에는 '젊은 여성'이나 '고위층 여성'의 뜻이 있었다고 한다. 즉 '가쿠세이'는 '각시'가 변한 말일 것이다.

또한 이 '가쿠세이'라는 말과 쌍으로 사용되는 말로 'テルマ(데루마)'라는 말이 많이 나온다. 승려 교넨(慶念)이 쓴『조선일일기(朝鮮日日記)』나, 사쓰마(薩摩)와 아리타(有田)의 연행기록 속에 그 말이 나온다. 그러나『고려사지사』에는 그 말에 대한 번역이 없다. 연구자 나이토 슌포(内藤雋輔) 씨는 이것을 '데루마(照る間)' 즉 '햇살이 나오는 시간'이라고 임시 번역(仮訳)하는 것으로 넘어갔다. 아리타의 향토자료『아리타초사(有田町史)』에서는 '의미 불명'이라고 했다. 그러나 나는 '데루마'는 한국어의 '젊은이' '사나이' '청년'이라 생각한다. 당시는 조선어의 음 그대로 일본의 문서로 옮겨졌다. 차음에는 의미가 통했어도 시간의 흐름에 따라 점차 그 뜻을 모르게 되었을 것이다. 이야기가 옆으로 빗나갔지만, 임진왜란에서 잡힌 여성 중 본명이 확실한 예는 거의 없다. 내 추측이지만 양반이라 하는 상류계층의 여성이라면 어렸을 때부터 유교의 훈도를 받았을 것이다. 그래서 일본 무사보다 더 강하게 수치심을 가지고 있었을 것으로 보인다. 그녀도 그러한 사람이었다고 생각된다.

25. 웅천을 옮긴 동네

―나가사키현 사세보시(長崎県佐世保市)
  옛 지명 히젠(肥前)

  히라도(平戸)의 나카노(中野)에서 도기(陶器)를 제작했던 거관
(巨関)을 비롯한 도공들은 보다 좋은 흙을 찾아 옮겨 살았다. 그들
이 마지막 가마를 열게 된 곳이 같은 영토 내에 있는 사세보(佐世
保)의 미카와치(三川內)였다. 겐나(元和) 8년(1622년) 미쓰타게(三
ッ岳)에서 백자 흙을 발견했기 때문이다. 히라도구치(平戸口)에서
마쓰우라선(松浦線)을 타다가 하아키(早岐)에서 갈아타고, 무인역
인 미카와치역에서 내렸다. 거기에서 약 2킬로미터 정도 산속으로
들어가 닿는 곳이 미카와치이다. 미카와치 사라야마(皿山)라고 하
는 그 도자기의 고장에는 버스 편이 없는 것은 아니지만, 그렇다
고 많지도 않았기에 걸어가기로 했다.

  어느 정도 걸어가다가 보통 민가에도 깨진 도자기 파편을 장식
으로 붙인 벽이 보이기 시작했다. 그야말로 '도자기의 고장'에 다
가가는 것을 느꼈다. 더 걸어가니 구불구불한 비탈길 양측에 도자
기 장인의 집이 늘어져 있었다. 생각지도 않았는데 놀랍게도 성씨
가 김씨(金氏)인 문패나 간판이 보였다. 김씨는 '가네우지'라고 읽

는다고 한다. 이 일족도 조선에서 온 도공의 후손인가보다 생각하면서 구부러진 길을 올라가니 '도소신사(陶祖神社)'라는 현판이 걸린 신사를 만났다.

입구에 세워진 도리이(鳥居)의 초석에는 '이마무라(今村)'라는 성씨만 보였다. 분명 '이마무라'성은 거관(巨関)의 후손이 영주에게 받은 성씨이다. 미카와치라는 도자기 마을이 처음 이루어졌기 때문에 성을 '이제부터(今) 마을(村)'이라 부르게 하라는 유래가 있다.

긴 계단을 끝까지 올라가니 훌륭한 비석이 있었다. 미카와치 개요기념비(三川內開窯記念碑)라는 비석이었다. 비문에는 가마가 열린 지 280년이 된 것을 기념하여 1917년에 세워졌다고 되어 있다. 역산하면 간에이(寛永) 14년(1637년), 즉 거관의 아이 산노죠(三之丞)가 미카와치에서 가마를 연 해이다.

히라도의 나카노에서 거관들이 조선식으로 바게메(捌け目)[128]나 고나히키(粉引き)[129] 등의 도기를 만들었을 때, 이삼평(李參平)[130] 등 이 일본에서 처음으로 자석(磁石)을 발견하여 자기(磁器)를 만들기 시작했다. 이들 도공에서 자극받아서 그런지, 거관들 일족도

---

128 귀얄은 풀이나 옻을 칠할 때에 쓰는 솔의 하나이다. 주로 돼지털이나 말총 등을 넓적하게 묶어 만든다. 이 귀얄을 사용하여 백토를 한 번에 분장한 15세기에 생산된 귀얄분청 사기를 '하케메(捌け目)'라 한다.

129 백토 액에 담가 전체를 희게 하는 도자기 기법, 백자 기법.

130 조선 금강(충남 공주) 출신으로 일본 도조(陶祖)가 된 도공. 사가번 번주 나베시마 나오시게(鍋島直茂)가 조선에 출병했을 때 피랍되었다.

좋은 흙을 찾다가 새로운 자석을 발견하여 백자 제작에 성공했다. 결국 미카와치에 안착할 때까지 40년이나 되는 세월이 흘렀다는 것이다. 초대 거관은 그때 이미 은퇴하고, 6년 후 구로카미산(黑髮山)에서 생을 마감했다. 향년 88세였다고 한다.

도자기의 고장 미카와치 개요기념비
(사세보시佐世保市)

거관의 손자로 도자기 명인이었다고 알려진 조엔(如猿)은 아마쿠사(天草)에서 백자석을 발견했다. 도자기 기술에 있어서도 그는 가라코에(唐子絵)라고 알려진 도안을 만들었는데, 그것이 천황이나 막부에게 보내는 진상품이 되었다. 이 가라코에는 중국의 아이(唐子)가 나비와 놀고 있는 도안이다. 이 가라코는 3인, 5인, 7인의 3종류가 있다. 3인 가라코는 백성이 써도 되고, 5인 가라코는 상급무사, 7인 가라코는 헌상가라코(獻上唐子)라 하여 번주나 황실, 막부에 올려 보낸 것이었다. 이렇듯 공이 크다 하여 그는 이 땅의 도소대명신(陶祖大明神)으로 모셔져 있다.

한편 이곳에는 '부산신사(釜山神社)'가 있다는 것을 알고 있어서 지나가는 사람에게 물어봤지만, "부산신사? 후산신사? 신사는 많은데요, 모르겠네요"라는 답이 돌아왔다. 내가 잘 기억하지 못해서 그런가 생각하면서 "혹시 가마야마신사는요?"라고 물어봤더니, 그건 바로 코앞에 있다고 금방 알려줬다. 일본사람이 아닌 한 국사람이라면 아무래도 '釜山'을 부산이라 읽었을 것이다.

가마야마신사는 미카와치의 중앙을 흐르는 작은 강을 끼고 반대 방향에 있었다. 이끼 낀 기다란 계단을 끝까지 올라가기 조금 앞에 계단 오른쪽에 신사가 있었다. 가마야마대명신(釜山大明神)이 모셔져 있었고, 그 받침돌에는 나카자토(中里) 성을 가지는 사람들의 이름이 새겨져 있었다. '도소신사(陶祖神社)'가 '이마무라' 성씨의 신사라고 하면, 이쪽은 '나카자토' 성씨의 신사라는 것이다. 이 땅은 강제로 연행된 피로인 도공들 거관 일족과 고려할머니(高麗姥) 일족이 거주했던 곳이라는 소리다. 가마야마신사의 유래를 알려주는 비가 왼쪽에 서 있었다. 높이 2미터 정도의 비석에 세로 25자, 가로 18자의 한문으로 고려할머니의 활약을 나타내고 있었다. 그 오른쪽에 있는 석주는 가마야마대명신(窯山大明神)의 비석이다.

고려할머니, 나카자토 후손 중의 한 분인 오타니(巨谷) 씨를 찾아보고자 했다. 이분은 미카와치 도자기 중에서도 국화모양의 백자를 뜨게 하는 기술을 가지고 있어, 중요인간문화재로 지정되신 분이다.

오타니 씨의 '마쓰노키안(松のき庵)'을 찾아갔다. 현관문으로 통하는 마당에 젊은 주부들이 머위의 새순을 따고 있었다. 오타니 씨가 어디 계신지 여쭤보니, 그중 한 분이 오타니 씨의 부재를 알려주었는데, 그녀가 이 집의 며느리였다. 나는 아직 그 백자의 국

화를 본 적이 없어서, 혹시 작품이 있으면 보여주시면 좋겠다고 부탁했다. 내가 만나보고 싶었던 오타니 씨는 고령으로 이제 은퇴한 입장이었지만, 현관에 작품이 몇 개 있다며 들어오라고 해주었다. 현관에 들어가니 그 국화모양의 백자가 얌전히 놓아져 있었다. 과연 그것은 참으로 아름답고 섬세한 것이었다. 문뜩 보니 치마저고리 차림의 한국인형이 그 옆에 장식되어 있었다. 나도 모르게 기뻐서 "이 인형은요?"라고 물었다. 그녀의 신랑이 한국에 갔을 때 사 온 것이라 했다.

이러한 이야기에 힘을 얻어 "나카자토 씨의 조상은 고려할머니라는 것을 알고 있는데요?"라는 말을 던졌다. 그녀는 "그래요. 매년 4월 8일에는 아까 가보셨던 비석 앞에서 나카자토의 가족 30가정 정도가 모여서 제례를 해요. 고려할머니에 관해서는 여러 가지 재미있는 이야기를 들었어요"라고 뭔지 생각난 듯 웃는다. 그 재미있는 이야기가 무엇인지 관심이 끌렸는데, 그녀는 웃기만 하고 결국 알려주지는 않았다.

미카와치의 일을 가장 잘 아는 분이 나카자토 수에타로(中里末太郎) 씨라고 하니 그분을 찾아가기로 했다. 그 나카자토 씨는 고령임에도 아주 건강하고 나가사키현 도예협회 회장을 맡는 사람이라고 한다.

나카자토 씨에 의하면, 이 땅을 연 사람은 거관이 아니라 고려할머니라고 한다. 조엔이 여기에 온 것은 고려할머니가 온 다음 10년 정도 지난 시절이라 한다. 고려할머니라 불린 이 여성은 무려 106세까지 살았다고 한다. 그녀는 조선의 웅천(熊川)에서 무당

을 했었다고 한다. 이 땅에 온 후에는 '니무네명신(ニムネ明神)'을 모셨지만, 죽음의 때가 다가오자 그녀는 이러한 유언을 남겼다고 한다. "내가 죽은 다음에는 이 사당을 태워버려라, 그때 연기가 쑥 높게 올라가면 내 영혼은 고향에 돌아갔다고 생각하고 나를 잊어버리는 것이 좋을 것이다. 반대로 그 연기가 땅에 낮게 깔릴 때는 너희들의 갈 길을 내가 지켜보고 있다고 생각해라"라고 말했다. 자손들은 유언대로 그 묘를 태웠는데, 그 연기가 땅에 낮게 깔렸다고 한다. 마을 사람들은 그것을 보고 하치만궁(八幡宮)의 한 구석에 그녀를 모시는 신사를 세우고, 열심히 도자기 제작에 힘썼다고 한다. '니무네명신'이라는 것은 고려도자기 가마신, 즉 산신(山神)이라 하고, 웅천명신(熊川明神)은 조선의 웅천의 신을 옮겨 모신 것이라 한다. 그녀는 가까이 흘러가는 강을 웅천이라 부를 정도로 고향 웅천을 그리워했다고 한다.

두 번이나 한국을 방문하여 경남 부산 서쪽에 있는 창원시 진해의 웅천을 찾아갔다는 나카자토 씨는 이렇게 말했다. "웅천이라는 곳은 마을이라기보다 몇 가구 안 사는 자그마한 동네더군요. 그 마을의 뒤에는 높은 산이 있고 봄과 가을에는 신이 옮긴다는 행사가 있었다네요. 우리 조상 고려할머니는 거기에서 무당을 했던 것 같아요."

"4월 8일 가마야마신사의 제사에서는 나카자토 집의 대표가 20-30명이 모입니다. 옛날에는 '고려떡'을 올리곤 했습니다." 그 관습이 가고시마현의 미야마(美山)에서도 전에는 있었다고 내가 말하니 나카자토 씨는 놀랐다. 그는 "여기서는 경단형이 아니라 마른모의 형태로 만들었는데, 다른 지역에서 시집오는 사람이 늘어나며 어느샌가 이것을 만들 수 있는 사람도 없어진 것 같아요."
라고 아쉬워했다.

　이러한 이야기를 들은 다음 고려할머니의 묘가 있다는 묘지를
안내받았다. 그 묘는 높이가 무려 3미터에 육박해 다른 묘들을 압
도하고 있었다. 이 묘의 크기만 봐도 고려할머니가 마을사람들에
게 얼마나 존경을 받았던 존재였는지 쉽게 추측할 수 있었다.

　도자기 제작은 혼자만의 힘으로 할 수 있는 것이 아니라 많은
도공과 그 주변 사람들의 도움을 필요로 하는 작업이다. 고려할머
니는 조선에서 무당이었지 도공이 아니었던 모양이다. 그러나 일
본에 온 후 시이노미네(椎の峰)의 도공인 나카자토 씨에게 시집을
갔고, 남편과 사별한 후, 여성임에도 불구하고 대단한 통솔력을
발휘하여 일족을 이끌었을 것이다. 『이마무라집 옛날 그대로(今村
家昔の儘)』에 의하면, 고려할머니는 어렸을 때 거관들과 함께 히라
도에 연행된 후 시이노미네에 옮겼다. 그녀는 과부로 살았기 때문
에 나카자토 시게자에몬(中里茂左衛門)이 양자로 들어가 나중에
미카와치에 왔다고 기록되어 있다.

　"서울에서 인터뷰를 받았을 때도 이렇게 말했는데요. 고려할머
니는 혼자 일본에 왔는데, 의지할 데도 없이 과부가 되었음에도,
그때까지 일본에 없었던 최신 산업을 일으킨 것입니다." 나카자토
씨는 자랑스럽게 말했다.

26. 가규 가마(臥牛窯)

―나가사키현 기하라(長崎県木原)
옛 지명 히젠(肥前)

　미카와치(三川内) 사라야마(皿山)의 마지막 버스정류장 가미미카와치(上三川内)에서 버스를 기다리고 있었을 때, 기하라(木原)행 버스가 왔다. 기하라라고 하면, 그곳은 혹시 김구영(金久永)과 관련이 있는 기하라산(木原山)이 아닐까하는 생각이 문득 떠올라 그 버스에 뛰어 올라탔다. 기하라도 미카와치와 마찬가지로 국도35호선에서 2킬로미터 정도 산 쪽으로 들어간 곳에 있었다.

　마지막 정류장에서 내리니 역시 도자기를 굽는 가마가 보였다. 하지만 그것은 모두 아리타 도자기(有田焼)와 같은 것이었다. 아리타 도자기를 보러 여기에 온 것이 아니었기 때문에 실망했다. 그래도 여기가 도자기 마을이라면 미카와치처럼 도자기와 관련된 신사 같은 것이 꼭 있을 것이다. 아니면 김구영을 모시는 사당 정도는 있을 것이라 생각하고 사람들에게 물어봤다. 역시 추측한 대로 높은 언덕에 있는 광장구석에 '스에야마신사(陶山神社)'가 있었다. 그런데 이름만 신사지, 신사라기보다는 그냥 사당이라고 해야 할 정도였다. 2미터 정도로 쌓여진 받침돌 위에 '스에야마신사'라 쓰인 아주 작은 사당이 있을 뿐이었다.

도자기의 조상 김구영을 모시기에는 너무나 간소하게 보였다. 단순히 도자기마을의 수호신에 지나지 않은 것인지도 모르겠다. 실망하여 길을 돌아 걸어가다 아리타 도자기가 아니라, 도기(陶器)를 햇빛으로 말리는 사람을 만났다. 검은 추리닝을 입고 작업하고 있어서 그냥 기술자라 생각하여 가벼운 마음으로 말을 걸었다. "여기가 기하라라고 하는데도 아리타 도자기밖에 없네요, 이 땅에서 도자기 가마를

13대째 요코이시 가큐씨

연 사람이 김구영이 아니었나요?" 그 사람은 "우리 집에서는 아리타가 아니라 도기(陶器)를 만듭니다. 그리고 여기는 확실히 김구영과 인연 있는 땅입니다. 저도 그 후손 중 하나입니다"라고 했다. 생각하지도 않았던 대답을 듣고 속으로 엄청 당황했다. 이름을 물어보니, 성이 요코이시(橫石)라고 한다. 분명 요코이시 성은 김구영의 아들, 혹은 제자의 성이 아니었을까? 하긴 내려가는 길에 보던 집들의 문패에 요코이시 성이 많았다. 그가 말하기를 이 마을에만도 요코이시 성의 집이 40채나 있다고 한다.

추리닝의 간편한 옷차림만 보고 난 그냥 일하는 사람이라 생각했는데, 이야기를 나눠보니 말투나 태도에 품위가 있었고, 그냥 기술자가 아닌 것 같아 보였다. 문득 뒤를 돌아보니 작업장 간판에 '가규가마(臥牛窯)'라고 쓰여 있었다. 그제야 깨달았다. 이 요코

이시 씨가 바로 나가사키현 무형문화재인 13대 가규가마의 주인이었던 것이다. 널리 알려져 높이 평가받는 것은 알고 있지만 직접 작품을 본 적이 없었다. 전시실을 구경을 부탁드려 허락을 받았다. 그 도기는 적갈색 계통의 색을 기본으로 하게메(刷毛目) 모양을 장식한 다음에 백로(白鷺)를 상감(象嵌)처리한 것이다. 도기는 언뜻 간소하게 보이는데도, 그 작품 속에는 현대적인 감각을 느낄 수 있었다. 나 같은 문외한이 작품을 좋다 나쁘다 설명할 수는 없지만 그 디자인은 마음에 쏙 들었다.

가규가마의 도기는 우쓰쓰가와야키(現川燒)의 기술을 계승하여 만들어진다고 한다. 실은 전승이 되었다기보다 우쓰쓰가와야키는 요코이시 산자에몬(横石佐三衛門)이라는 사람이 창시했다고 들은 적이 있다. 우쓰쓰가와야키는 17세기 말경 나가사키시의 북서지방 우쓰쓰가와(現川)라는 곳에서 만들어졌다. 한때 규슈 최고의 명인의 작품이라는 평을 받기도 했었지만, 어느새 사라져 버렸다. 그것을 13대 가규가마의 선대가 부흥시킨 것이라고 한다. 다만, 역사적인 변천을 떠나서 '우쓰쓰가와'라는 말의 소리가 나의 귀에 아름다운 시처럼 들렸다.

그런데 그 우쓰쓰가와에는 가슴을 찡하게 하는 전설이 남아 있다. 그것은 가마관음(窯觀音) 전설이다. 우쓰쓰가와에 처음 가마가 열렸을 무렵, 상관이라는 젊은 조선인 도공이 있었다. 그가 마을의 아름다운 아가씨랑 서로 사랑하게 되었는데 그녀에게는 이미 약혼자가 있었다. 이것을 알게 된 약혼자의 부모가 상관을 때려 죽였다는 것이다. 그때 모든 가마도 부숴버려서 도기제작도 끊겨 버렸다고 한다. 그 가마터에 상관의 영혼을 위로하기 위해 세워진 것이 지금도 있는 가마관음이란다. 또 다른 이야기에 의하면, 이 조선 젊은이의 모델이 요코이시 씨 조상이라는 말도 있다.

가규(臥牛)씨가 한국을 방문했단 이야기를 들려주었다. 경상도 여러 곳을 돌아다니면서 지금도 그곳에 남아 있는 가마를 볼 때마다 "우리 조상도 여기서 이렇게 도자기를 만들었던 것인가 생각해서 가슴이 찡하다"고 말했다.

몇 번인가 한국에 갔을 때, 한국의 젊은이가 일본의 가마에서 배울 기회를 열어달라는 부탁을 받아 승낙했고, 그들을 받아들이기 위해 애썼지만 결국 실현되지 못한 것이 아쉽다고 말했다. 이러한 이야기를 듣고 있는 사이에도 손님이 자꾸 오셨다. 떠나기가 아쉬웠지만 가야 할 것 같았다. 헤어지기 전, 김구영의 묘가 어디에 있는지 물어봤다. 그 묘는 가규가마의 옆길을 북쪽으로 똑바로 1킬로미터쯤 가면 되고, 묘의 표시는 커다란 나무라고 한다. "스에야마신사도 찾을 수 있었다면, 그 묘 정도는 쉽게 찾을 수 있을 거예요."라는 격려를 받았다.

가르쳐 준 대로 똑바로 가니 묘지가 보였다. 그 묘에는 과연 오래된 큰 나무가 있고, 그 밑으로 도조(陶祖) 김구영의 묘가 있었다. 높이 1미터 정도인 그 묘석에는 그냥 '종금, 묘영(宗金, 妙永)'이라는 이름이 새겨져 있었다. 종금은 김구영의 법명(法名)이다. 죠오년간(承応年間:1652년~1655년) 사이에 110세로 생을 마감했다고 한다. 이 인물도 나가사키 히라도의 영주 마쓰라 시게노부(松浦鎭信)에게 일본으로 잡혀온 도공이었다. 그는 평생 김구영의 이름 외에는 그 어떤 이름도 사용하지 않았다고 한다. 묘석은 오래된 나무 때문에 약 45도쯤 기울어 있는 상태였다. 묘석을 만져봤지만 아직도 튼튼하고 무너질 우려는 없어 보였다. 김구영 부부의 묘가 세워졌을 때 그 옆에 심어진 나무가 지금은 이렇게 굵고 커져 비석을 크게 기울어지게 만든 모습을 보니, 참으로 400년의 긴 세월을 느끼기에 충분했다.

규슈의 어느 곳에서 어떤 사람이 "내 조상은 조선인일 리 없다!"라고 내게 화를 낸 적이 있다. 그리고 그는 "내 조상을 밝히지 말라"고 말했다. 나는 '밝힌다'는 말에 충격을 받았다. 그는 그 지역의 의원이었다. 나에게는 자랑스러운 일임에도, 그 사람에게는 곤란한 일이였던 것 같다. 그러나 헤어질 때, 그 사람은 "나랑 같은 성씨를 가진 사람이 다른 현에 두 집이 있다."고 불쑥 말했다.

나는 규슈의 모든 전화번호부를 찾아봤다. 그 사람이 말하는 것이 사실이었다. 그 사람도 실은 자신의 뿌리가 마음에 걸렸던 것이다.

그러한 무거운 마음의 기억이 가슴에 남아 있는 나에게 가규 씨는 "저도 그 후손 중 하나입니다."라고 자연스럽고 시원하게 말했다. 한낱 지나가는 여행자인 나에게. 그 말 덕분에 나는 다시 힘이 나는 것 같았다.

묘지에서 동쪽을 보니 가마터가 눈에 들어왔다. 김구영 일족들이 이 땅에 와서 처음으로 연 요시노모토 가마(葭の本窯)였다. 게이초 8년(1603년)의 일이다. 길이 37미터, 폭이 3미터나 되는 상당히 큰 가마다.

이 기하라산의 요시노모토(萩の本)라는 곳이 당시 도공의 성지였던 것으로 보인다. 먼저 내가 찾아간 마카와치야기(三川内燒) 초대 거관과 그 아들인 산노조(三之丞)가 히라도의 나카노가마(中野窯) 다음에 가마를 연 곳이 여기 요시노모토였다. 히데요시 전속(專屬) 도공으로서 유명한 다카하라 고로시치(高原五郎七)도 여기를 찾아왔다고 한다. 그 시절, 가규 씨의 조상도 이곳에서 함께 도기제작에 힘썼을지 모른다.

요시노모토가마에서 국도로 나가니 버스정류장을 만났는데, 이름이 '현경(縣境)'이었다. 여기가 바로 나가사키현(長崎県)과 사가현(佐賀県)의 현 경계인 것을 알았다. 동쪽으로 가면 사가현의 아리타, 서쪽에 가면 하사미(波佐見)다. 어느 쪽으로 갈까 생각하다가, 기하라에서 생각지도 않은 기쁜 만남을 떠올리며. 이우경(李祐慶)[131]이 가마를 연 하사미로 발길을 향하기로 했다.

---

131 임진왜란 때, 납치된 조선인 도공 중, 이삼평(李参平)은 사가현(佐賀県) 아리타(有田)에 가마를 열어, 오늘날 아리타 도지기의 도조(陶祖)기 되었다. 이우경(李祐慶)은 이 하사미도자기(波佐見焼)의 도조가 되었다. 이우경은 1598년 전라남도 순천에서 끌려간 것으로 알려져 있다.

27. 출병의 전전기지

—사가현 가라쓰시(佐賀県唐津市)
옛 지명 히젠(肥前)

  조선과 일본의 사이에는 상징적인 땅이 몇 군데가 있는데, 여기
도 그중 한 곳이다. 규슈에 간다면 역시 이곳부터 조선출병을 따
라가는 여행을 시작하자고 생각하긴 했다. 그러나 좀처럼 발길이
가지 않던 곳이다. 나고야(名護屋)라는 말만 들어도 먼저 생리적
인 혐오가 밀려왔기 때문이다. '나고야성터입구(名護屋城址入口)'
라는 정류장에서 내려더니, 이미 그곳은 성내였다. 가장 높은 성
의 중심이었던 혼마루터(本丸跡)와도 의외로 가까웠다. 성이 쌓
여진 이 산은 높이가 불과 80미터라고 하지만, 지금은 남아 있지
않은 덴슈카쿠(天守閣)터에서 북쪽 겐카이나다(玄界灘, 현해탄)
의 바다를 바라보면, 참으로 웅대한 경관을 조망할 수 있다. 발밑
에 가까이 보이는 곳은 하도곶(波戸岬)으로, 좌우에 보이는 항구는
나고야항(名護屋港)과 요비코항(呼子港)이다. 하도곶 쪽으로 멀리
보면, 가카라섬(加唐島) 이키섬(壱岐島), 그리고 더 멀리에는 쓰시
마(対馬)와 조선반도가 있다.
  그 방향을 바라보고 있다가 발밑에 비석 하나가 눈에 들었다.

'다아코(太閤)[132]가 노려본 바다의 안개야(太閤が眠みし海の霞かな)'라는 아오키 겟토(靑木月斗)의 하이쿠(俳句)[133]가 새겨져 있었다. 여기에 오면 원하든 원하지 않던 이 비석을 보게 되어 있다.

포르투갈 선교사 프로이스는 축성하기 전 이 땅의 모습을 이렇게 적었다.

"그 땅은 벽지이고, 사람이 살기에 적합하지 않다. 단순히 식량 문제뿐만 아니라 사업을 수행할 때의 필수품이 빠져 있다. 산이 많은 데다 한 쪽은 늪지대이다. 모든 면에서 사람의 손이 가지 않은 황무지다."

그런데 16세기 말, 히데요시가 일본 전국을 통일하자 전부터 마음속에 품고 있던 대륙침략을 실행하기 위해 이 땅에 성을 쌓았다. 일본 전국에서 30만 명이나 되는 무리를 모아, 7년 동안을 걸쳐 이곳을 조선침략의 전전기지로 삼았다. 당시는 아래에 보이는 항구나 바다 위에 군선이 북적거렸을 것이다. 육지에는 하도곳까지 전국에서 동원한 영주들의 깃발이 펄럭이면서 10만 명 이상이 사는 대도시가 형성되었다고 한다. 그러나 지금은 프로이스가 적었던 모습으로 다시 돌아온 것 같다.

----

132 도요토미 히데요시(豊臣秀吉)를 뜻함.
133 일본 독특한 시(詩)의 장르. 5·7·5의 17음(音)형식.

나고야성터(名護屋城址) 성북에 세워진
아오키 겟토의 구비(句碑)

아무도 없던 덴슈
카쿠 터에 가이드가
이끄는 단체관광객
들이 들어왔다. 어떤
설명을 하는지 듣고
싶었지만, 그 가이드
는 "20분 후 버스로
돌아오세요."라는 말
만 남기고 가버렸다.

사람들은 북쪽에서 부르는 찬바람을 참을 수 없었던지, 20분은커
녕 5분도 지나기 전에 모두 내려가 버렸다. 맥이 빠졌지만 오히려
안도했다. 만약 가이드가 조선쪽 바다를 바라보면서 "옛날 히데요
시가 대륙 웅비의 꿈을…"과 같은 설명을 했다면, 듣기가 힘들었
을 것이다.

현재는 성터 한쪽에서 역사에 대한 반성에서 비롯한 현립나고
야성지박물관(縣立名護屋城跡博物館)이 생겨 한일문화 교류활동을
활발히 하고 있다. 이곳에서 동쪽으로 위치하는 가라쓰성(唐津城)
은 원래 나고야성을 해체하여 만든 것이라고 한다. 가라쓰는 음
그대로 원래 가라(韓)에 갈 항구(津), 아니면 가라에서 들어오는
항구였다. 가라쓰에서 멀리 보이는 가시와섬(神集島)은 옛날에 고
마섬(狛島)이었다. 그런데 한자가 가시와섬(柏島)으로 잘못 표기
되었다. 에도시대의 국학파가 섬의 이름을 가시와섬(神集島)으로
바꿔 버린 것이다.

가라쓰역에서 10분 정도 걸어서 있는 나카마치(中町)라는 곳에
는 드문 이름을 가진 절이 있다. 후산카이(釜山海) 고토쿠지(高德
寺)라는 절이다. 사람이 많이 사는 지역에 있으므로 터는 넓지 않
지만, 현대적인 분위기를 지니고 있는 절이다. 역의 관광안내소에
서 받은 책자에 절의 이름이 안 보이는 것을 보면 관광지가 아닌
것 같다. 절은 반드시 'ㅇㅇ산'이라는 산 이름, 즉 산호(山号)를 붙
이는 것이 보통인데, 산호가 'ㅇㅇ해'로 되어 있는 절은 아마 일본
에서 후산카이 고토쿠지 이곳뿐이 아닐까 생각한다. 게다가 산호
가 조선반도 입구인 부산(釜山)이라니, 왜 한국의 지명을 붙인 것
인가? 이 절의 주지스님이었던 오쿠무라 엔신(奥村円心)이 『조선
국포교일지(朝鮮国布教日誌)』(1877년)에 그 유래를 기록했다.

　"이 절을 연 조신(浄信)은 원래 오와리(尾張)[134] 오다(織田)의 부
하 오쿠무라 가몬(奥村掃部)이라 한다. 그는 무사를 그만둔 후 승
려가 되어, 교토의 혼간지(本願寺)에서 조선포교의 명을 받아 부
산에서 포교활동을 했다. 절을 하나 세워, 그 이름을 고토쿠지(高
德寺)라고 지었다. 덴쇼 19년(1591년) 조선출병의 움직임에 있어,
히데요시의 명으로 일본에 귀국했다. 익년 분로쿠 원년(1592년)
히데요시가 조선 사정을 문의해, 동년 조선출병에 종군하게 되었
다. 바다를 건너 조선에서 전사자를 위령하다가 게이초 원년(1596
년)에 일단 일본으로 돌아갔다. 게이초 3년(1598년) 다시 조선에
건너가려고 가라쓰까지 왔는데, 조선 도해가 금지되었다. 그는 교

---

134 아이치현(愛知県) 서부의 옛 지명.

토로 돌아가려고 했지만, 가라쓰의 영주 데라자와 시마노카미(寺澤志摩守)가 이 땅에 머물러 달라고 간절하게 요청했다. 이 절은 히데요시로부터 '부산해'라는 산호를 하사받았다."

위의 문장이 이해하기 어려운 부분도 있지만, 대강의 사정은 이해할 수 있었다. 당시 스님이 조선에 건너가려면 사절이나 통역, 아니면 전사자 위령인데 포교 때문에 갔다는 것은 드문 예이다. 그러나 결국 히데요시 때문에 스파이 역할을 하게 되었다는 것이다.

한편 에도시대 말기에 이 절의 주지를 맡은 료칸(了寬)은 근황파(勤王派)[135]로서 활약한 사람이다. 애국부인회를 창립한 여장군 오쿠무라 이오코(奧村五百子)는 그의 큰딸이다. 오쿠무라 엔신도 옛날에 고토쿠지가 조선에 있었다는 인연을 느껴서 그런지 메이지 10년(1877년) 포교를 위해 조선으로 떠났다. 즉 고토쿠지는 임진왜란과 일제강점기에도 일관되게 일본의 척후병으로서 움직이게 되었다는 이야기다.

정유재란 시, 새롭게 영주가 된 데라자와 시마노카미가 조선에 출병하고, 그때 수십 명의 피로인을 연행해 왔다. 조선에서 연행된 도공들이 이 땅의 도자기 사업을 부흥시켰다. 가라쓰 남쪽에 있는 시이노미네(椎ノ峰)는 도자기 사업의 중심지가 되었지만, 시이노미네에서 활약한 도공들이나, 호소카와(細川) 씨의 영토인 고

---

135 에도막부시대 말기 나가사키 등에 들어온 외국의 사상이나 정보는 많은 사람들에게 영향을 미치고 있었다. 변화를 시도하는 시대의 세찬 파도 정권을 천황 쪽으로 되찾아 오려는 근황파와 도쿠가와 막부를 지켜가려는 좌막파(佐幕派)가 심하게 대립.

쿠라(小倉)의 도공 아가노 기조(上野喜蔵)들도 여기 가라쓰에 상륙한 사람들이다. 그러나 이곳에 내려온 사람은 도공뿐이 아니었다.

『가라쓰촌사(唐津村史)』에 의하면, "히데요시공의 명으로 출병한 조선에서 돌아올 때, 그 땅에서 데려온 조선인을 이 땅 도진마치(唐人町)에 거주시켰다. 부하인 오니헤이(鬼平)라는 사람에게 감독을 맡겨 직물업에 종사시켰다. 에도시대에 이르러 직물업은 크게 발달하여 에도초(江戸苧), 가라쓰시마(唐津紫麻)의 이름으로 세상에 알려졌다."라고 되어 있다.

에도 중기 가라쓰번의 무사 기자키 유유켄(木崎悠々軒)이 그림과 함께 기록한 『히젠국물산회도(肥前国物産絵図)』에도 그 모습이 생생하게 묘사되어 있다. 이 작업의 마지막 과정은 강물에 직물을 빠는 것이다. 당시는 동네를 관통하여 흐르는 마치다강(町田川)에서 행해졌는데, 도진마치도 마치다강의 강가에 있었다. 그러나 옛날 히젠(肥前) 가라쓰의 명산품이라 불렸던 '가라쓰시마'는, 현재 가라쓰의 도자기가 전통사업으로서 남아 있는 데 반해, 아쉽지만 그 흔적조차 남아 있지 않다.

"오히려 조선에서 온 것으로 주물(鋳物)이 있었던 것이 아닐까 생각합니다. 지금의 마치다초 즉 옛날의 도진마치에 가나야(金谷)라고 불리던 곳이 있어서, 거기에서는 주물업이 성했습니다. 주물은 조선이 더 잘하는 선진기술이었기 때문이에요."

『히젠국물산회도』를 보여준 향토사가가 생각지도 않았던 이야기를 하기에 나는 당황했다. 가나야라는 곳은 에도시대말기 대포를 제조하기 위해 반사로(反射炉)[136]가 만들어졌기 때문에 가나야라고 한다고 들었지만, 그 이전부터 그 지명이 있었다는 얘기다.

『히젠국물산회도』에는 가라쓰시마 등의 직물이나 가라쓰야기(唐津焼) 등의 도자기에 대해서는 당연하고, '한토도래(韓土渡来)' 선향(線香)[137]에 관해서도 자세히 쓰여 있다. 선향제조법은 고니시 유키나가(小西行長)의 아버지이었던 무역상 고니시 류사(小西隆左)가 조선에서 습득하여 일본 서쪽지방으로 가져온 것이다. 오사카 사카이시(堺市)에서 난카이전차(南海電車)를 탔을 때, 그 유래가 소개된 열차 광고를 본 적이 있다. 현재 사카이시와 바다를 낀 건너편의 아와지시마(淡路島)가 일본 선향 제조의 본고장이다.

피로인이 들여온 직물인 '가라쓰시마'는 만날 수 없었지만, 옛날에 도진마치라 불린 동네를 걸어봤다. 그것은 현재 마치다초 5초메(丁目)[138] 부근이고, 가라쓰역의 동쪽으로 자리한다. 마치다강에 가설된 작은 다리를 건너면 바로 '여기는 도진마치'라고 쓰인 오래된 나무 표시판이 눈에 들어온다. 최근까지 그 이름으로 통했던 것 같다. 이 주변에는 조용한 주택지이고, 새로운 집들이 계속 지어져 있었다. 전봇대를 보니 주물제조가 성했다는 가나야지구의 표지가 보였다. 이 지명도 행정구역에서는 살아져도 통칭으로 남아 있다는 것을 알 수 있다.

----

136 광석의 제련이나 금속을 녹이는 데에 쓰는 용광로의 하나.
137 백단(白檀), 정향(丁香), 침향(沈香), 안식향(安息香) 등을 가루로 만들어 송진 같은 호료(糊料)로 굳혀 가늘고 긴 선상으로 만든 향.
138 초메(丁目)는 일본의 주소표기에 있어서 지역을 세분화한 것. ~가(街).

그리고 가라쓰 도자기로 인간중요문화재로 지정된 13대 나카자토 다로에몬(中里太郎衛門)의 가마도 이 도진마치에 있다. 임진왜란 후 가라쓰에 상륙한 도공들은 영토 내에서 좋은 흙을 찾아 돌아다녔지만, 그들은 다시 가라쓰의 도진마치에 돌아와 정착했다. 현재 가라쓰시는 이순신 장군이 전라좌수사로 재임하고 있을 때, 일본수군을 모조리 격파한 근거지인 여수시와 자매결연으로 활발하게 친선 교류활동을 전개 중이다.

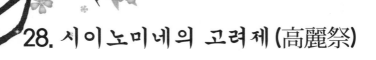

28. 시이노미네의 고려제(高麗祭)

매년 5월 초 사가현 이마리시(伊万里市)의 시이노미네(椎ノ峰)라는 마을에서 '고려제'라는 행사가 있다는 사실을 알게 되었다.

그 행사가 어떤 축제인지 모르면서도 그날을 기대하며 기다렸다. 시이노미네는 가라쓰야기(唐津焼)라 불리는 도자기의 오래된 고장이고, 가라쓰와 이마리를 이은 가라쓰가도(唐津街道), 즉 국도202호선 인근의 작은 촌락이다.

시이노미네에 가까운 버스정류장에서 내려, 오른쪽에 보이는 촌락 사이를 지나가니, '고려사(高麗祠)' 편액이 달린 석제로 만든 도리이(鳥居)가 눈앞에 나타났다. 이 도리이가 보이는 것으로 내가 시이노미네 마을에 들어간 것은 확인할 수 있었지만, 마을이 너무 고요해서 전혀 축제 분위기가 나지 않았다. 아직 축제는 시작되지 않은 것 같았다. 사람의 그림자도 안 보이고, 휘파람새나 종다리의 소리만 한가롭게 들린다. 조용하고 평범한 마을 광경이었다.

도리이 가까이에는 잔디에 덮인 약간 높은 지대가 있고, 그곳을 끝까지 올라가니 작은 사당이 있었다. 그곳에는 3개의 묘석이 있는데 가운데 묘에 고려신(高麗神)라고 새겨져 있었다. 그 묘의 측면에는 오가타(緒方), 나카자토(中里), 오시마(大嶋)라는 시주(施主)[139]의 이름이 새겨져 있었다. 모두 오래된 것이었다. 이러한 조용한 시골 마을에서 '고려신'이나 '고려사'라는 것을 만나는 것은 어떤 그리움을 느끼게도 하고, 한편으로는 신기한 느낌을 들게 하기도 했다.

매년 5월에 열리는 시이노미네의 고려제

도리이에 다시 돌아가니, 마을사람들 몇 명이 빨강과 흰색의 큰 노보리(幟)[140]을 세우고 있었다. 이제 축제준비가 시작된 것 같았다. 그 노보리에는 '봉수 고려신사어보전(奉修高麗神社御宝前)'이라는 새까만 글자가 크게 쓰여 있었다. 노보리 아래에는 마을의 기증자들의 이름이 쓰여 있었는데, 하얀 것에는 남자 이름이, 빨간 것에는 여자 이름이 보였다. 이것으로 추측해 보면, 이 마을에는 7~8가구 정도가 살고 있는 듯했다.

---

139 불사, 공양, 제사를 중심적으로 하는 사람. 또는 절이나 신사에게 돈이나 물품을 기부하는 사람.
140 정통적인 깃발 종류 중의 하나. 장변의 한편과 위쪽을 장대에 묶인 길다란 깃발을 뜻한다.

    준비가 거의 끝날 무렵, 갑작스러운 방문자인 나를 이상하게 쳐다보면서 "어디서 오셨어요?"라고 말을 걸어주어 이야기를 나눌 기회를 얻었다. 나는 고려제의 유래를 물어봤다. 꽤 오래전부터 행해졌는데 언제부터 시작되었는지는 확실하지 않다고 했다. 이 마을 출신자는 키가 크고 튼튼하며 우수하다는 평을 듣고 있다는 것도 알려주었다. 또한 이 땅은 조선과 관계가 깊지만, 그것은 임진왜란 이전 아득하게 먼 옛날, 즉 신공황후(神功皇后)[141] 시대부터라는 이야기가 있다고 한다.

    "거기에 저런 것이 있는데…"라고 가리킨 쪽을 보니, 훌륭한 옛날 가라쓰야기의 단지가 있었다. 그 명(銘)에는 '덴쇼 18년(1590년) 어대봉(御代奉) 미시타 우에몬(增田右衛門)'이라고 쓰여 있었다. 1590년은 임진왜란 2년 전이고, 미시타 우에몬이라는 사람은 히데요시 밑에 있었던 5명의 부교(奉行) 중의 한 명인 마시타 나가모리(增田長盛)를 뜻한다. 신공황후 이야기나 1590년의 도자기 이야기 등으로 미루어 볼 때, 이 마을은 임진왜란 전부터 도자기를 만들었다고 주장하고 싶은 것 같았다. 전설에 의하면, 신공황후의 삼한정벌(三韓征伐) 때, 조선반도에서 세 왕자를 인질로 데려와 가라쓰의 사시고(佐志鄉)에 거주시켰다. 그중 한 명인 고지로칸자(小次郎冠者)가 도기(陶器)를 만들기 시작했다고 한다. 이것은 먼 옛날의 전설이고, 아무 근거도 없는 이야기지만 임진왜란 전부터

---

141 (170년~269년) 제14대 주아이천황(仲哀天皇)의 황후이자, 제15대 오진천황(應仁天皇)의 어머니이며, 삼한(三韓)을 정벌했다고 전해지는 임나일본부설의 주인공.

도자기를 만들었다는 것은 사실인 것 같다.

임진왜란으로 연행된 조선인이 이 마을에서 정주한 것은 그 십여 년 후인 겐나(元和) 2년(1616년)이었다. 그 도공들에 관한 이야기가 나카자토씨 5대인 기헤이지(喜平次)가 교호(享保) 5년(1720)년에 제출한 기록 속에 있다. 그것에 의하면, 후쿠모토(福本), 오시마(大嶋), 나카자토(中里)의 세 집이었던 것 같다. 그 문서에는 "시이노미네 도공 조상은 데라자와 님이 고려에 출병했을 때, 데려고 왔던 고려인"이라고 기록되어 있다.

그들은 처음 오카와노(大川野)의 다시로촌(田代村)에서 가마를 열어, 이어 가와하라촌(川原村)으로 옮겼다(다시로촌과 가와하라촌은 모두 현재의 이마리시 내에 속함). 그리고 이곳 시이노미네에서 흙을 찾은 이후, 가라쓰번 밑에서 일하는 전속 도공이 되었다. 아까 노보리에서 본 바와 같이 세 집 중 후쿠모토와 오시마의 두 집안은 이미 이 땅을 떠난 것으로 보인다. 다만 나카자토만이 이곳에 남아 400년이나 가마의 불을 끄지 않고 도자기를 구워 왔던 것이다.

오시마의 초대는 원래 윤각청(尹角淸)이라는 사람이고, 기록에서는 "고려인 윤각청, 그 조상은 조선의 통정대부(通政大夫)의 후손이다." "히라도(平戶) 아즈치(安土)의 오시마(大嶋)에 닿아 이곳의 지명인 오시마로 성을 바꾸고 마을에 들어가서 일본의 풍속에 맞게 히코에몬(彦右衛門)이라는 이름을 가졌다."고 되어 있다. 이 집은 초대부터 도자기 제작에 종사했고, 100년 후 4대의 적자(嫡男)는 나카자토와 함께 가라쓰 성하마을에 있는 보즈초(坊主町)에 초빙되었다. 그 후 도진마치로 옮겨 에도시대가 끝날 때까지 번주에게 올리는 진상품을 만들었다. 이 집에서 갈라진 집은 가라쓰번의 무사가 되었다고 한다. 시이노미네에는 4대의 둘째아들 계통이 남아, 역시 도자기 제작에 힘을 기울였다고 한다.

어느새 신주(神主)가 도착했고, 고려신 앞의 가쿠라전(神樂殿)에서 축제가 시작되었다. 참석자는 마을의 호주 여덟 명과 신주뿐이었다. 즉 고려제는 관광객이 구경하거나 참여하는 축제가 아니고, 이 마을 사람들의 조상을 모시는 제례였다는 사실을 그제야 알게 되었다. 축제에는 각자 집에서 네모난 도시락에 제사음식을 담아 와, 고려신의 묘 앞에 도미(생선)를 바친다. 그리고 신주가 축사(祝詞)[142]를 올린 후 각자가 다마구시(玉串)[143]를 바치고 오미키(お神酒)[144]를 한 바퀴 돌린 후 끝난다.

"이것은 살모사를 못 오게 하는 효과가 있다고 합니다. 하나 드세요."라고 작은 떡을 주었다. 초밥처럼 한 손에 잡히는 크기로, 찹쌀로 만들어 팥을 묻힌 것이었다. 다들 그것을 고려경단(高麗団子)이라고 불렀는데, 나는 순간 이것은 시루떡이 아닌가 했다. 그러나 너무나 모양이 다르기 때문에 확실히 그렇다고는 할 수 없었

----

142 일본어로 '노리토(のりと)'라고 한다. 신주가 신 앞에 고하여 비는 축문(祝文)
143 비쭈기나무 가지에 (닥나무 섬유로 만든) 베 또는 종이 오리를 달아서 신전에 바치는 것.
144 제주(祭酒), 신전(神前)에 올리는 술.

다. 축제가 끝나고 오가타 씨 집으로 갔을 때야 비로소 그것이 시루떡이라는 것을 확인할 수 있었다. 오가타 씨 집에서 본 '시이노미네의 역사'라는 제목의 두꺼운 노트에 '고려떡'을 만드는 법이 적혀 있었다.

"고려신제(高麗神祭) 때, 신전의 제사음식으로서 올린다. 찹쌀과 멥쌀을 반반으로 섞은 다음에, 찜통의 물이 들어가는 부분에도 가루를 뿌린다. 떡은 두께 1센티미터 정도의 납작한 네모 모양으로 만들어 찌고, 따로 팥을 으깨 그것을 찐 떡 위에 뿌린다. 칼은 사용하지 않고 대나무로 만든 주걱으로 끝을 비늘모양으로 자른다."라고 기록하고 있다. 완전히 한국 시루떡 그대로의 방법이다. 마을 사람들은 알게 모르게 이 땅에 온 조선의 조상들 습관을 대대로 확실히 지켜왔다는 것이다.

넓은 거실에는 제사 후 연회가 열리려는 모양이었다. 더 오래 있으면 실례가 될까 싶어 일어나려고 했더니 "함께 놀다 가세요."라고 만류한다. 그래도 사양하니, "우리는 조상이 같은 뿌리를 가지고 있는 사람인데."라고 했다. 그 말씀에 나도 모르게 생각이 바뀌어 다시 앉았다.

연회에서 이 땅에 관한 재미있는 이야기를 들었다. 이곳은 옛날에 큰 뱀이 사는 계곡이었다고 한다. 계곡은 101개 있었는데, 조선의 신이 와서 그중 하나를 품에 넣고, 또 하나는 어딘가에 던져버렸다. 그래서 지금은 99개의 계곡으로 되었다고 한다. 조선의 신에 대해서는 조선에서 온 도공이었을 것이라는 이야기 등을 들려주었다.

또한 식탁에 올라온 고사리를 가리키며 "이곳의 고사리는 일본 고사리가 아니다."라고 말했다. 일본에서는 이렇게 큰 고사리가 나오지도 않고, 어떤 계곡에서 밖에 딸 수 없다는 것이다. 이것도 아마 조선에서 가져왔을 것일 것이라고 말했다. 마을 사람들은 고사리가 도자기나 한약의 원료였던 것으로 추측하고 있었다.

시이노미네는 옛날 도자기 제작의 중심지였다. 히데요시 전속의 도공이며, 가키에몬(柿右衛門)[145]과 협조해서 아카에(赤絵)[146]를 완성시켰다고 하는 다카하라 고로시치(高原五郎七)는 겐나 5년(1619년) 이 땅에 왔다. 그는 가라쓰의 도자기를 통해 조선 도자기를 7년 동안 연구했다. 또한 히젠(肥前)의 미카와치야기(三川内焼) 도공들도 여기서 배웠다. 수많은 일본인 도공들이 이곳에서 배웠다는 사실은 말할 필요도 없는 정도이다. 그렇게 최고 전성기에는 350호나 되는 집이 이 땅에 퍼져 군치(供日)[147]라 불리는 축제가 성대하게 벌어지는 등 가라쓰가 '최고의 도자기의 고장'으로 우뚝 설수 있었다고 한다.

일본 서쪽지방에는 도자기를 '가라쓰모노(からつもの)'라고 하는 곳이 많았다. 그것은 이 지방에서 만들어진 도자기가 다른 지역보다 일찍 상품화되어 유통되었기 때문일 것이다.

----

145 (1596년~1666년) 시가현(佐賀県) 아리타(有田)의 도공으로 이삼평과 동시대의 도지기 명인이다. 대대로 그의 자손이 '가키에몬'의 이름을 이어왔다.
146 도자기 착색과정에서 적색을 주로 한 그림, 또 그 도자기.
147 규슈 북부의 가을 제사에 대한 호칭. 추수에 감사하는 축제.

"다이쇼시대(大正時代:1912년~1926년)까지는 고려신이 있는 높은 산에 올라가 돗자리를 깔고 불꽃까지 올려, 한국 쪽을 향해 서로 술을 마시면서 놀곤 했지요." 마을이 한창 활기찬 시절의 이야기를 들려주었다.

고려신사 쪽을 뒤돌아보니 빨강색과 하얀색의 큰 노보리가 푸른 하늘에 펄럭이며, 선명한 대비를 보여주고 있었다. 그들의 조상이 조선에서 와 가라쓰 도자기의 명성을 드높인 자금심이 그 속에 표현되는 것 같았다.

29. 나베시마 사라사(鍋島更紗)

−사가현 사가시(佐賀県佐賀市)
옛 지명 히젠(肥前)

사가평야(佐賀平野)를 달리면 바로 눈에 띄는 것은 여기저기 전봇대 위에 있는 철망이다. 이것은 일본에서 이 지방에서밖에 볼 수 없는 '가치가라스(カチガラス)', 즉 까치 때문이다. 철망이 없으면 까치가 그냥 전봇대 위에 직접 둥지를 만들어버려 합선사고가 발생하여 자주 정전소동이 일어난다고 한다. 실제로 일 년에 몇 번이나 이러한 뉴스가 지방신문에 나온다고 한다.

사가 시내에서 택시를 탈 때마다 '가치가라스'라는 이름의 유래를 운전기사에게 물어보았더니, 모두가 하나같이 "나베시마공(鍋島公)이 조선에서 데리고 왔다."라고 대답했다. 사가 사람이라면 누구나 아는 유명한 이야기 같았다.

임진왜란 때, 사가 영주 나베시마 나오시게(鍋島直茂)와 나베시마 가쓰시게(鍋島勝茂) 부자가 조선에서 '까치 까치'라는 소리를 내는 이 새를 보았다. 이것은 길조(吉鳥)라고 여겨 데리고 왔다는 이야기가 퍼져 있었다. 일본어로 '까치'는 승리(かち)를 뜻하기 때문이다. 그런데 실제 까치의 소리를 들어보면 '까치 까치'와는 전

혀 다른 소리로 들린다. 사가현에서 '가치가라스'라고 불리는 새는 실은 '고려까치(高麗鵲)'이고, 한국어로 이 새를 '까치'라고 하는 것에서 유래한 이야기이다. 그러니 이 유래는 이 지방 사람들이 만들어 지어낸 이야기에 불과하다.

까치는 까마귀와 같이 몸은 검지만, 배나 허리부분은 하얗고 꼬리가 길다. 전봇대에 둥지를 만들어 문제가 되기도 하지만, 논밭의 해충을 먹는 원래 농가에 있어서는 대단히 유익한 새이다. 나베시마 부자가 조선에서 데리고 온 것이 까치 정도에 그쳤다면 좋았을 테지만, 현실은 수많은 조선인을 연행해 왔다. 그 사람들의 묘가 사가시내 도진마치(唐人町)의 교엔지(鏡円寺)에 있다.

JR 사가역에서 내리면 남쪽 방향에 사가성터였던 현청(県庁)에 이르는 큰 길이 있고, 그 중간에 도진마치가 있다. 이 도진마치의 유래는 다음과 같다.

"덴쇼(天正) 15년(1587년)경 고려에서 폭풍 때문에 지쿠젠(筑前)[148]에 도착한 소칸(宗歓)이 살기 시작했다. 그는 임진왜란에 있어서 조선의 길 안내나 도공들을 초빙하는 일을 맡았다. 게이초(慶長) 4년(1599년) 나베시마 나오시게는 그

사가시 사라야마마치에 세워진
'나베시마 사라사 발상의 땅'
표지목(標柱)

148 후쿠오카현 북서부의 옛 지명.

들이 거주하는 아이케이시마(愛敬島)의 일부를 '도진마치'라고 명명했다."

교엔지는 도진마치 1초메에 자리 잡고 있다. 메이지시대(1868년~1912년)에는 "신마치(新町)는 산의 입구, 도진마지는 번화가"라고 노래로 불릴 정도로 번창한 거리였다고 한다. 이 절을 찾아갔을 때, 운 좋게도 주지스님이 계셔서 안내를 청했다. 스님이 가장 먼저 알려준 것이 소칸 일족의 묘비였다. "이것인데요, 도진마치의 시조이지요. 그 당시는 '가와사키야(川崎屋)'라는 점포 명으로 가정용품을 파는 가게를 운영했던 것 같은데, 후손은 지금 치과의사를 하고 있어요."라고 설명해 주었다. 훌륭한 묘비에 '료희총관신사(了喜宗歡信士)' '명력원(明曆元:1655년) 7월 23일 졸(卒)'이라고 되어 있었다. 그는 성이 달(達)이고, 이름이 월(越)이라고 했다고 한다. 달(達)이라는 성은 한국에서도 아주 드문 성이다. 소칸이 일본에 건너왔다는 것에 대해『나베시마 나오시게 공년보(鍋島直茂公年譜)』에는 이렇게 기록되어 있다.

"이번 조선출병의 명에 관해 우리 집에서는 류조지 이에하루(竜造寺家晴)와 나루토미 시게야스(成富茂安)를 오사카에 보내 그 내용을 받았다. 그런데 지쿠젠국(筑前国)의 구로사키(黒崎)에 4~5년 전 조선 죽포(竹浦) 사람이 폭풍으로 인해 표류하다가 한 명이 살아남아 있다는 것을 들었다. 이번 항해에 도움이 될 것으로 판단하여 이 사람을 사가에 보내기로 했다. 이상의 일을 말씀 드렸는데, 나오시게 공이 조선에 있어 통역사 일을 그에게 맡겼다."

그는 함경남도 길주 죽포 천갑(川崎)에서 태어나 문무에 뛰어났다고 한다. 특히 반활(半弓)[149]을 쏘는 것에 능했다고 한다. 이름은 고향의 지명을 살려 가와사키(川崎)성을 받았다. 조선출병 때 길을 안내한 공으로 나베시마의 전용 상인이 되었다. 나중에 도진마치가 되는 아이케이시마(愛敬島)에 살았고, 그 가업은 메이지시대까지 계속 이어졌다고 한다.

구산(九山)의 묘에 대해 물었더니, "아, 구산 도세이(九山道淸)요? 거기에 있어요. 이것은 가시마(鹿島)의 선생님이 찾으신 묘이고요."라며 손가락으로 가리킨 것은 2미터를 넘는 훌륭한 보협인탑(宝篋印塔) 형의 묘였다. 무사도 아닌 한 피로인의 묘로서는 파격적인 크기였다. 실은 이번 여행의 목적은 바로 '구산 도세이'였다. 그는 어느 이야기에서는 한의사였다고도 하고, 한편으로는 도공이었다고도 한다. 독특한 직물 사라사(更紗)의 제조법을 이 땅에 가져온 것은 그의 업적 중 탁월한 것으로 꼽히고 있다. 사가현립박물관에 전시되어 있는 『사라사비전서(更紗秘傳書)』에는 이렇게 기록되어 있다.

"원래 이 사라사의 유래는 지금부터 300여 년 전, 즉 게이초년간(慶長年間:1596년~1615년)에 히데요시 공의 조선출병 시 히젠국 나베시마 나오시게 공이 조선에서 개선해 올 때, 데려온 조선인 구산 도세이가 가져왔던 것으로…" "나베시마 사라사(鍋島更

---

149 앉아 쏠 수 있는 작은 활로 반궁이라 함.

紗)라는 명칭으로 불렸고, 한베이사라사(半兵衛更紗)라는 별칭으로도 불렸다."

구산이 전한 사라사라는 직물은 에도시대 아리타 도자기 등과 함께 사가번의 특산품으로 장려되어, 막부에 올리는 진상품으로 쓰였다. 구산은 오가와(小川)라는 집으로 장가를 가고, 그의 2대부터는 오가와 성을 썼다. 5째 손자부터 남자의 혈통이 끊어져, 친척인 에구치(江口)의 집으로 사라사의 기법을 전했다. 그 에구치 사람이 이름이 '한베이(半兵衛)'였기에 에도시대 후기에는 '한베이사라사(半兵衛更紗)'라고 불렸다. 또한 '도세이사라사(道淸更紗)' '조선사라사(朝鮮更紗)'라고도 불렸다고 한다.

사라사는 대단히 손이 많이 가기 때문에 한 달에 12미터 정도밖에 생산하지 못했다. 그런데 메이지유신 이후 번이라는 제도가 폐지됨에 따라 이제 번의 보호를 못 받게 되었다. 게다가 나중에 나온 화학염료나 기계염색에 밀려, 다이쇼시대(大正時代 1912~1926) 이후에는 그 모습이 모두 사라져버렸다. 구산은 사라사 이외 한방의약에도 깊은 지식이 있어, 그가 만든 신효환(神効丸)이라는 약은 유명했다고 한다. 시라야마마치(白山町)에 있는 사가은행 시라야마지점 근처의 길가에는 그 역사를 보여주는 표지목이 있다.

이 구산과 사라사의 존재를 세상에 알린 사람이 '가시마의 선생님'이라는 통칭을 가진 염색공예가 스즈타 쇼지(鈴田照次) 씨다. 그는 이 사실을 밝혔을 뿐만이 아니라, 100년 가까이 묻혀있던 사라사의 기법을 복원했다.

규슈의 도자기 마을이 임진왜란과 관계 깊은 것은 잘 알려져 있지만, 스즈타 씨가 쓴 『염직의 여행(染織の旅)』이라는 책에서는 피로인이 일본에 전한 것이 도자기뿐만이 아니고, 새로운 염색과 직물 기술을 전했다는 것을 밝히고 있다. 이것은 나에게 있어서 새로운 놀라움이었다.

그 스즈타 씨를 만나면 구산에 대해 더 자세한 이야기를 알 수 있지 않을까 해서 교엔지에서 가시마시(鹿島市)로 향했다. 하지만 스즈타 씨는 이미 돌아가셨으며, 마중 나온 분이 그 부인과 아들이었다. 부인의 이야기에 의하면, 스즈타 씨가 나베시마 사라사를 만났던 것이 1960년대였다고 한다. 처음에는 스즈타 씨가 사라사나 구산의 이야기를 해도 아무도 상대해 주지 않았다고 한다. 그후 스즈타 씨는 '비전서'를 발견하고, 옛날에 한방의사를 했었다고 하는 사가시내의 명문가의 창고에서 '사라사일기(更紗日記)'를 찾아냈다. 더욱이 교엔사의 묘지에서 풀과 이끼로 파묻혀 있었던 구산의 묘를 찾아내 구산의 존재를 밝혔다. 그것으로 끝내지 않고 스즈타 씨는 사라사의 복원에 도전했다. 처음 사라사와의 만남부터 15년이라는 긴 세월을 들려 드디어 복원한 사라사 작품을 발표했다고 한다.

집 건너편에 세워진 사라사자료관(更紗資料館)을 둘러봤다. 이곳에는 스즈타 씨가 사라사의 원천과 기술을 알아내기 위해 세계 각지를 돌아다니며 수집한 사라사의 원단과 그가 복원한 나베시마 사라사의 기모노가 전시되어 있었다. 선명한 색깔의 나베시마

사라사는 분홍색을 기조로 작은 육각형 무늬가 가득 차 있었다. 언뜻 보기에는 상당히 현대적인 감각의 디자인이었다. 순간 "이것이 정말 나베시마 사라사가 맞는가?"하는 의심이 들 정도였다.

"색상이나 무늬는 현대적으로 만들었지만, 기법은 나베시마 사라사의 전통 그대로입니다. 나베시마 사라사라는 것도 소위 남만 사라사(南蠻更紗)적인 것입니다만, 그 특징은 목판과 먹을 사용하고 기본적인 모양을 염색하여, 색을 추가할 때는 형지(型紙)를 이용합니다. 그러다가 다른 목판으로 상형(上形)이라는 빨간 선이나 점을 더하여 완성시킵니다."라고 스즈타 씨의 아들이[150] 친절하게 설명해 주었다.

염색에 관해 문외한인 나는 잘 모르겠지만, 기조가 되는 모양을 만들기 위해 먹을 쓴다는 것은 참으로 동양적이고, 세계 어느 사라사에게도 보이지 않은 독특한 방법이라고 한다. 전시실에는 에도시대 후기의 나베시마 사라사의 견본용 천조각이 있었다. 차분한 색상이고 격식까지 느껴졌다. 스즈타 씨 집의 사라사는 구산의 기술을 따르면서도 현대적 감각에 맞게 만들어진 화려한 것이었다.

사가번 특산품으로 유명한 '이마리 자기(伊万里磁器)' '나베시마 사라사' 등 조선에서 돌아온 것은 임진왜란의 피로인이 가져온 것이다. 임진왜란이라 불리는 히데요시의 침략전쟁 속에서 피로인

----

150 스즈타 쇼지(鈴田照次)씨의 이들 스즈타 시게토(鈴田滋人) 씨는 2008년 일본 중요무형문화재로 지정되었다.

이라 불린 사람들이 에도시대의 문화와 산업에 크게 기여한 것을 엿볼 수 있다. 그러나 아직도 세상에 알려져 있지 않고 묻혀있는 사실이 많을 것이라 생각한다.

30. 미이케 탄광의 시작

-후쿠오카현 야나가와시(福岡県柳川市)
  옛 지명 지쿠고(筑後)

"달님도 슬퍼할 것이다. 관영조업 124년, 역사에 막을 내린다."
이것이 미이케 탄광(三池炭鉱) 미쓰이 미이케 탄광(三井三池炭
鉱)[151]의 폐광 뉴스에 붙여진 신문의 문구였다. 일본 탄광의 상징이
었던 후쿠오카현 오무타시(大牟田市)의 미쓰이(三井) 미이케 탄광
이 마침내 1997년 3월 30일에 폐광했다.

미이케 탄광 폐쇄에 관해 각 신문에서는 일본의 고도성장기를
버틴 탄광의 역사를 뒤돌아보는 사건을 반복 보도했다. 그것은
1960년경 소위 '총자본 대 총노동(総資産対総労働)'이라고 불렸던
미이케 노동쟁의, 탄전 폭발로 수많은 희생자가 발생하여 근년 이
래 최악이라 알려진 탄광사고 등이었다.

그러나 미이케 탄광은 우리 한국사람에게 있어서 특히 잊을 수
없는 탄광 중 하나이다. 왜냐하면 광복 전 조선인 강제연행의 역

---

151 마쓰이 미이케 탄광(三井三池炭鉱)이 2015년에 세계문화유산에 등재되었다.

사가 따라 붙고 있기 때문이다. 하지만 신문에서는 그러한 일은 일절 언급하지 않았다. 이 탄광 및 탄광과 관련된 회사에 1만 명이 넘은 조선인이 강제 연행되어 중노동을 했다. 미쓰이광산(三井鑛山)에서 펴낸 『자료 미이케쟁의(資料三池爭議)』에 의하면, 광복 전인 1945년 6월의 조선인 노동자수는 1만4천666명이고, 중국인이 4천722명, 전쟁포로가 2천950명이었다.

미쓰이재벌(三井財閥)이 이 탄광을 나라로부터 인수한 때가 메이지 11년(1878년)이다. 그전에 정부가 채굴을 시작한 것이 1873년이기 때문에 정부에 의하여 124년 운영된 셈이다. 그래서 신문 보도의 구호가 "124년의 역사에 막을 내린다"가 된 것이다.

그러나 실은 미이케 탄광의 조업은 정부가 시작한 것이 아니다. 본격적인 채굴은 에도시대부터 시작되고 있었다. 오무타시 북부는 당시 지쿠고(筑後)[152] 야나가와번(柳川藩)의 영토였다. 쇼와시대(1926년~1989년)에 들어서는 오무타시의 해저까지 채굴되었지만, 당초에는 오무타시 북부 히라노야마(平

야나가와시 후쿠곤지(福嚴寺)에 있는
'조선관녀'의 묘

----

152 후쿠오카현 남부의 옛 지명.

野山)에서 채굴되고 있었다. 그 땅은 오노 하루노부(小野春信)라고 하는 야나가와번 가로의 영토였다. 최초로 채굴된 곳 부근에는 지금도 그의 이름을 딴 지명이 남아 있다.

오무타역에서 동쪽인 미이케에 갈 니시테쓰버스(西鉄バス) 정류장 중에 히라노구치(平野口)라는 곳이 있다. 여기부터가 오노의 옛날 영토이고, 그 길 따라 큰 제방이 있다. '오노상 쓰쓰미(小野さん堤)'라고 불리는 제방이 그것이다. 이 제방의 맨 끝에 이 영토를 지배했던 오노의 저택이 있었다. 그 주변을 걸어가 보았는데, 지금도 후손의 큰 집이 남아 있었다. 오노의 가계를 더듬어 보면, 그 조상은 임진왜란 당시 유명한 맹장(猛將)으로 이름을 올린 오노 이즈미 시즈유키(小野和泉鎭幸)이다. 그는 지쿠고 야나가와번에서 가장 높은 보수 5천석을 받았던 가로였다. 분로쿠 2년(1593년) 1월 경기도의 벽제관전투[153]에서 활약한 것이 유명하다.

오노 하루노부는 오노 이즈미에서 5대째가 된다. 번의 정치에 공헌이 있어서 하루노부가 히라노야마를 하사받았다. 때문에 히라노야마는 별명으로 '오노상산(小野さん山)'이라고도 불렸다. 그가 여기에서 석탄을 채굴하기 시작한 것은 에도시대 중기 교호(享保) 6년(1721년)까지 거슬러 올라간다. 세상에서 말하는 '미이케탄광'은 그해 하루노부에 의한 히라노야마 첫 채굴이었다.

오노씨들은 메이지(明治) 6년(1873년)에 정부가 이곳을 강제적으로 관영운영하기 전까지 약 150년간 대를 이어 탄광을 운영해

---

153 1593년 임진왜란 중 벽제관(경기도 고양시에 있었던 역관)에서 벌어진 전투.

왔다. 그러니 실체적으로 미이케 탄광은 276년의 역사가 있다고
할 수 있다.

그런데 이 오노 하루노부라는 사람은 오노의 직계가 아니라 오
노의 딸에게 장가간 사람이다. 원래 야나가와번의 보수 300석의
상급무사인 다치바나 가쓰베 도라요시(立花勝兵衛虎良)의 2째 아
들이다. 번주와 같은 성이지만 다치바나 성은 번주에게 받은 것이
다. 도라요시의 할아버지는 지카요시(親良)라고 한다.

지카요시도 임진왜란에 출병했고, 귀국할 때 '조선관녀'라는 여
성을 데리고 와서 소실로 삼았다. 즉 오노 하루노부의 할머니는
조선인이고, 지금으로 말하면 재일교포3세라는 이야기가 된다.
이러한 사실을 알았을 때, 광복 전의 강제연행과 겹쳐졌다. 이 미
이케 탄광은 참으로 우리 한국사람들과 인연이 깊은 탄광이라는
것에 놀랐다.

오무타에서 야나가와로 나갔다. 오노 하루노부의 할머니가 '조
선관녀'였다고 확실히 기록된 문서기 없기 때문에, 그 조선인 관녀
가 실제로 존재했다는 증거를 찾고 싶어서였다.

후쿠오카현 야나가와시라고 하면 강이 시내 곳곳으로 흐르는
수향(水郷)의 동네로서 유명하다. 유람선을 타고 강을 돌 수도 있
어 관광객에게 인기가 많은 곳이다. 나에게는 '조선동요선'이나
'조선민요선'으로 유명한 김소운(金素雲)[154]을 세상에 알린 기타하

---

154 (1907년~1981년) 시인, 수필가, 부산출생. 본명은 교중(教重). 광복 후 소운으로 개명. 어
릴 때 일본에 가서 기타하라에게 배우고 한국의 민요와 신사를 일본에 번역 소개했다.

라 하쿠슈(北原白秋)[155]의 고향이라는 인상이 강하게 남아있어 호감을 갖게 하는 지역 가운데 한 곳이다.

관광코스의 하나로서 번주 다치바나의 오하나(御花)라는 별장이 있다. 4대 번주인 다치바나 아키토라(立花艦虎)가 7천 평의 넓은 땅에 수로로 둘러싸고 별장을 만든 것이다. 원래 지명인 하나바타게(花畠)와 연관되어 '오하나'라고도 불러지고 있다. 안으로 들어가니 복도의 벽에 금색으로 빛나는 복숭아형의 갑옷이 나란히 진열되어 있었다. 조선의 임진왜란 기록에 있는 "왜적의 반짝반짝하는 갑옷이 보인다."는 것은 바로 야나가와군의 병사 갑옷인 금갑이었던 것이다. 이것은 옻칠 위에 금박을 씌운 것으로 지금도 200개 이상이 남아 있다고 한다.

임진왜란 때 이 땅의 영주 다치바나 무네시게(立花宗茂)는 병사 2,500명을 이끌고 조선에 출병했다. 분로쿠 2년(1593년) 1월의 벽제관전투에는 다치바나군, 고바야카와(小早川)군, 우키타(宇喜田)군이 잘 싸워, 명나라군을 격파했다고 알려져 있다. 그러나 한성에 돌아가 다시 병사들의 수를 세어보니, 야나가와의 다치바나군은 1천312명밖에 남아 있지 않았다. 병사의 반을 잃어버린 것이었다. 그 침략전쟁의 결과 잡혀온 피로인이 많았고, 그중 한 사람이 오노 하루노부의 할머니인 '조선관녀'였다.

---

155 (1885년~1942년) 일본의 시인. 감각적이고 상징적인 문체를 구사하여 현대 일본 시단에 큰 영향을 미쳤다.

이 지역을 찾은 것은 두 번째였다. 처음 여기에 왔을 때도 그녀의 묘를 찾아봤지만 알 수가 없었다. 그래서 이번에는 번주의 묘를 모시는 절을 찾아가 봤다. 그 후쿠곤지(福厳寺)에 있는 잘 만들어진 역대 번주의 묘 이외는 대부분 최근 세워진 묘석들이었다. 그 가운데 오래된 묘는 4기뿐이었다. 연호는 에도시대 초기의 것이고, 새겨진 글씨는 모두 법명이기 때문에 어떤 묘가 누구의 묘인지 알 수는 없었다. 그러나 내 마음에 걸리는 묘가 하나 있었는데, 그것은 높이 150센티미터 정도의 훌륭한 것이었다. 그 묘비에 새겨진 법명은 '화악원전각예경원대자(花岳院殿覚誉慶園大姉)'였고, 돌아가신 해가 쇼호(正保)[156]3년(1646년)이라고 새겨 있어서 뭔가 느껴지는 것이 있었다.

때맞춰 절의 주지스님이라는 분이 매화나무의 가지를 자르기 위해서 가위를 들고 나왔으니, 그 묘에 대해 물어봤다. "그것이라면 학교 앞에 사는 다치바나 씨에게 물어보면 알 것 같은데요"라고 가르쳐 주었다.

알려준 그 집을 곧바로 찾아갔는데, 현관에 번주 다치바나와 같은 가문(家紋)[157]이 걸려 있어 번주의 친척인 듯 보였다. 내가 "성씨도 가문도 번주와 같은 것을 쓰시네요."라고 말하자. 주인은 "잘 아시네요."라고 미소를 지었다. 내가 건넨 명함을 받아 든 그분의 시선이 세 글자의 내 한자 이름에 머물렀다. 그분은 잠시 아무 말

---

156 에도시대에 사용된 연호 중의 하나. 쇼호년간(正保年間)은 1644년~1648년.
157 한 집안의 문장(紋章)

도 하지 않았다. 내 이름에 무슨 의심스러운 것이라도 있는가 생각했다. 실은 아주 짧은 시간이었는데도 서먹하여 긴 시간이 흐른 것처럼 느껴졌다. 잠시 후 주인이 갑자기 "오오!"라고 소리를 내다가 차분한 목소리로 "언젠가 오실 것이라 생각했습니다."라고 말했다. 나는 마음이 편해지면서 절에서 스케치한 4기의 묘 그림을 보여주며 "조선관녀의 묘를 찾고 있습니다. 이 안에 그분 것이 있습니까?"라고 물었다. 그랬더니 그분은 가장 앞에 있는 큰 묘를 가리키면서 "이것입니다. 우리 조상입니다."라고 말했다.

지금까지 임진왜란의 인연을 더듬는 여행을 해왔다. 조상이 조선인이라는 사실을 드러내면 곤란하다고 노골적으로 말한 사람이 많았다. 그런데 여기에서는 명쾌하게 "우리 조상입니다."라는 말을 해서 듣는 내가 더욱 놀랐다. 주인은 나를 2층으로 데려가고, 본인이 컴퓨터를 사용하여 정리한 가계도를 보여주면서 설명해 주었다. 내 추측은 빗나가지 않았다.

야나가와번에 있어서도 조선에서 데려온 여성을 아내나 소실로 한 사례가 많았다. 150석을 받은 무사 다와라 나오치카(田原直親)의 아내도 조선인이다. 그 묘는 시내 사이쿠마치(細工町)에 있는 조코지(常光寺)에 '고려할머니(高麗姥)'의 묘로 남아 있다. 또한 사다 헤이베(佐田平兵衛)의 아내도 조선여성이었다.

『다노쿠마구기(田隈旧記)』에는 "미이케군 히라노촌(三池郡平野

村)[158]에 살았던 야사지(弥三次)와 기헤이지(儀平次)의 조상은 오노기이치로(小野喜一郎)와 오노모 씨가 조선에서 데려와 부하로 삼은 사람"이라고 기록되어 있다. 조선관녀의 본명은 알 수 없었지만, 그때까지 마음에 걸렸던 부분을 확인한 것으로 야나가와를 다시 찾아온 보람이 있었다.

---

158 미이케군 히라노촌(三池郡平野村)은 현재 오무타시 구누기(大牟田市歷木)

31. 황상의 인삼산

─후쿠오카현 다카타마치(福岡県高田町)
　옛 지명 지쿠고(筑後)

　고베(神戸) 산노미야역(三宮駅) 앞에 있는 야채요리전문점 로쿠
단(六段)에서는 내가 가면 가끔 보기 드문 고려인삼 튀김을 내주
곤 했다. 비싼 인삼을 어디서 구하냐고 물어보니 한국 것이 아니
라, 일본의 나가노현(長野県)에서 구입한다고 했다. 일본에도 고
려인삼이 재배되고 있다는 것은 그리 잘 알려진 사실은 아니다.
그러나 인삼은 나가노현이나 후쿠시마현(福島県), 그리고 시마네
현(島根県)에서 재배된 지 오래되었다. 에도시대 중기에는 이미 막
부가 지원해 인삼재배가 성공했던 것이다.

　'인삼 효과로 저승길 이야기'라는 센류(川柳)[159]가 읊어진 것이 에
도시대 호에이년간(宝永年間:1704년~1711년)으로 알려져 있다.
한 번 죽은 사람이 고려인삼을 복용하자 바로 다시 살아나 저승길
의 이야기를 들려주었다는 것이다. 서양에서도 고려인삼의 효과

----

159 에도시대 중기에 성립된 운문 장르. 하이키이(俳諧)와 똑같이 5·7·5의 17자로 된 짧은 정형시
이지만, 하이카이처럼 꼭 넣어야 할 계절을 나타내는 계어(季語) 등의 제약이 없다.

는 대단히 유명했던 것 같다. 고려인삼의 학명은 Panax Ginseng 인데, Ginseng은 인삼의 중국어음이지만, Panax는 그리스어로 놀랍게도 '만능약'이라는 뜻이라고 한다.

그만큼 고려인삼의 효능은 에도시대에도 전설적이었던 것이었다. 값이 매우 높아서 인삼을 얻기 위해 딸을 팔아야 할 정도였다는 이야기는 널리 알려져 있다. 값이 비싼 이유는 이름 그대로 인삼은 조선에서 오는 희귀한 수입품이었기 때문이다. 당시 조선에서 오는 주요 수입품은 중국산 생사(生糸)와 비단, 그리고 고려인삼이었다. 당시 조선에서도 인삼은 거의 야생이고, 재배된 것이 있어도 물량에 한계가 있었다. 쓰시마번(対馬藩)은 공적으로도 사적으로도 조선과의 무역을 독점했으며, 물론 고려인삼도 독점했다. 당연히 쓰시마번이 운영하는 인삼조합에서 인삼을 취급하면서 가격도 조절했다. 그것이 쓰시마번의 오랜 생명줄이었다.

에도막부는 그 인삼을 얻기 위해 막대한 은을 지불했다. 방대한 은의 국외유출, 이에 따른 국내 은광의 고갈, 이러한 이유로 인삼을 계속 수입하기 어려워졌다. 그래서 막부는 인삼의 일본 국내 재배를 생각하게 되었다. 에도시대 중기 도쿠가와 요시무네(德川吉宗)가 8대 장군이 된 후에는 적극적으로 인삼을 재배하기 시작했다.

에도막부는 쓰시마나 나가사키를 통해 조선 중국에서 인삼 생뿌리를 들여오게 하여 야쿠엔(藥園)[160]에서 재배를 시도했다. 이어

---

160 해외에서 전해온 식물을 연구하는 정부기관.

서 그것을 각 번에 나눠, 조선의 기후와 유사한 닛코(日光)[161]나 나가노, 시마네에서 재배를 시도했다. 마침내 인삼재배가 성공한 것은 1720년~1730년쯤인데, 그것이 현재까지 이어져 내려오는 막부의 오타네인삼(御種人參)이다.

그런데 일본의 인삼 재배는 그때가 처음이었을까? 에도시대 초기에도 도쿠가와 이에야스는 동북지방의 영주 다테 마사무네(伊達正宗)나 사타케 요시노부(佐竹義宣)에게 재배를 권했다고 한다. 하지만 이에야스는 그 종자를 어떻게 입수한 것일까? 임진왜란으로 외교관계가 단절된 조선과 일본의 관계를 회복한 사람이 이에야스이고, 게이초(慶長) 12년(1607년)에야 겨우 조선에서 수호사절이 도착했다. 그때 조선에서 가져온 물품 중에는 전처럼 고려인삼도 있었지만, 종자를 보냈다는 기록은 없다. 이러한 이유로 이에야스의 인삼재배에 관한 이야기는 의심스럽게 느껴진다. 나는 임진왜란 때 일본에서 얻을 수 없었던 고려인삼의 종자를 일본군이 약탈하지 않았을 리가 없다고 생각한다. 에도시대에도 "일본군 인삼창고에서 서로 싸우면서 잡는다."라는 센류가 있듯, 당시 사람들도 확실히 고려인삼을 약탈했다고 생각했다.

그러한 생각을 하고 있을 때, 규슈의 지쿠고(筑後)지방에 '인삼산(人參山)'이라 불리는 산이 있다는 것을 알았다. 그것은 후쿠오카현(福岡県) 다치바나초(立花町) 기타야마(北山) 오노코(男ノ子)

---

161 도치기현(栃木県) 내에 위치하는 지역.

의 '오노코야키(男ノ子焼)'라는 도자기 마을을 찾아갔을 때 들은 이야기다. 이 지역은 에도시대에는 야나가와에 본거지를 두는 다치바나 집의 영토였다.

규슈 각지에서는 임진왜란 때 영주들이 도공을 데려왔다는 이야기가 많은데, 야나가와번의 다치바나 씨에는 그러한 이야기가 없어서 신기하게 생각했다. 그런데 역시 거기에도 도공을 데려왔다는 정보를 얻어 찾아갔던 것이다.

현재는 젊은 도예가(陶芸家)가 오랫동안 쇠퇴한 것을 복원하여, 그 마을 주변은 공원과 같이 정비되어 있었다. 건물이 상당히 현대적인 느낌이어서 놀랐다. 마을 전체가 부활을 돕고 있었는데, 그것이 마을부흥운동의 하나였을지 모른다. 그 젊은 도예가 이야기에 따르면, 이 땅에는 원래 하마구치(浜口)성이 많았다고 한다. 조선에서 잡혀온 사람들이 미즈마군(三潴郡)의 하마구치라는 곳에 살았던 데에서 하마구치 성을 갖게 되었다고 전승되고 있다 한다. 그곳에서 기타야마촌(北山村)으로 옮겼고, 그 동네는 지금도 남아 있다고 한다. 또한 히고(肥後)의 쇼다이야기(小代焼)라는 도자기는 여기서 도망한 도공들이 만든 것이라는 이야기도 있다고 알려 주었다. 그때 인삼산의 이야기를 듣게 된 것이다.

지금도 인삼산이라 불리는 그 산은 후쿠오카현 남부 미이케군(三池郡) 다카타마치(高田町)에 있었다. 다카타마치는 야베강(矢部川)의 지류인 하에강(飯江川) 중류에 있다. 인삼산은 그렇게 높지 않다고 하니 직접 올라가 보기로 했다. 천천히 한 시간 정도 걸었을까? 가도 가도 인삼은 보이지 않고 굴밖에 없는 산이었다. 그러고 보니 가까이에 '오렌지 로드'라는 도로가 있었다는 것이 생각났다. 충분히 조사하기도 전에 돌진하는 것은 나의 나쁜 버릇이다. 이번에도 산에 올라가기는 했는데, 산속에 표지가 있을 리도 없고, 이 산이 인삼산인지 아닌지도 알 수가 없었다. 땀을 닦으며 서있으니 작은 차가 다가오는 것이 보여 차를 세워 운전자에게 물어봤다. 과연 이 산이 내가 찾던 인삼산임에 틀림이 없었다. 인삼에 대해 물어보니, 그는 크게 웃으며 '인삼재배는 에도시대의 일로 먼 옛날이야기일 뿐'이라고 했다.

인삼산에 관해서 잘 안다고 소개받은 K씨는 이렇게 말했다.
"여기 인삼재배는 임진왜란 때 번주 다치바나 무네시게(立花宗茂)가 연행해 온 조선인포로가 처음 시작했다고 알려져 있습니다. 그 내용은 『야나가와번사(柳河藩史)』에 실려 있다고 알고 있어요. 당시 통역사를 통해 재배기술을 획득하기 위해 상당히 고생했다고 기록하고 있어요. 결국 고려인삼의 재배는 성공하지 못했던 것이 아닐까 해요. 현재는 역사가 있는 인삼산이기 때문에 그대로 남기자고 해서, 가까이 있는 하에초등학교의 학교 숲으로 삼고, 소풍이나 걷기운동의 장소로서 자주 이용되고 있어요."

고려인삼의 재배는 그렇게 어려웠던 것 같다. 심은 다음에 생육에만 5~6년이나 걸리고 수확한 후에도 연작을 극히 싫어하는 작물이어서 같은 밭에서 오랫동안 인삼을 재배할 수 없다. 요즈음은 토양 개량으로 휴경기가 훨씬 단축되었다고는 하지만 말이다.
그러나 K씨가 알려준 『야나가와번사』에서 나는 그 기록을 찾을 수 없었다. 고려인삼에 관한 집대성이라 할 수 있는 조선총독부편 이마무라 도모(今村鞆)의『인심사(人蔘史)』에서도 야나가와번의 인삼재배에 관해 기술된 것을 찾을 수 없었다. 혹시 야나가와번은 비밀리에 재배했던 것일지 모른다고 생각이 들었다. 그런데『다치바나회람기(立花懷覽記)』라는 고서에 그 기록을 찾았다.

"첫째 조선출병 시 무네시게 공의 부하가 통역사를 통해 인삼종자를 구해 야나가와의 성하마을로 보냈다. 귀국했을 때 조선인 포로를 데려온 부하에게 시켜 야메군(八女郡) 기다다노쇼(北田庄) 오노코춘(男ノ子村:현재 다치바나초)에서 인삼을 재배했다. 후에 동군 혼산(本山) 및 헤바루지방(辺春地方:현재 다치바나초), 미이케군 하에촌(飯江村: 현재 다카다마치) 등에서도 재배시켰다는 것이다. 하에촌 가메타니(亀谷)의 산 위에 약 1만 평방미터 정도를 인삼밭으로 삼아 1860년경까지 지속되었다."

역시 임진왜란 당시 고려인삼의 종자나 기술자를 데려온 영주가 있었던 것이다. 그리고 데려 온 조선사람들을 영토 각지에 거주시켜 인삼재배나 도자기제작에 종사하도록 했다는 것이다. 현재 그 땅은 옛날 번주 다치바나의 이름을 붙였고, 야메군 다치바나초가 되었다. 그 지역은 야베강(矢部川) 유역에 있다. 인삼산은 문자 그대로 인삼재배 시도의 땅이었다. "인삼재배가 여기서는 성공하지 못했던 것이 아닐까?"라고 이야기하지만, 이곳에서는 에도시대 후기까지 그 시도가 있었던 모양이다. 내가 올라간 인삼산은 최후의 재배지였을 것으로 생각된다.

32. 망향의 도진마치

－후쿠오카현 후쿠오카시(福岡県福岡市)
  옛 지명 지쿠젠(筑前)

　　규슈의 최대도시 후쿠오카시에도 도진마치가 있다. 임진왜란
당시 이 땅에서는 고바야카와 다카카게(小早川隆景)가 출병했고,
세키가하라전투 후 새 영주로 들어온 구로다 나가마사(黒田長政)
역시 조선출병을 경험한 자였다. 후쿠오카의 도진마치도 임진왜
란으로 잡혀온 사람들이 거주한 거리였던 것에 틀림없다.
　　지명으로 현재 도진마치라고 하는 구역은 오호리공원(大濠公
園)의 서쪽, 구로몬강(黒門川)과 묘안지강(妙安寺川) 사이에 있
는 꽤 넓은 지역이다.

　　점점 그 구역이 확대되어 큰 지역의 이름이 된 것 같다. 아케
이드가 있는 도진마치상가(唐人町商店街) 부근이 원래의 도진마
치였고, 이전에는 고려담(高麗塀)[162]이 남아 있었다고 한다. 이 상
가는 하카타(博多)에서 서쪽으로 늘어난 옛날 가라쓰가도(唐津街

---

162 일본에서 흔히 만들어지는 스타일의 담이 아니라, 흙이나 돌을 섞어서 만들어진 담으로, 조선
의 방식을 본떠 만들었다 하여 '고려밤(高麗塀)'이라고 했다.

道) 라인이다. 그 길은 이곳 상가 부근에서 조금 구부러지고, 이마가와교(今川橋)의 긴류지(金龍寺) 북쪽까지 연결되어 있었다.

긴류지(金龍寺)의 묘세이지장

그 긴류지는『일본사사대감(日本寺社大鑑)』에 의하면, "절의 호를 고운산(耕雲山)이라 하고, 흔히 묘세이지장(妙淸地藏)의 이름으로 알려져 있다. 경내(境內) 2천540평, 경내에 지장당(地藏堂)이 있고, 마을 사람들은 묘세이지장(妙淸地藏)이라고 칭한다."라고 되어 있는 데서도 알 수 있듯이, '긴류지의 묘세이지장' 혹은 '묘세이지장의 긴류지'라고 할 정도로 시민들에게 사랑을 받는 유명한 절이라고 한다.

절에 돌아가니 바로 왼쪽으로 에도시대 전기 유명한 유학자인 가이바라 에키켄(貝原益軒)의 묘와 동상이 있다. 또한 그 옆에는 구라타 햐쿠조(倉田百三)의 문학비도 있다. 햐쿠조는『출가와 그 제자』를 발표한 후, 이 절에서 잠시 살면서『사랑과 인식의 출발』을 구상했다고 한다.『출가와 그 제자』를 읽은 내 학창시절의 기억이 떠올라 잠시 추억에 잠기기도 했지만, 햐쿠조와 이 절의 인연에 놀랍기도 했다.

그건 그렇다 치고, 절의 입구 오른쪽에 내가 목적으로 하는 묘세이지장이 있었다. 지장이라 하지만 오히려 석불에 가까운 것이었다. 그 옆에는 '묘세이의 비'라고 쓰여 진 검은 석비가 있었다. 그 비에는 한 줄 30자, 8줄에 걸쳐 한문으로 그 유래가 새겨져 있었다. 곳곳에 판별하기 어려운 글도 있지만, 큰 의미는 다음과 같았다.

"묘세이는 조선국 사람으로 그 성은 알 수 없다. 분로쿠(文禄, 1592년~1596년) 중 우리 조상 가몬 나오토시(掃部直利)가 조선의 산속에서 울면서 목숨을 살려달라고 하는 8~9세의 여아를 만났다. 가몬이 그녀를 친척에게 보내주려고 했는데, 전쟁으로 부모와 친척을 잃었다고 한다. 가몬은 이 소녀를 불쌍히 여겨, 일본에 데려와 옆에서 일을 시켰다. 나중에 둘째 아들인 나오미치(直道)의 집에 맡기게 되었다. 가몬이 간에이 6년(1629년)에 세상을 떠나 긴류지에서 묻히자, 그녀는 스스로 여승이 되어 호를 묘신이라 하고, 석불을 세워 가몬의 묘를 지켜 공양했다. 사후 자신도 여기에 함께 묻어달라고 원했기 때문에 그녀가 병사하자 이곳에 매장했다. 교와(享和)[163] 2년(1802년) 하야시 나오노리(林直統)."

이 비문을 남긴 하야시 나오노리라는 사람은 문맥에 나온 하야시 가몬의 8대손으로 구로다번의 가로(家老)를 맡은 사람이다. 모토야마 마스미(本山真澄)의 책 『구로다의 맹장, 하야기 가몬(黒田

---

163 에도시대에 사용된 연호 중의 하나. 교와년간(享和年間)은 1801년~1804년.

の猛将, 林掃部)』에 의하면, 가몬은 번주 구로다가 가진 스물네 명의 장군 중의 한 명이고, 이름이 높은 용감한 장군으로 3천석의 무장이었다. 그는 조선출병 시 372명의 병사를 이끌고 진군하여 철포대두(鐵砲大頭)를 맡았다. 여담이지만 그에 관한 유명한 에피소드로 호랑이사냥이 있다. 조선의 호랑이 사냥에 대해 미리 기술한 적이 있지만, 일본군 대부분이 호랑이를 철포로 죽인 데 반해, 가몬은 창으로 호랑이를 잡은 인물로 알려져 있다. 그의 이야기가 모델이 되어 가토 기요마사(加藤淸正)가 호랑이를 창으로 잡았다는 픽션이 만들어졌다고 한다.

비문에 새겨져있듯 하야시 가몬은 61세로 죽었고 긴류지에 묻혔다. 왜 그런지는 모르겠지만 그는 자신의 묘석을 고려의 석탑과 같은 형태로 만들어달라는 유언을 남겼다고 한다. 당시 하야시의 저택은 현재의 오테문1초메(大手門一丁目)부근에 있었고, 가몬의 묘가 있는 긴류지는 원래 그 바로 북쪽인 아라토야마(荒戸山), 즉 현재의 니시공원(西公園) 고운신사(光雲神社)의 자리에 있었다. 게이안(慶安) 3년(1650년)에 구로다번의 2대 번주인 구로다 다다유키(黑田忠之)가 도쇼궁(東照宮)을 건설하게 되었기 때문에, 긴류지는 지금의 자리 이마가와교 쪽으로 이전된 것이다(나중에 도쇼궁은 번의 시조와 그 아들을 모시는 고운신사가 되었다).

비문에서 알수있듯 묘세이라는 여성은 조선출병으로 전쟁고아가 된 사람이다. 그녀는 자신을 키워준 가몬의 은혜를 갚으려고 죽을 때까지 그의 묘를 지켜 공양했던 것이다. 이러한 연유로 묘세이는 후세에게 상당히 존경을 받았다고 한다. 긴류지의 미요시(三好) 주지에 의하면, 묘세이지장은 큰 효능이 있다고 알려져 있다고 한다. 특히 눈병에 큰 효력을 발휘하고, 지장의 입에 된장을 바르면 바라던 소원이 이루어진다고 하여 '행운지장'이라고 불리게 되었다고 한다. 묘세이지장을 잘 보니, 확실히 입 주변만 베이지색으로 되어 있다. 예전에 8월 19일 센토묘(千灯明)[164]의 날에는 근처의 여자 아이들이 접시에 기름을 넣고 등불을 켜서 이 지장을 지켰다고 한다. 이 묘세이지장은 그 작은 암자의 한구석에 놓여 있는데, 그 위치가 약간 부자연스럽다는 느낌이 들었다. 혹시 일부러 북쪽으로 향하게 한 것이 아닐까 생각했다.

"맞습니다. 묘세이 님의 유언에 따라 북쪽으로 향했습니다."라고 주지스님은 말했다. 그러고 보니, 원래 긴류사가 있었던 아라토야마, 즉 니시공원은 한국을 향하는 바다 겐카이나다(玄海灘, 현해탄)를 바라보는 곳에 있었다. 그 땅에 묻어달라고 원했던 것은 모국을 바라보는 자리라는 이유도 있었던 모양이다. 그녀는 평생 모국을 잊지 않았던 것 같다.

초대인 하야시 가문은 소토슈(曹洞宗)[165] 긴류지에 매장되었지만, 2대와 3대 하야시 집의 묘지는 니치렌슈(日蓮宗)[166] 고쇼지(香

---

164 신사(神事)에서 1000개 이상의 등불을 켜는 날.
165 중국 선종 오가칠종의 한 파. 오직 좌선에 의해서만 깨달음에 도달할 수 있다고 설파하며 좌선을 중요시했다. 카마쿠라시대(鎌倉時代:1185년~1333년) 초기에 도겐(道元)이 송나라 여정(如浄)에게서 법을 배워 일본에 전했다.
166 일본 불교에서 가장 큰 종파의 하나로, 창시자는 13세기에 예언과 논쟁으로 유명한 니치렌(日

正寺)¹⁶⁷ 로 바뀌었다. 하야시 가몬의 저택은 히가시오테몬(東大手門) 앞에 있었지만, 그의 별택은 현재의 고쿠타이도로(国体道路)가에 있는 다이묘마치(大名町)에 있었고, 고쇼지(香正寺)는 그 남쪽 가까운 곳에 있었다. 하야시의 집은 그 절의 부흥에 힘을 써, 본가만이 2대째 이후 개종(改宗)하여 고쇼지를 자신의 묘를 맡기는 절로 택했다. 이 고쇼지에 대해『후쿠오카 대백과사전(福岡大百科事典)』에 창건기록이 있다.

"니치엔(日延)이라는 스님이 불수불시(不受不施)¹⁶⁸의 죄로 지쿠젠(筑前)에 유형(流刑)되자, 이를 불쌍하게 여긴 후쿠오카번 2대 번주 구로다 다다유키가 야쿠인(藥院)에 절을 세울 땅을 주었고, 그 부하인 요시다 이키(吉田壱岐)의 조력으로 고쇼지를 창건, 니치엔이 개조가 되었다."

가이바라 에키켄의『지쿠젠 풍토기(筑前風土記)』에는 "개산(開山)¹⁶⁹ 니치엔(日延), 조선국에서 태어났다. 조선출병 시 포로로 잡혀 와서, 이 절에 살고 니치렌종의 스님이 되었다가, 보슈(房州)¹⁷⁰에 옮겨 단조지(誕生寺)의 주지가 되었다. 이 스님이 불수불시의

蓮)이다.

167 현재의 게이고마치(警固町)에 위치.

168 불수(不受)는 법화경(法華経)을 믿지 않은 자에게 포시(布施)를 받지 않은 것, 불시(不施)는 법화경을 믿지 않은 자를 공양하지 않는 것.

169 사찰(寺刹)이나 종파를 처음으로 창립하는 것, 또한 그 사람.

170 지바현(千葉県) 남부의 옛 지명.

종의(宗義)를 고수하므로 당시 장군 쪽에서 온 포시물(布施物)을 받지 않은 것이 죄가 되어, 이 땅에 유형되었다. 그 수가 7명이 되어 간에이(寬永) 9년(1632년) 이 절을 창립했다."라고 기록되어 있다.

즉 하야시 집의 묘를 관리하는 절이 된 고쇼지는 임진왜란으로 연행된 조선 피로인이 세운 절이었던 것이다. 우연한 일이지만 신기한 인연이다. 고쇼지의 주지 니치엔상인(日延上人)에 관해서는 나이토 슌포(內藤雋輔)의 연구[171]에 자세히 기록되어 있다. 그 한 구절을 인용하면 다음과 같다.

"니치엔상인은 누나와 함께 일본에 잡혀 온 다음에 하카타(博多)나 교토의 절에서 수행하고, 그 후 지금의 지바현(千葉縣)인 아와(安房)의 고미나토 단조지(小湊誕生寺)에 18대 주지로 입산한 명승"이라 한다. 그러나 『지쿠젠 풍토기』에도 있듯, 그는 간에이 7년(1630년) 불수불시논쟁으로 그 자리에서 물러나 하카타에 돌아갔다. 번주의 입교를 받았고, 게이고마치(警固町)에 고쇼지를 세웠다. 만지(万治)[172] 3년(1660년) 77세 때 묘안지(妙安寺)를 세워 은퇴 생활을 지내다가 그 절에서 입적했다."

또한 니치엔이 재흥시킨 고쇼지 가까운 곳에 안요인(安養院)이라는 절이 있다. 가이바라 에키켄의 『지쿠젠 풍토기』에 다음과 같이 소개하고 있다.

---

171 『분로쿠·게이초의 조선출병에 있어서의 피로인 연구(文禄・慶長役における被虜人の研究)』
172 에도시대에 사용된 연호 중의 하나. 민지년간(万治年間)은 1658년~1661년.

"호를 향백산(香白山) 주라쿠지(受樂寺)라고 한다. 이 터를 연 스님인 심예(心譽)는 조선국 전라도 담양의 향백산 안양원(安養院)의 주지스님이었다. 그는 임진왜란 때 구로다 나가마사공의 부하인 이케다 구로베(池田九郎兵衛)에게 잡혀 일본으로 건너왔다. 구로베는 그를 집의 일꾼으로 썼다. 심예는 고기를 먹지 않았다. 구로베는 그의 뜻을 꺾고 환속(還俗)시키고자 노예 가운데 한 여자를 골라 그의 아내로 삼게 했다. 그러나 그는 3년 동안 관계를 갖지 않았다. 아내는 그에게 감사하며 이혼했다. 구로베는 그의 뜻을 꺾을 수 없다는 것을 알고 야쿠인(藥院)에 초암(草庵)을 짓고, 그를 그곳의 스님으로서 앉혔다. 그가 조선에서 살았던 곳의 이름을 빌어 안양원이라고 했다."

이렇게 안요인(=안양원) 주지스님도 조선인 승려였다고 기록하고 있다. 이 절의 주지가 조선인이었다는 인연으로, 이 땅에서 죽은 피로인들은 이곳에 묻히게 되었다고 한다. 그들의 묘를 볼 수 있을까 해서 안요인을 찾아갔다. 현 주지스님의 이야기에 의하면, 이곳은 예전의 장소에서 이전된 절이라 했다. 원래 스포츠센터 부근인 야쿠인 후루코토리 바바(藥院古小鳥馬場)에 있었던 것인데, 죠오(承応) 2년(1653년) 겐코인(源光院)을 그 자리에 세우기 위해 번주의 명으로 현재의 위치로 옮긴 것이라 한다. 그래서 지금의 안요인에는 심예와 조선인들의 묘가 없다고 했다.

니치엔상인이 창건하고 거기서 돌아가신 묘안지(妙安寺)에도 들렀다. 도진마치의 북쪽, 절에 이름을 붙인 묘안지강의 강가에 절이 자리하고 있었다. 그곳은 바다, 그것도 겐카이나다에 가까운 곳이었다. 만년에 니치엔상인이 일부러 이곳에 절을 세운 것은 당시 조선인이 많이 살던 도진마치와 가깝고, 또 조선을 바라볼 수 있는 땅이었기 때문이 아닐까 하는 생각이 들었다. 사실 니치엔이 그렇게 원하고 부탁했다고 한다. 묘세이는 물론 니치엔상인을 비롯해 끌려온 많은 피로인들이 죽을 때까지 모국을 잊지 않았다는 것이다.

33. 황무지를 개척한 조선인

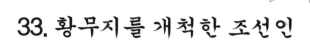

−야마구치현 이와쿠니시(山口県岩国市)
　옛 지명 수오(周防)

　긴타이교(錦帶橋)가 있는 동네로 유명한 야마구치현(山口県) 이와쿠니(岩国)는 에도시대 모오리(毛利) 일족인 깃카와번(吉川藩)의 성하마을이기도 했다. 간분(寛文) 4년(1664년) 명나라 사람인 독립(独立)이 3대 번주 깃카와 히로요시(吉川広嘉)에게 중국의『서호유란지(西湖遊覽志)』속에 있는 섬과 섬을 연결하는 아치형 다리를 보여줬다. 이것이 니시키강(錦川)에 가교가 건설된 계기가 되었다고 한다. 이 긴타이교가 현재 이와쿠니시 관광지의 최고 볼거리가 되었다.

　긴타이교를 건너면 공원이 있는데, 거기에는 문인석상(文人石像)이나 육각정(六角亭)이 세워져 있다. 딱 봐도 한국 것이라는 것을 알 수 있는데, 모두 일제강점기 조선에서 가져온 것이다. 각각 설명판에 일본어는 물론 한국어까지 당당하게 병기되어 있는 것이 놀라웠다. 한국인 관광객들의 편리를 위해 한국어 표기를 했을 것인데, 이를 보면 한국사람은 분노를 느끼지 않을까?

　그러고 보니 조선총독부 2대 총독 하세가와 요시미치(長谷川好道)는 이와쿠니 출신이었다. 그의 생가터도 찾아가 보았는데, 안내판에 "그는 총독시대 깃카와 히로이에(吉川広家)가 싸웠던 서울 북방에 있는 벽제관을 찾아, 그곳에 있던 육각정을 기념으로 가져 와 이와쿠니에 선물했다."고 당당하게 설명되어 있었다. 이것은 역시 일본어로만 쓰여 있었다.

　이곳 번의 초대 번주는 안내판에 있듯 깃카와 히로이에로, 임 진왜란과 정유재란에서 5천 명의 병사를 이끌고 활약했다고 한 다. 아마 그도 조선에서 많은 포로를 데려온 것이 아닐까 생각해 서 자료가 남아 있는 이와쿠니 쵸코관(岩国微古館)을 찾아갔다.

　거기에 남아 있는 『번사제가보(藩士諸家譜)』를 보고 놀란 것은 3만 석이라는 작은 번임에도 불구하고 많은 피로인들을 데려왔다 는 것이다. 잡혀온 조선인 중에는 무사가 된 사람이 3명, 여성은 적어도 5명 이상이었고, 그중에는 가로(家老)의 소실이 된 사람도 있었다. 무명의 사람은 더 있을 것이라고 생각된다. 그 가운데서

이와쿠니시 니켄야의 원경

특히 흥미를 끄는 것은 다음의 일이다. 이와쿠니시의 교외에 하시라노 니켄야(杜野二軒屋)라는 지명이 있다. 이곳에 대해『구가군사(玖珂郡史)』에서는,

"하라다 마타베(原田又兵衛)라는 자가 조선전쟁에서 끌고 온 두 명의 일꾼인 임명(林明)과 도네모(刀禰某)가 하시라노촌(杜野村)의 가나사카(金坂)에 집 2채(二軒)를 지었기 때문에 여기를 니켄야(二軒屋)라고 한다."고 그 유래를 밝히고 있어 조선출병에 관계가 있다는 것을 설명하고 있다.

하라다 마타베라는 무사는 깃카와 히로이에의 부하였다. 세키가하라전투 후 서군 모오리 일족에 속했던 깃카와 히로이에는 이즈모(出雲)[173]의 도미타성(富田城)에서 수오(周防)[174] 이와쿠니로 옮기게 되었다. 하라다 마타베도 주인을 따라 이와쿠니로 옮겨, 하시라노의 땅을 받았던 것이다. 그 땅을 실제 개척한 사람이 바로 조선에서 잡혀온 임명이었다는 이야기다.

나중에 하라다 3대째가 하시라노에 옮겨 산 것이 죠쿄(貞享) 3년(1686년)의 일이었다. 이때 이미 임명은 죽었지만, 니켄야 개척의 은인으로서 하라다의 집은 그의 묘비를 세웠다고 한다. 니켄야가 어떤 곳인지 궁금하고, 더불어 임명의 묘비를 보고 싶어 하시라노를 찾아갔다.

이와쿠니에서 하시라노로 가는 길은 옛날 산요도(山陽道)이고, 긴메이지고개(欽明路峠)에 올라가는 입구였다(동네사람이 무슨

---

173 시마네현(島根県) 동부의 옛 지명.
174 야마구치현(山口県) 동부의 옛 지명.

이유인지 긴메이지고개를 '가나난고개'라고 부른다고 한다). 교토나 오사카에서 규슈방면으로 내려가는 길은 하시라노, 그리고 니켄야를 지나 고개를 넘어 구가분지(玖珂盆地)로 나가게 되는 것이 일반적이었다. 현재는 그 북쪽에 국도2호선이 생겼고, 또 옛날의 산요도에도 우회도로가 생겨, 고개 아래에는 터널이 만들어졌다. 약간 오르막이어서 그런지 가능한 한 엑셀을 밟은 트럭들이 무서운 스피드로 달리고 있었다. 시내에서 옛날의 산요도에 있는 하시라노까지는 버스노선이 있기는 하지만, 니켄야의 취락은 버스정류장에서 더 깊은 곳에 들어있다. 현재는 십 수 채의 집들이 있지만 아직도 시골 마을 그대로였다.

그곳에서 임명의 묘가 어딘지 물어봤지만, 의외로 아는 사람이 아무도 없었다. 그래서 임명을 데려온 하라다의 집을 찾았더니, 그 집은 폐가가 되었고, 주인은 이미 시내로 옮겼다고 한다. 겨우겨우 임명의 묘를 찾았는데, 그것은 새로 생긴 우회도로의 옆에 있었다. 높이 80센티미터 정도의 아름다운 석비로, '니켄야 개조 임명지묘(二軒屋開祖林明之墓)'라고 새겨져 있었다. 사람들이 알려준 바로는, 이 석비는 우회도로 건설로 인해 옮겨졌다고 한다. 원래는 하라다의 묘지에 있었던 것인데, 하라다의 묘지도 도로공사로 인해 도로에 파묻혔기 때문이란다. 이런 이유로 하라다의 후손이 니켄야 개척의 원조 임명의 공적을 남기기 위해 새로 세웠다고 한다. 하라다의 후손은 의리가 있는 사람인 것 같다. 전의 석비에는 '조선국에서 태어남. 게이초(慶長) 3년(1598년)에 왔음. 간에이(寬永) 18년(1641년) 7월 8일 죽음'라고 새겨져 있었다고 한다.

임명의 후손이 어디 있는지는 알 수 없었지만, 하라다의 후손은 니시이와쿠니역(西岩国駅) 앞에 산다고 하여 시내로 돌아가서 찾기로 했다. 서쪽의 도쿠야마(德山)와 이곳을 잇는 JR이와토쿠선(岩徳線)의 니시이와쿠니역은 무인역이 되어, 완전히 쇠락해 활기가 없었다. 역전에 하라다 씨의 집이 있었다. 그 집은 전에 무슨 장사를 했던 것 같지만, 현재는 영업을 하지 않는지 아무도 없었다.

그 집이 어떤 장사를 했었는지 근처에서 물어보니, '우이로(ういろう)'[175] 장사였다고 한다. 그것도 '니켄야의 백우이로(白ういろう)'라고 해서 당시에는 모르는 사람이 없을 정도로 유명한 가게였다고 한다. 아이들에게는 어른들이 그 우이로를 사주는 것이 그렇게 기쁜 일이었다고 한다. 팔던 것이 우이로라는 말을 듣고, 임명이 조선에서 잡혀왔고 또 묘비에도 '조선국산'이라는 글이 있지만 실은 그가 조선인이 아니라 명나라 사람이 아닐까 생각했다. 일본에 우이로 기술을 전한 사람은 오다와라(小田原)[176]나 나고야(名古屋)를 포함해서 모두 중국에서 온 도래인이다. 우이로는 한자로 '外郎(외랑)'이라고 쓴다. '외랑'은 중국의 관위명이고, 그 발음을 '우이로'라고 하는 것 같다. 아마 '니켄야의 백우이로'도 임명이 만든 것이 아닐까. 그것을 하라다의 집에서 이어받은 것은 아닐까 추측했다.

이 하시라노에는 임명 외에도 임진왜란과 관련된 에피소드가

---

175 쌀가루나 밀가루 등을 팥과 설탕을 쪄서 만든 일종의 떡과 같은 과자. 양갱이 같은 것.
176 가나가와현(神奈川県) 서부에 위치하는 지역.

하나 더 있다. 같은 하시라노를 개척한 사람 중에 역시 깃카와의 부하였던 시즈마(靜間)라는 집이 있다. 이와쿠니에는 시즈마라는 성이 많은데, 조사해 보면 계통은 4종류가 있다. 그중 3집은 시마네현의 시즈마에서 유래된 것처럼 여겨진다. JR산인본선(山陰本線)에도 시즈마역(靜間駅)이 있다.

또 하나의 시즈마의 뿌리는 본가의 『시즈마가보(靜間家譜)』에서 찾아볼 수 있다. 여기에 의하면, "시즈마 지로베(靜間次郎兵衛)라는 깃카와 히로이에의 부하가 조선출병 시 데려온 자에게 자신의 성인 시즈마성을 주고 목수로 삼았다."라고 기록되어 있다. 본가는 나중에 어떤 이유로인가 단절되었지만, 시즈마의 성씨를 받은 조선인은 2대인가 3대째인가에 양은 적지만 16석을 받은 무사로 올라가 깃카와의 부하가 되었다고 한다.

그 시즈마씨는 임명과 마찬가지로 하시라노의 고노세(五之瀬)를 개척했다. 초대의 조선 명은 알 수 없지만 이름은 야자에몬(弥左衛門)이라 했다. 그리고 시즈마와 하시라노에 관한 그 이야기는 이와쿠니의 오래된 지지(地誌)에도 기록되어 있다. 『구가군사(玖珂郡史)』에서는 "게이운지(桂雲寺), 시즈마 히코에몬(彦右衛門), 천체불 지장보살(千体仏地蔵菩薩)을 건립함"이라고 쓰여 있다.

이와쿠니시 교육위원회의 『이와쿠니의 문화재와 사적(岩国の文化財と史跡)』에는 "천체불은 쇼토쿠(正德)[177] 5년(1715년)경 시즈마 히코에몬이 봉납한 것. 절에서 삼배하고 공양할 때, 절의 암자에

---

177 에도시대에 사용된 연호 중의 하나. 쇼토쿠년간(正德年間 : 1711년~1716년)

있는 천체불 안에서 돌아가신 사람과 비슷한 불상을 골라 본당에 옮겨 위폐와 함께 불단(仏壇)에 올려 경전을 읊어 달라 한다. 돌아갈 때에는 다시 원래 자리에 불상을 돌려놓고 퇴출한다."라고 기록하고 있다.

1715년이라면 시즈마의 집은 4대째인 기에몬(喜右衛門)의 대이다. 히코에몬은 『시즈마가보』에서 말하는 기에몬을 가리키는 것이 아닐까 생각했다. 『시즈마가보』에 의하면, 기에몬은 하시라노촌에 살고 게이운지 건립에 기여했다고 특별히 기록되어 있다.

임진왜란으로 끌려온 조선인이 황무지를 개척했을 뿐만 아니라, 또 그 후손의 손으로 절을 건립한 드문 사례이다. 그러나 그 게이운지는 계속 일어난 홍수 때문에 파괴되어 지금은 남아 있지 않다.

시즈마의 후손 중에는 이곳에서 유명한 시즈마 히소카(静間密)라는 교육자가 있다. 그는 10대째에 해당하며 메이지 다이쇼시대(1868년~1926년)를 산 사람이다. 청년 때부터 한학(漢學)과 산학에 뛰어나 나라사범(奈良師範)을 졸업한 후 사카이사범(堺師範)과 고오리야마 중학교(郡山中學校)에서 교사를 했다. 연로한 부모를 위해 고향에 돌아와 이와쿠니 초등학교에서 20년을 근무했고, 니시키미 산술학교(錦見算術学校)라는 사교육시설을 열어 이와쿠니의 교육발전에 많은 기여를 했다. 시즈마가 마당에 많은 꽃(일본어로 하나)을 심은 것으로 인해 흔히 '하나시즈마(花静間)'라고 불렸다. 또한 그는 '부키요(武奇陽)'라고 칭하면서 광시(狂詩)[178]를 즐겼다. 후타쿠시(風択子)라는 이름도 가져, 역학연구와 한적(漢籍)의 수집을 취미로 했다고 한다. 성격은 온순하고 정직한 인격자로서 이와쿠니 사람들의 사랑과 존경을 받았다고 한다.

시내의 묘카쿠인(妙覚院)에 있는 그의 묘를 찾아갔다. 그 묘비에는 '풍탁원 화예무기양거사(風択院花譽武奇陽居士)'라고 쓰여 있고 묘비의 명문은 그가 지냈던 풍류와 멋의 모든 것을 법명으로 새겨놓고 있었다.

....

178 익살스런 내용을 담은 한시체(漢字體)의 시. 한시의 규칙에 따르면서 비속어를 많이 썼음. 에도시대 중기 이후에 일본에서 유행했다.

34. 일본어를 강제한 승려

−히로시마현 히로시마시(広島県広島市)
옛 지명 아키(安芸)

히로시마에 가보자고 생각했을 때, 어떤 신문기사가 눈에 들어왔다. 히로시마현 동부인 후쿠야마시(福山市) 도모(鞆)의 안코쿠지(安国寺)라는 절에서 "조선출병 시 안코쿠지의 에케이(恵瓊)라는 승려가 조선에서 가져왔을 것으로 보이는 조선시대 중기의 극히 화려한 불화가 발견되었다."는 것이었다.

비단에 빨강, 초록, 금색으로 '보살삼존십왕도(菩薩三尊十王図)'가 화려하게 족자에 그려져 있고, 세로 154센티미터 가로 111센티미터의 크기라고 한다. 하부 가운데에 '만역(萬曆) 11년 5월 전라도'라고 먹으로 쓴 붓글씨의 명문이 있는 것으로 임진왜란이 시작되기 9년 전인 1583년에 제작되었다는 것을 알 수 있다.

기사는 "조선출병으로 인한 화재나 약탈 때문에 동시대의 불화는 현재 한국에서도 거의 남아 있지 않아 중요문화재급의 명화라 할 수 있다. 이 불화를 가져온 사람이 에케이"이며, 이렇게 쓰는 근거는 "에케이가 당시 이 절의 주지스님이었고, 임진왜란에 종군했기 때문"이라고 보도했다.

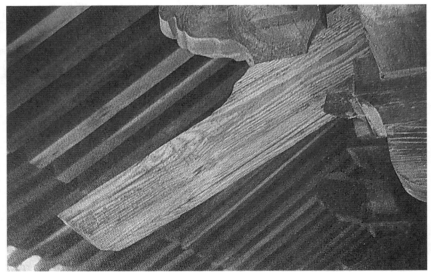
' '조선목 문록삼' 이라 새겨진 누문의 서까래(히로시마시 후도인)

　에케이라는 인물은 아키(安芸)[179] 히로시마(広島) 출신이고, 처음엔 교토 도후쿠지(東福寺)의 승려가 되었다. 나중에 안코쿠지의 스님 지쿠운(竺雲)의 가르침을 받아, 안코쿠지를 겸용(兼帯)했다. 이어서 히로시마의 모오리 데루모토(毛利輝元)의 사승(使僧)[180]이 되었다. 또 그는 히데요시의 신뢰를 얻어 이요(伊子) 지방에서 6만석을 받고 영토를 관리하는 대명(大名)이 되었다. 임진왜란 때에는 모오리 데루모토의 일족인 빈고(備後)[181]의 고바야카와 다카카게(小早川隆景)와 함께 종군했다.

　그때 에케이가 가져왔다고 하는 조선의 범종(梵鐘)과 조선의 목

----

179 히로시마현(広島県) 서부의 옛 지명.
180 사자로서 보내는 승려
181 히로시마현(広島県) 동부의 옛 지명.

재로 만들었다고 하는 산문(山門)이 히로시마시의 절에 있다고 한다. 임진왜란과 정유재란 동안 일본군이 엄청나게 많은 문화재를 약탈해 갔다는 것은 잘 알려져 있지만 조선의 목재를 일본에 가져와 절의 건축 재료로 썼다는 것은 참으로 드문 사례이다. 전부터 히로시마에 가보자고 생각했던 것은 그 산문을 직접 보고 싶어서였다.

아키 안코쿠지는 가마쿠라시대(鎌倉時代:1185년~1333년)[182]에 아시카가 다카우지(足利尊氏)와 다다요시(直義) 형제가 일본 전국에 건립한 66개의 안코쿠지 중의 하나이다. 그 후 쇠퇴한 절을 에케이가 다시 세운 것인데, 에케이가 별명 '안코쿠지'라고 불린 것은 그 때문이다. 세키가하라전투 이후, 후쿠시마 마사노리(福島正則)가 히로시마의 영주가 되어, 절의 이름이 후도인(不動院)으로 바뀌었다.

후도인은 시의 중심지에서 오타강(太田川)을 거슬러 올라간 교외에 있었기에 제2차 세계대전 말기의 원자폭탄의 피해를 받지 않고, 아즈치 모모야마시대(安土桃山時代:1568년~1600년)[183]의 위용(威容)을 현재까지 그대로 간직하고 있다. 간선도로(幹線道路)의 후도인 버스정류장에서 얼마 떨어지지 않은 곳에 자리하지

---

182 가마쿠라사대(鎌倉時代):1185년~1333년.
183 오다 노부나가(織田信長)와 도요토미 히데요시(豊臣秀吉)가 정권을 잡은 시대(1568년~1600년)

만, 뒤에는 산을 두어 번잡한 도시에서 떨어진 조용한 곳이었다.

그 후 도인을 찾아간 것이 한겨울이었는데, 절의 마당에는 따뜻한 햇볕을 찾아 많은 사람이 편히 쉬고 있었다. 경내 중앙에 위치한 국보로 지정된 훌륭한 금당(金堂)은 오우치 요시타카(大內義隆)가 야마구치(山口)에 세운 것을 에케이가 이전시켜 불전(仏殿)으로 삼았다고 전해진다.

또한 이 절에는 에케이가 가져왔다고 전해진 조선종(朝鮮鐘)도 있다. 이 종은 고려시대 초기의 것이며, 천녀(天女)가 춤추는 모습이 4면에 선명하게 돋을새김으로 표현되어 있다. 이것도 중요문화재로 지정되어 있다. 근래에 한국 KBS에서 취재하여 방송했기 때문에 그해의 연말 이 종소리가 한국에 흘렀다고 한다.

내가 목적으로 하는 누문(樓門)은 기와 2층의 건물이고, 분명 상층에 조선의 목재가 사용되어 있을 것이다. 이 누문도 일본의 중요문화재이다. 상층에 올라가도 되는지 확인했더니, 편하게 허락해 주고 안내까지 받았다.

"에케이가 조선에서 가져온 나무는 어떤 것?"이냐고 물어보았더니, 그 스님은 한 서까래를 손가락으로 가리켰다. 그 서까래는 참배도(參拜道)에 면한, 즉 정면의 지붕을 버티는 서까래 중의 하나였다. 겨울의 강한 햇살을 피해 손바닥으로 하늘을 가리고 보니, 거기에는 확실히 '조선목(朝鮮木) 문록3(文祿3:1594년)이라는 명이 새겨져 있으며, 400년이나 지났는데도 반짝반짝 빛나보였다. 더욱이 그 문자가 새겨진 것이 하나가 아니라, 동쪽 면의 서까래 중 하나에도 같은 글씨가 새겨져 있었다.

그 두 개의 재목 재질은 보기에도 다른 나무와 확실히 다른 것이었다. 즉 이 산문은 모든 것이 조선의 재목으로 만들어진 것이 아니라, 조선의 재목을 상징적으로 사용했다는 것이다. 에케이는 불교의 스님인데도 불구하고, 어떻게 다른 무사와 똑같이 조선의 목재를 전리품으로 가져와 그렇게 새긴 것일까?

조선에서 가져온 목재로 누문을 장식한 것은 이 후도인뿐만이 아니었다고 한다. 히로시마의 중심부에 고쿠타이지(国泰寺)라는 절이 있었다. 질이 좋은 많은 목재를 조선에서 가져와, 그 목재로 고쿠타이지의 건물을 건축했다고 한다.

이 절 역시 에케이에 의해 건립된 것이었다. 모오리씨의 성하 마을로서 히로시마가 형성된 분로쿠 3년(1594년)의 이야기다. 처음에 이 절도 안코쿠지로 불렸지만, 1601년에 후쿠시마 마사노리가 입국한 후에 고쿠타이지라고 개칭되었다. 고쿠타이(国泰)는 히데요시의 법명이다. 이 지역의 오랜 기록에 따르면, 절의 본당은 약 22×7미터 정도의 커다란 건축물이고, 그 처마에도 '조선목'이라 새겨져 있었다고 전해진다. 그러나 겐나(元和) 5년(1619년) 후쿠시마로 바뀌면서 히로시마에 돌아온 아사노(浅野)씨 5대 번주의 명으로 '조선목'이라는 글자는 왜 그런지 지워져버렸다. 그리고 그 본당 자체가 호레키(宝暦)[184] 8년(1758년)의 큰 화재로 불에 타고 없어졌다. 더욱이 제2차 세계대전의 원자폭탄으로 절은 흔적조차 없어져 버렸다. 절은 니시히로시마(西広島)로 옮겨, 이름만

---

184 에도시대에 사용된 연호 중의 하나. 호레키년간(宝暦年間)은 1751년~1764년.

시청이 있는 고쿠타이지초(国泰寺町)라고 남아 있을 뿐이며, 에케이와 조선의 관계를 보여주는 것은 후도인만으로 끝난 것이다.

에케이가 다른 무사들과 크게 다른 인물로 특별히 기록해야 하는 점은, 그가 조선에서 일본어를 강제로 사용하게 했다는 일이다.

그가 분로쿠 원년(1592년) 6월 조선의 점령지에서 제자들에게 보낸 편지에는 이런 내용이 있다. 조선국은 일본과 비교가 안 될 정도로 광대하다는 것. 고려인들이 게릴라 전술로 일본군을 공격하여 적지 않은 피해를 입었다는 것. 조선의 서적 등을 보물선에 실어 보냈다는 것. 그 외 고려인들에게 '이로하(いろは)', 즉 일본 글자를 가르치고 옷차림도 일본인과 같이 하도록 시켰다는 것 등을 자랑스럽게 적어놓았다.

이전에 에케이랑 같은 발상을 한 사람이 있었다. 그는 다름이 아닌 히데요시이다. 하야시 라잔(林羅山)의 『도요토미 히데요시보(豊臣秀吉譜)』에 기록되어 있는 이야기가 있다. 어떤 사람이 히데요시에게 조선도 명나라도 한문을 사용하는 나라이기 때문에 이번 출병에 한문에 뛰어난 자를 데려가면 어떨까 진언했다. 이것에 대해 히데요시는 "나는 그 나라들에게 '이로하'를 쓰게 하려고 생각한다. 왜 외국의 문자를 쓰지 않으면 안 되는 것인지"라고 말했다고 한다.

그러나 결국 히데요시는 교토 쇼코쿠지(相国寺)의 사이쇼 조타이(西笑承兌) 등 3명의 선승(禪僧)을 일본군에 수행하도록 했다. 이에 따라 각지의 장군들도 인연이 있는 승려들을 동행하여 문필을 담당시켰다. 에케이도 고바야카와군의 브레인으로 종군한 것이다. 이 시대의 승려들은 당시에 유일한 지식계층으로 외교문서의 작성을 맡거나 때로는 외교관 역할도 했다. 또 일본군의 침략으로 인해 도망간 조선 농민들에게 자신의 논밭에 돌아오라는 글을 작성하고, 그들을 위로하는 것도 승려의 역할이었다.

이러한 사상, 즉 타민족에게 자국의 문자를 강요하는 것은 20세기에 재현되었다. 일본의 식민지 아래 조선이 조선어의 사용금지와 창씨개명을 강제당한 것은 잘 알려져 있지만, 그 뿌리는 바로 임진왜란에 있었다.

안내해 준 스님이 오타강(太田川)을 끼고 바로 서쪽에 보이는 산을 가리키면서 말했다. "저 산은 은산성(銀山城)이 있었던 곳입니다. 그 성주는 다케다(武田)라고 하는데, 에케이 스님은 저 은산성의 성주 아들이었다고 합니다. 다케다가 모오리에 의해 멸망당했기 때문에 교토의 절에서 수행하게 되었지만, 원래 에케이는 무사출신이었습니다."

원래 안코쿠지는 그 성주 다케다에게 보호를 받은 절이었지만, 다케다가 멸망하자 안코쿠지도 함께 쇠퇴했다. 그러나 출세한 에케이가 다시 이 땅에 안코쿠지의 주지스님으로 돌아왔다는 말이다. 에케이의 득의양양한 얼굴이 눈에 보이는 것 같다.

안코쿠지 에케이는 조선출병에 이어 벌어진 세키가하라전투에서 서군으로 참전했다. 패배하여 게이초 5년(1600년) 10월 1일 교토의 산조가와라(三条河原)에서 처형되었다. 다른 이야기에서는 고조교(五条橋)를 건널 때 가마 안에서 스스로 할복(切腹)해서 죽었다고도 한다. 교토 겐닌지(建仁寺)에는 그의 묘가 있고, 이 절의 뒷산에는 그의 머리 무덤(首塚)[185]이 있다.

---

185 참수한 자의 목을 매장한 곳, 아니면 그 목을 모여서 공양하기 위해 만든 무덤.

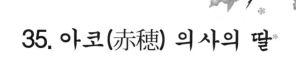

35. 아코(赤穗) 의사의 딸

−시미네현 쓰와노시(島根県津和野市)
옛 지명 이와미(石見)

　에도시대의 센류(川柳) 중에 '다케바야시(武林), 그의 조상은 호
랑이도 사는 나라'라는 것이 있다. 현대에서는 무슨 뜻이지 바로
깨닫지 못할 수가 있어서 약간의 설명을 더하겠다. 디케바야시라
는 사람은 에도시대 일본의 유명한 사건인 '충신장(忠臣藏)[186]'에
등장하는 인물이다. 그는 47명의 아코 의사(赤穗義士) 중에 한 명
이었다. 기라(吉良)의 저택에 쳐들어가 기라 고즈케노스케(吉良上
之助)의 목을 잘랐다는 것으로 유명한 다케바야시 다다시치(竹林
唯七)를 뜻한다.
　'조상은 호랑이도 사는 나라'라는 구절은 의미 있는 말이다. 일
본에는 호랑이가 없기 때문에 다케바야시의 조상은 외국인이라는
것을 말하고 있다. 당시는 호랑이라고 하면 조선이라고 알려져 있
었기에, 그가 조선인이라 여겨졌는지 모른다. 센류에 나오는 정도
이니, 이것은 널리 알려진 이야기일 것이다. 실제로 그의 할아버

---

186 충신장(忠臣藏)은 1702년 아코번(赤穗藩)의 47인 낭인들이 주군의 원수를 갚기 위한 복수극
을 벌인 실제사건.

도진야의 '도진야키 가마터'

지는 히데요시의 조선출병으로 강제로 일본에 끌려 온 조선사람이었다.

게이초(慶長) 2년(1597년) 임진왜란 후 강화교섭이 결렬되자 히데요시는 재침략을 계획했다. 그러나 임진왜란처럼 조선 깊숙이까지는 들어가지 못하고 조선연안에 성을 쌓아 거점으로 삼았다. 그중 가장 동쪽에 있던 것이 울산왜성(蔚山倭城)이었다. 조선과 명나라의 연합군이 1597년 말부터 이듬해까지 울산왜성을 총공격한 것이 소위 말하는 '울산전투'이다.

다케바야시 다다시치의 할아버지 맹이관(孟二寬)은 이 전투에서 고후(甲府)[187]의 영주 아사노 유키나가(浅野幸長)의 부하와 격투 끝에 포로가 되었다고 한다. 맹이관은 중국 절강성(浙江省) 항주부(抗州府) 무림(武林) 사람으로 의학 지식이 있었던 것 같다. 그해 일본군은 간신히 철군하지만, 맹이관은 풍기는 인품 때문인지 죽음은 면해 일본으로 연행되었다. 아사노가 고후 다음에 와카야마(和歌山), 그리고 히로시마(広島)에 돌아간 후에도 와타나베 지안(渡辺治庵)이라는 이름을 가지고 번의 의사로서 살다가 히로시

---

187 야마나시현(山梨県) 내에 위치하는 지역. 현재 야마나시현의 현청소재지.

마에서 생을 마감했다. 그 묘가 히로시마의 사이후쿠지(西福寺)에 있다. 3대째인 다다시치 대에는 맹자의 후손이자 조상이 다게바야시(武林) 출신이라 해서 다케바야시성으로 바꿨다.

그동안 아사노의 본가는 와카야마에서 히로시마로 옮겼지만, 아사노의 남동생이 아코(赤穗)[188]로 분가했기 때문에 다케바야시 집도 아코에 가라는 명을 받아 옮기게 되었다. 옮겨간 그곳에서 '충신장' 사건을 겪게 되는데 이것이 흔히 말하는 '아코 의사 기라 저택 습격사건'이다. 다케바야시 다다시치는 그 습격의 다음 해 1703년 할복(切腹)하여 스스로 목숨을 끊었다. 그때 32세였다고 한다. 아코 의사의 이야기를 하는 이유는, 실은 그 후에 일어난 일에 관한 이야기를 소개하고 싶었기 때문이다. 아코 의사의 습격사건 50년 후의 이야기다.

어떤 할머니가 중풍에 걸려 수오(周防) 도쿠야마(德山)의 어떤 여관에서 석 달 요양했다. 병이 다 나은 할머니는 또다시 여행준비를 시작했다. 여관의 주인이 할머니에게 여자이고 나이도 많은데, 굳이 걷는 여행을 계속하는 이유가 도대체 무엇인지 그 사정을 물어봤다. 그 할머니는 자신을 반슈(播州) 아코의 무사, 다케바야시 다다시치의 딸이라고 밝혔다. 돌아가신 선대 아사노 씨와 부모님을 공양하기 위해, 여러 곳의 신사나 절을 돌면서 아버지의 묘가 있는 에도(江戸) 센가쿠지(泉岳寺)[189]에 가는 중이라 했다.

---

188 효고현(兵庫県) 내에 있는 해변지역.
189 할복한 영주 아사노 씨와 아코의사들의 묘를 모시는 절.

그 집의 조상이 조선전쟁으로 일본에 잡혀왔다는 경위까지 말했다. 그리고 여기까지 와서 생전의 아버지가 했던 말이 생각났다고 한다. 그것은 아버지의 할아버지, 즉 다케바야시 원조가 아사노의 부하에게 잡혔을 때의 이야기다. 일족의 이랑자(李郎子)라는 사람 역시 세키슈(石州)[190] 산본마쓰(三本松)의 성주 요시미 모토요리(吉見元賴)의 부하 사이토 이치자에몬(齋藤市左衛門)에게 잡혔다. 그는 산본마쓰 옆에 수기가고개(杉ヶ峠)에서 도자기 같은 것을 만들고 있었다는 내용이었다.

다케바야시의 딸은 혹시 아직도 이랑자의 후손이 살아 있을까 해서 안내자를 고용하여 수기가고개를 찾아가 봤다. 그곳은 쓰와노성(津和野城)에서 6킬로미터 정도 떨어져 있었다. 할머니는 몹시 구부러진 비탈길을 넘어 깊은 산숙에 들어가, 도진야(唐人屋)라는 곳에 도착했다. 그러나 그곳에는 사람이 사는 집도 없었고, 원숭이 소리와 물소리밖에 들리지 않아, 어쩔 줄 몰라 하고 있었다. 바로 그때 어떤 할아버지를 만났으니, 그에게 물어봤다. "옛날에 여기에 조선에서 온 사람이 살았다는 집을 모르십니까? 혹시 후손분이 계시지 않을까요?" 할아버지는 "옛날에 요시미(吉見)라는 임금님이 계셨을 때, 인질이 된 조선사람을 여기에 거주시켰으니 여기를 도진야라고 부른 것이오. 그중 나중에 마타에몬(又右衛門)이라고 불리는 사람이 있었는데, 도자기 같은 것을 만들었다고 들었지만 자식도 없고 일대로 끊어졌다고 하오."라고 말했다.

할머니가 그의 묘가 없는지 물어봤더니, "도자기 밑받침을 모

---

190 시마네현(島根県) 서부의 옛 지명. 이와미(石見)라고도 함.

아 만든 묘가 있었는데, 이제는 물어볼 사람도 없다."고 말했다. 다케바야시의 딸은 그 묘를 찾아서 묘를 모시고는 산본마쓰(쓰와노)에 돌아갔다.

이것은 에도시대에 기록된 『요시카기(吉賀記)』에 실린 이야기다. 다케바야시 다다시치의 후손은 그 후 야마구치현의 하기(萩)에 살았다고 한다. 과연 그에게 실제 딸이 있었는지 이것이 실화였는지 모르겠지만, 나도 다게바야시의 딸의 발자국을 더듬어 수기가고개에 가보고 싶은 마음이 들었다.

임진왜란 당시, 쓰와노의 영주는 요시미 모토요리였지만 세키가하라전투에 패배하여 그는 모오리(毛利)씨와 함께 하기(萩)로 옮겼다. 다음에는 사카자키 나오모리(坂崎直盛), 그 후에는 가메이 마사노리(亀井政矩)가 옮겨 와, 에도시대 말기까지 이어간 성하마을이었다. 에도시대 말기와 메이지시대에는 철학자 니시 아미네(西周)가, 그리고 문학자 모리 오가이(森鴎外)가 나온 곳으로 알려져 있다. 교통이 불편한 곳이지만 요즈음은 쓰와노가 '작은 교토'라고 하여 관광객도 많다.

지도를 보면 내가 목적으로 하는 도진야는 이 동네의 상징인 아오노야마(青野山)의 남쪽 끝을 돌아 서쪽에 접하는 가키노키촌(柿木村)으로 가는 도중에 있다. 6킬로미터의 산길을 어떻게 걸어 갈 것인지 망설였지만, 여기까지 왔는데 다시 돌아갈 수도 없는 노릇이었다. 구불구불한 오솔길을 따라가니 도진야수도(唐人屋隨道)라고 씌어있는 터널을 만났다. 터널을 빠져나가자 바로 오

른쪽에 겨우 하얀 표식이 보였다. 거기에는 '도진야키 가마터(唐
人燒窯跡)'라고 쓰여 있었다. 이랑자는 도공이었던 것 같고, 이 깊
은 산속에 그를 거주시킨 이유는 이곳에 도자기에 적합한 흙이
있어서 그랬다는 것이다.

이 근처가 가마터인 것은 틀림이 없는데, 풀이 무성해 확인하
지 못했다. 이랑자의 묘도 가까이 있을 텐데 보이지는 않았다.
주변에는 사람이 살지 않은 집 한 채만 있을 뿐이었다. 원숭이
소리는 들리지 않았지만, 작은 강[191]의 시냇물 소리만이 졸졸졸
들렸다.

가마터를 확인하지 못한 채, 가키노키촌 방향으로 천천히 내려
갔더니 왼쪽 약간 높은 곳에 비석이 보였다. 다가가 보니 그것이
이랑자의 묘비였다. 그 묘석은 높이 80센티미터 정도이고, '귀일
구하선정문영위(歸一久賀禪定門靈位)'라는 계명(戒名)만이 새겨
져 있었다. 글씨가 풍화된 부분이 있지만, 그가 죽은 해는 1662
년인 것 같고, 날짜는 확실히 6월 8일이었다. 이것을 이랑자의 묘
라고 확인할 수 있는 것은 그 앞에 있는 하얀 표지목에 '이랑자의
묘'라고 쓰여 있었기 때문이다.

잘 보니 유약을 바른 도자기 조각 몇 개와 완전히 까맣게 변색
된 10엔 동전 하나가 묘의 받침돌 위에 놓여 있었다. 다케바야시
의 딸이 찾아갔을 때에는 묘다운 묘도 없었는데, 지금은 모양새를
갖추고 있었다. 그뿐만이 아니라 따로 이름이 쓰여 있는 묘나 자

---

191 도진야다니강(唐人屋谷川).

연석으로 만들어진 묘 십여 개가 같은 묘지에 줄지어 있었다. 문뜩 인기척이 들려 뒤를 돌아보니, 한 할머니가 내 뒤로 다가오고 있었다. 나는 그녀에게 이 묘들이 혹시 조선사람의 후손 묘인지 물어봤다. 그녀는 "잘 모르겠지만 근처에 흩어져 있었던 묘를 여기에 모아 모시는 것"이라고 했다. 그 묘석들은 목공기술자의 묘였다고도 알려주었다. 역시 이랑자는 1대로 끊어졌던 것인가.

이 이야기를 소개한 이유는, 임진왜란 이후 150년이나 지났음에도 일본에 연행된 일가족의 이야기가 전승되었고, 게다가 흔적을 듣고 이를 찾아간 사람이 있었다는 것이 놀라웠기 때문이다. 『요시카기』는 마지막으로 다케바야시 딸의 억누를 수 없는 감정을 이렇게 기록했다.

"다케바야시의 일족, 일본에서 포로가 되어, 수모를 당했을 뿐만 아니라, 일대로 후손 없이 끊어져버렸다. 마타에몬(이랑자)이 살아생전 무척 애통했을 것이다. 그가 얼마나 고생하고 힘들었는지 상상할 수 없으니 눈물이 쏟아져 몸부림치며 울었다."

36. 도키안(道喜庵)

　-시마네현 마쓰에시(島根県松江市)
　옛 지명 이즈모(出雲)

　　야스기(安来)에서 이이나시강(飯梨川)을 거슬러 올라와 히로세
초(広瀬町)로 들어가니, 눈앞에 우뚝 솟은 단봉의 산이 보였다. 그
유명한 갓산(月山)이다. 그곳에는 중세의 전형적인 산성인 도다성
(富田城)이 있다. 다리를 건너서 올라가봤더니 그리 크지 않은 히
로세의 동네뿐만 아니라, 노기평야(能義平野)도 한눈에 바라볼 수
있었다. 역시 일본 중세에 이즈모(出雲)를 통합해 온 곳이라 방어
와 공격에 뛰어난 성이다.

　　근세에 이르러서는 모오리(毛利)의 일족 깃카와 히로이에(吉川
広家)가 영주가 되어, 임진왜란 때는 5천 명의 병사를 이끌고 조
선에 출병했다고 한다. 히로이에는 조선출병에 관해서 여러 가지
로 화재가 많은 인물이다. 그는 산 채로 잡은 호랑이나 표범을 히
데요시에 올렸다거나 정유재란 때 1만 명이 넘는 조선사람의 코
를 베었다는 등, 믿을 수 없는 잔인한 '업적(業績)'을 남겼다.

　　그러한 히로이에의 영토였기 때문에 임진왜란의 흔적이 짙을
것이라 생각했는데, 의외로 남아 있는 것이 아무것도 없었다. 히
로이에가 세키가하라전투 이후 이와쿠니(岩国)로 옮겼기 때문인

지 그 흔적도 모두 사라져버린 것인가?

다만 도진다니(唐人谷)라 하는 지명만이 지금도 남아 있다. 그 도진다니는 히로세초 중심부로 들어가는 입구 세이간지(誓願寺)라는 절의 남쪽에 있었다. 지금 그 산골짜기는 콘크리트로 정비되어 맑고 깨끗한 물이 흐르고 있었다. 가까운 한 집에서 도진다니의 유래를 물어봤더니, 역시 도진(조선인)이 기와를 만들던 곳이라 한

피로인2세·도키가 세운 도키안

다. 기록으로 남는 것은 없지만 그렇게 전승되어 있다고 한다.

그곳에서 기와가 출토되지 않았다고 하지만, 히로세초의 발굴·조사로 강 건너에 있는 스가야(菅谷)에서 조선계 기와인 노키하라기와(軒平瓦)와 노키마루기와(軒丸瓦)가 출토되었다고 한다. 노키하라기와는 소위 수염기와(髭瓦), 삼각기와(三角瓦)라고 불리는 조선기와이다. 히로세초의 역사민속자료관에 전시되어 있다고 하여 찾아가 봤는데, 완전한 기와가 아니라 조각이었다. 아마 도다성의 지붕을 장식했었을 것으로 보인다.

발굴에 관여했다는 자료관의 우치다 마사미(內田雅己) 씨에게

그 기와의 편년은 언제정도로 추정되는지 물어봤다. 아무리 거슬러 올라가도 16세기 중반이고, 아마 16세기 말일 것으로 보인다고 한다. 16세기 말이라면 바로 임진왜란의 시기이다. 히로이에도 조선에서 기와공(瓦工)을 데려왔을지 모른다. 임진왜란 때 기와공을 데려왔다는 사례는 구마모토에서 본 바 있다.

또한 이이나시강의 가쇼유적(河床遺跡)에서는 제철로가 발견되었다. 그 유적에서는 조선제 주머니거울, 담뱃대 가위, 숟가락, 분동(分銅), 비녀 등이 나왔다. 특히 '만지몬에가가미(卍文柄鏡)'라는 이름을 붙여진 조선제 주머니거울은 일본에서는 같은 시마네현의 나카우미니시(中海西)의 혼조강(本庄川) 유역에서 발견된 것밖에 다른 예가 없다. 직경이 불과 3.7센티미터, 전체 크기 5센티미터로 같은 것이 부산시립박물관에 있다고 하니, 이 거울은 조선에서 제작된 것을 이 땅에 가져온 것이라 해석되고 있다.

이 지역에는 조선출병 당시의 기록은 없지만, 이와쿠니로 물러난 깃카와 집의 기록에는 조선에서 데려온 하급무사나 여성 등 조선사람의 이름이 남아 있다. 아마도 뛰어난 기와공이나 대장장이도 데려온 것이 아니었을까 추측된다.

히로이에가 이와쿠니로 떠난 뒤, 갓산 도다성(月山富田城)에는 하마마쓰(浜松)[192]에서 호리오 요시하루(堀尾吉晴)가 들어왔다. 그는 1611년 신지호(宍道湖)의 동쪽 끝으로 새로운 성을 축성하며 마쓰에(松江)로 옮겼다. 조선출병과 관련된 마쓰에의 유물 유적으

----

192 시즈오카현(静岡県) 서부에 있는 지역.

로 덴린지(天倫寺)의 조선종과 도키안(道喜庵)이 있다. 신지호의 바로 북쪽에 있는 덴린지의 산문을 들어가니 왼쪽에 사방이 뚫려 있는 종루(鐘樓)가 있고, 쉽게 종을 볼 수 있었다. 종은 의외로 작아서 높이 1미터 정도이며, 왜구가 가져왔다는 설과 임진왜란 때 가져왔다는 설이 있다.

또 덴린지의 본당을 마주보고 '도키안'이라는 암자가 있다. 내가 도키안의 존재를 알게 된 것은 「산인일일신문(山陰日日新聞)」에서 발간한 『마쓰에 팔백팔초 초내이야기 스에쓰구의 장(松江八百八町町內物語·末次の巻)』 때문이었다. 거기에는 "도키(道喜, 同歸)는 원래 조선사람이며, 첫 조선출병 시 아버지와 함께 일본에 왔다. 아들인 도키는 나이 들어 불문에 들었는데, 이즈모(出雲)에서 간분년간(寬文年間:1661년~1673년) 중에 홋키촌(法吉村) 오오아자 수에쓰구 후타쓰이케(大字末次二ッ池)[193]에 상행염불당(常行念佛堂) '도키안(道喜庵)'을 창립했다. 본존은 에신(惠心)의 작품인 아미타여래(阿弥陀如来), 세이간지(誓願寺) 분절이다. 그 후 수가타(菅田)의 광명산(光明山) 호묘인(法明院)을 도키안 옆에 작은 소당(小堂)을 세워서 봉안했다. 시마네순례(島根札巡礼) 제33번째 봉납의 영장(靈場)으로 했다"고 기록되어 있다.

그 후 메이지시대에 폭풍으로 암자가 망가져 겟쇼지(月照寺)로 옮겼다가, 지금은 덴린지로 옮겨졌다고 한다. 나는 이 도키에 관해서 더 자세히 알고 싶어서 저자인 아라키 히데노부(荒木英信)씨에게 전화를 걸었다. 그가 말하기로는 도키안의 일은 덴린

---

193 현재의 마쓰에시(松江市) 구니야초(国屋町).

지의 선대 주지스님에게 들었던 것이고, 특별한 기록은 없을 것이라고 했다.

에도시대의 지사『운요지(雲陽誌)』에는 도키안(同歸庵)의 일이 기록되어 있지만, 그 절을 세운 인물에 대해서는 아무것도 언급되어 있지 않다. 또한 메이지 14년(1881년)의『황국지지(皇國地誌)』에는 '도키안'이라 해서 "동서 약32미터, 남북 약21미터, 약228평(坪)정도의 면적, 오우군(意宇郡) 데라마치(寺町) 세이간지의 암자이다. 개기(開基) 창건연혁 미상"이라고 되어 있다. 그래서 도키에 대해에서는 아라키 씨가 소개한 이상의 일을 알 수 없었다.

덴린지의 본당을 마주보고 있는 관음당(観音堂)이 도키안일 것이다. 과연 그곳에는 '시마네 제1번 순례 사찰 덴린지'와 '시마네 제33번 순례 사찰 덴린지 도키안(道來庵), 시마네 제33찰(札) 성관세음보살(聖觀世音菩薩) 도키안(堂喜庵)'이라는 글이 쓰여 있는 두 개의 나무판이 매달려 있었다. 여기서는 도키의 한자표기가 '道喜'가 아니라 '道來'나 '堂喜'로 되어 있었다. 나무판의 뒤를 보면 메이지 26년(1893년)의 날짜였다. 원래 후타쓰이케에 있었던 도키안의 건물은 그 2년 전에 폭풍 때문에 파괴되었다.

안을 들여다보니 엄청난 수의 오사메후다(納札)[194]가 붙여져 있

----

194 신사나 절에 참배해서 기념이나 기원(祈願)의 표시로 붙이는 패, 또는 순례자의 성명과 주소 기원내용을 적어 본당과 대사당에 바치는 종이.

었다. 본존(本尊)은 내가 들었던 목조의 성관음(聖観音)이 아니라 금동제의 성관음이었다. 이것은 덴린지의 관음일 것이다. 이상하다고 생각해서 주지스님에게 물어보려고 했지만 아쉽게도 그는 외출 중이었다. 주지스님의 며느리에게 도키안에 대해 물어보았더니, 그것은 예전에 주차장 앞으로 옮겨놓았다고 했다. 가르쳐준 대로 주차장 쪽으로 가보니, 새 건물로 보이는 암자가 세워져 있었다.

그러나 그것은 사방으로 불과 1.8미터 정도로 아주 작은 것이어서, 『황국지지』에 기록된 '동서 약32미터, 남북 약21미터, 약228평(坪)정도의 면적'과는 너무나 거리가 먼 조그마한 것이었다. 관음님이 이 절에 신세를 지고 있는 입장으로서는 좁아도 어쩔 수 없다고 생각하면서 문을 열었더니, 내 기억에 남아있는 성관세음보살(聖観世音菩薩)이 온화한 표정으로 참배자를 마중하듯 서 있었다.

원래 도키안의 본존은 아미타여래(阿弥陀如来)였지만, 옮기는 사이에 도키안의 아미타여래는 사라지고, 호묘인(法明院)의 성관세음보살이 도키안의 본존처럼 되어 있다. 또 현재 덴린지의 관음당이 도키안이라 착각하기 쉽다. 관음당에는 많은 오사메후다가 펄럭이는데, 도키안의 성관음에는 한 장도 없어서 너무나 허전해 보였다.

성관음의 뒤에 문패 정도 크기의 나무판이 있어서 손에 들어봤다. '도키안 간분년간 개조 도키 창립 엔포[195] 3년인 8월 10일몰

---

195 에도시대에 사용된 연호 중의 하나. 엔포년간(延宝年間)은 1673년~1681년.

(道喜庵 寛文年間 開祖道喜創立 延寶三年寅八月十日沒)'이라고 쓰여
있었다. 간분년간은 1660년대이고, 엔포 3년은 1675년이다. 나는
처음에 도키가 임진왜란 때문에 이 땅에 오게 된 인물이라는 것을
의심했었다. 그러나 직접 와보니 실제의 인물이라는 것이 확인되
었다.

마쓰에 시내에는 고라이(高麗)라는 성을 가진 집이 두 계통이
있다. 알아보니 한 집은 대장간의 우두머리 가계이고, 또 한 집은
그 초대 조상이 고려에서 건너 온 승려였다고 한다. 히로세초의
가쇼 유적이나 도키안의 승려 등 이야기가 절묘하게 들어맞는 듯
보였다.

37. 조선 망루가 있던 성

―돗토리현 시카노초(鳥取県鹿野町)
　옛 지명 이나바(因幡)

　요나고시(米子市)에서 돗토리시(鳥取市)로 향하는 버스 창에서 보이는 동해는 참으로 훌륭한 경관이었다. 동해에 면하는 산인지방(山陰地方)[196]에서는 '도시락은 잊어도 우산은 잊지 말라'는 말이 있을 정도로 날씨가 변덕스러운 곳인데, 이날은 상당히 맑았다.

　내가 바다낚시를 좋아해서 그런지 그때 문득 바다가 보고 싶어 나쓰도마리(夏泊)라는 정류장에서 내렸다. 해변으로 이어지는 도로를 내려가다 관광안내판을 만났다. 그 안내판에는 "나쓰도마리 해녀(海女). 도요토미 히데요시의 조선 출진(出陣) 시, 바다 길의 안내를 맡았던 수케에몬(助右衛門)의 아내에 의해 시작된 산인지방의 유일한 해녀이고, 400년 전부터 계승되고 있다. ―아오야초(青谷町)"라고 씌어 있었다.

　이름도 모르는 지방의 동네에서 조선출병에 관한 이야기를 만날 것이라고는 생각하지도 않았다. 일본의 지방에서는 임진왜란을 '조선정벌(朝鮮征伐)'이라 표현하는 경우가 많은데, 여기는 '출

---

196 일본 혼슈(本州)의 서쪽 중에서도 동해에 접하는 지역. 돗토리현과 시마네현을 뜻함.

죠덴지(讓伝寺)

진'이라는 말을 쓰는 것을 보니 그래도 비교적 양심적인 표기라 생각했다. 바다구경은 잊어버리고, 이 나쓰도마리 동네에 관한 관심과 흥미가 생겼다.

해변으로 가는 길을 따라 계속 내려가니 어항이 나왔는데 너무나 조그마한 항구였다. 고깃배가 정박해 있는 곳을 제외하고는, 이 지역의 집들은 모두가 낭떠러지같이 보이는 경사가 급한 곳에 세워져 있었다. 말 그대로 '아아엄상(峨峨巖上)'의 광경이다.

밀집한 집들 사이에 폭이 2미터도 안 되어 보이는 좁은 길이 뻗어 있었다. 이 비탈길이 나쓰도마리의 중앙거리다. 이 길을 뛰어 올라가니 해녀들이 집 앞에서 드럼통에 불을 피워 큰 냄비에 물을 끓여 막 수확한 미역을 살짝 데쳐내고 있었다.

물로 씻어 가볍게 짠 다음에 햇빛에 말린다는 것이 지금까지 내가 아는 미역의 처리방법이었다. 왜 미역을 데치는지 물어보고 싶었지만, 다들 바쁘게 일하는 모습을 보니 차마 말을 걸 수가 없었다. 그렇게 여러 생각을 하면서 걸어가다 나도 모르는게 그만 그 좁은 언덕길을 끝까지 올라와버렸다. 그곳은 아까 내가 내린 버스 정류장이었다.

해녀라고 하면 옛날 소설이나 영화에서 하얀 옷차림의 꽤 젊은 여성이 주인공으로 등장하기 때문에 로맨틱할 것으로 상상할지 모르지만, 현실은 그렇지 않다. 나쓰도마리의 해녀는 이세(伊勢)나 도바(鳥羽)[197] 등에서 볼 수 있는 관광해녀가 아니기에 하얀 옷차림이 아니라, 기능적인 검은 잠수복 차림이었다. 게다가 거의 아줌마 해녀였다. 젊은 사람들 중에는 중노동에 가까운 해녀가 되려는 사람이 없는 것이 현실이다.

　햇볕을 쬐는 듯 버스정류장에서 앉아 쉬는 할아버지가 있어서, 나쓰도마리의 동네에 관해 물어봤다. 할아버지의 이야기에 의하면, 나쓰도마리를 통솔하는 사람은 나카야(中屋) 씨라고 한다. 이것은 본명이 아닌데 나카야 씨 저택(屋敷)이 동네의 한 가운데에 있어서 다들 통칭으로 나카야(中屋) 씨라고 부른다고 한다. 관광안내판에 있듯 그 조상 지쿠젠(筑前)의 수케에몬이 임진왜란 때 일본군의 바다안내를 했다는 사람으로, 전쟁 후 시카노(鹿野)의 가메이(亀井)에게 초청을 받았고, 그가 이 땅의 주인이 되었다. 그의 아내가 명인 해녀여서 번의 허락을 받고 해녀일이 시작되었다. 그는 가메이 집의 불사(法事)[198]에는 꼭 초청되었고, 가메이가 하사한 창도 남아 있다고 한다.

　그러고 보니 시카노의 성주 가메이 고레노리(亀井茲矩)는 수군

----

197 미에현(三重県) 남동부에 위치하는 이세(伊勢)와 인접하는 해변지역.
198 한국의 제사에 해당하는 일본의 불교식 조상공양.

으로 조선출병에 종군했다는 것이 생각났다. 당시 그는 불과 1만 3천 석 정도의 영주이었기에, 500명(다른 설에는 1000명이라고도 한다) 정도의 병사를 이끌었다고 한다. 세키가하라전투 이후에는 쓰와노(津和野)로 옮겼을 것이다.

할아버지에게 아오야초에도 가메이와 관련된 절이 있는지 물어봤더니, 헤키강(日置川) 상류에 간쇼지(願正寺)가 그렇다고 한다. 그곳에 전화를 해보니 예상했던 대로 가메이 고레노리가 조선에 출병했을 때의 유물이 많이 있었지만, 지금은 흩어져 버렸다고 했다.

가메이 고레노리의 성하마을이었던 시카노초(鹿野町)로 발길을 돌렸다. 국도9호선이나 JR산인본선에서 빠져 약간 산 쪽에 들어가 있어서 그런지 성하마을이라고 하기보다는 조용한 전원마을의 분위기였다. 그래도 옛날 성하마을 중심지이었다고 생각되는 곳은 길이 잘 정비되어 있었다. 성에 가까운 야시키마치(屋敷町)는 약간 경사가 있었고, 집들 옆의 수로에는 맑은 물이 기세 좋게 흘러가고 물속에는 잉어까지 헤엄치고 있었다. 가메이가 나중에 영토로 한 쓰와노의 아름다운 풍경의 원형이 이곳에 있었다는 것을 확인할 수 있었다. 주택지를 빠지니 성터를 만났는데 당연히 덴슈카쿠(天守閣) 같은 것은 없고, 울창하게 우거진 산성의 성터가 남아 있을 뿐이었다. 성터 주변에는 깨끗하게 정비된 공원이 되어 있었다. 그 입구에 안내판이 있었다.

"이 성은 옛날 오샤성(王舍城)이라고도 불렸고, 혼마루(本丸), 니노마루(二の丸), 산노마루(三の丸), 오란다망루(オランダ櫓),

조선망루(朝鮮櫓)가 설치되어 있었다."

성의 망루 이름으로 '오란다'나 '조선' 등의 외국 이름을 붙인 예는 일본 전국 다른 곳에는 없을 것이다. 가메이가 조선에서 수군을 담당한 것을 보아 알 수 있듯 그는 해외무역 등에 특히 관심이 깊은 영주였던 것 같다. 조선출병에 있어 그가 간 길의 흔적을 쫓아가면 분로쿠 원년(1592년) 5월 하순에 사천(泗川)에 상륙했고, 이어 곤양(昆陽), 하동(河東)을 공격하면서 돌았다. 6월 초에는 군선21척을 이끌고 당포(唐浦)에 닻을 내리고 있었다. 이것을 안 이순신장군이 이끄는 조선수군과 해전을 치르게 되었다. 그때 조선수군의 함대에는 그 유명한 거북선 3척이 있었다. 해전의 상황은 이순신장군의 『난중일기(亂中日記)』에 자세히 기록되어 있다.

"아침에 출발하여 바로 당포 앞 부두에 이르니, 적선 20여 척이 나란히 정박하고 있어서, 이것을 둘러싸 공격했다. 그중 가장 큰 배 한 척은 우리나라의 판옥선(板屋船)정도였다. 배 위에는 높이 약 6미터쯤에 누각이 설치되어 있었다. 누각 위에는 왜군의 장군이 의연히 앉아 꼼짝도 하지 않았다. 짧은 화살과 대중의 승자총통으로 비를 뿌리듯 난사하자 일본의 장수(將帥)가 화살을 맞아 떨어지니 많은 왜적들이 놀라서 흩어졌다. 우리나라 장졸(將卒)들이 한꺼번에 모여서 화살을 쏘니 화살을 맞아 얼마 걸리지 않아 모든 왜군들을 섬멸해 버렸다. 잠시 후 왜군의 큰 배 20여 척이 부산에서 이곳으로 대열을 지어 들어왔지만, 우리 수군을 관찰하고는 개도로 도망갔다."

이때 화살을 맡고 죽은 누각 위의 왜장은 구루시마수군(來島水軍)의 장군인 구루시마 미치유키(來島通之)였다고 한다. 또한 이 해전에서는 가메이 고레노리에 관한 유명한 일화가 있다. 이순신 장군의 부하인 이몽구(李夢龜)가 왜군의 장군 배에서 옻칠한 상자에 들어 있던 금으로 만든 군선(軍扇)[199] 하나를 찾았다. 이 군선에는 '6월 8일 히데요시'라는 서명이 있었고, 오른쪽에는 '하시바 지쿠젠노카미(羽柴筑前守)', 왼쪽에는 '가메이 류큐노카미 도노(亀井流求守殿)' 라고 적혀 있었다. 사실 이 군선은 덴쇼 10년(1582년)에 히메지성(姫路城)에서 가메이가 히데요시에게 하사받은 것이었다. '류큐(流求)'라는 것은 오카나와(沖縄)의 옛 이름인 '류큐(琉球)'를 뜻한다. 그 당시 류큐국은 일본 통치하에 있지 않은 독립국이었다. 그럼에도 불구하고 가메이에 류큐의 이름을 붙인 것은 무슨 일인가? 언젠가는 류큐를 침략할 생각이었던 것인지?

가메이는 이순신장군의 조선수군 때문에 모든 배를 잃었다. 그 후 그는 사천성에 성문을 굳게 닫고 지키다가 나중에는 대부분 육지에서 싸웠다고 한다. 그가 호랑이를 산 채로 잡아서 히데요시에 올렸다는 이야기도 있다.

동네에서 서남쪽으로 빠지면 가메이가문의 묘가 있는 절 죠덴지(讓伝寺)가 있다. 여기에는 고레노리가 게이초 4년(1599년)에 기증했다고 하는 물품이 남아 있다. 벽걸이형의 장식물, 모전(毛氈:양탄자), 불교에서 사용되는 깔개(打敷) 등이다. 벽걸이형의

---

199 옛날에 장수가 군진을 지휘할 때 쓰던 쥘부채(오늘날의 지휘봉에 해당함)

장식물은 '화금수문양벽괘(花禽獸文樣壁掛)'라고 하는 것이었고, 세로 227센티미터, 가로 116센티미터이며, 비단에 실로 모란(牡丹), 주작(朱雀), 사자(獅子), 사자모양의 개석상(狛犬) 한 쌍 등의 모양을 자수한 화려한 것이다. 또한 '운쌍용문양전(雲双竜文樣氈)'은 세로 185센티미터, 가로 125센티미터의 조선시대의 모전이고, '공작문양자수(孔雀文樣刺繡)'는 세로 142센티미터, 가로 145센티미터의 깔개다. 이것들은 아마 조선전쟁에서 훔쳐 왔던 것이라 여겨진다. 모든 것이 현의 보호문화재로 지정되어 있다. 다른 것 안에서도 말의 발굽(駒の角), 이마 방어구인 진발(陣鉢), 호랑이 사냥의 일화가 있는 호랑이 발톱, 심지어는 갓(松の実)까지 전시되어 있었다. 마치 절도품의 전시코너 같았다.

가메이의 후손 고레타테(茲建) 씨의 이야기에 의하면, "가메이 집에서는 주인선(朱印船)[200] 무역을 했을 때, 외국인 기술자를 거주시켰던 도진 동네가 죠덴지 근처에 있었다고 전해집니다."라고 한다. 향토사가 야마네 유키에(山根幸惠)씨는 그 장소에 대해, "죠덴지의 북쪽, 동네의 서쪽을 흐르는 고치강(河內川) 강변에는 '도진가와라(唐人河原)'라는 지명이 있기 때문에 아마 거기가 아니었을까 생각하지만, 자료가 없어서 더 이상은 알 수가 없다"라고 한다.

---

200 근세 초기 일본에서 해외 통상을 특허하는 주인(朱印)을 휴대하는 선박.

38. 부자가 된 피로인

−돗토리현 돗토리시(鳥取県鳥取市)
 옛 지명 이나바(因幡)

　교토와 산인지방(山陰地方)을 잇는 국도 9호선은 효고현과 돗토리현의 경계인 가모고개(蒲生峠) 밑을 지나가는 긴 터널을 나가면 돗토리현으로 들어간다. 터널을 나가 9호선에서 빠져 바로 왼쪽으로 들어가는 길, 통칭 아메타키가도(雨滝街道)라고 불리는 도로를 어느 정도 가면 '긴잔(銀山)'이라는 작은 마을을 만나게 된다.

　그곳은 지명과 같이 옛날에는 은이 나던 곳이다. 작은 마을길은 막혀 더 이상 갈 수 없지만, 그 오른쪽 산은 미쓰키야마(三月山)이라 해서 옛날 은을 채굴하던 갱도가 있었다. 지금은 은산의 분위기는 전혀 느낄 수 없고, 단지 어느 산골에서 흔히 볼 수 있는 순수한 농촌풍경뿐이다. 그것도 그런 것이 이 은산이 번영하게 된 것은 400년 전인 16세기 말경의 일이다. 당시 이곳은 효고현(兵庫県) 다지마(但馬)의 이쿠노은산(生野銀山)에 버금가는 은 산출량을 자랑했다고 한다.

　은이 발견되자 부근의 사람들은 물론이고, 교토나 오사카에서도 인부들과 상인들이 많이 들어와 집이 지어지고 절도 세워져 산골짜기 벽지에 갑자기 한 동네가 생겨날 정도였다. 소위 말하는 골드러시가 아니라 실버러시였다는 것이다. 경계를 만들고 출입을 제한했기 때문에 마을 안과 밖의 물가 차이가 뚜렷해졌다고 한다.

이 산에서 은광이 발견된 것은 분로쿠 2년(1593년) 겨울이었는데, 마침 히데요시의 조선출병이 절정기였던 시기이다. 이 땅은 옛날 고노군(巨濃郡) 아리이촌(荒井村)이라고 했는데, 영주는 히데요시 심복의 부하인 미야베 게이준(宮部継潤)이었다. 그의 조카인 미야베 나가히로(宮部長煕)가 천 명의 병사를 이끌고 조선으로 출병했다. 그때 이미 몇 명의 조선인이 연행되어 여기에 왔던 것 같다.

『이나바민담기(因幡民談記)』(1673년)에는 이러한 기록이 있다. "미야베 나가히로는 많은 조선인을 데려왔지만, 그 사람들은 말이 잘 통하지 않아서 그런지, 일꾼이나 노비로 쓰기가 불편해서 성 주변에서 방치되었다. 때문에 그들 스스로 먹고사는 것도 힘든 곤란한 상황이 되었다." 그래서 이곳에 은산이 발견되자 바로 "이 고려인 5~6명에게 쌀을 나눠주고, 은산에 자유롭게 오갈 수 있게 했다. 그랬더니 매일 열심히 은산 밖에서 쌀을 구입하고 은산 안에서 팔았다. 얼마 후 그들은 부유해졌고 나중에는 성하마을에 사는 큰 상인이 되었다. 지금 성하마을에 있는 에비야(海老屋), 와타야(綿屋), 쓰시마야(対馬屋), 스미야(炭屋)는 그들의 후손이라고 한다."

에비야의 후손이 운영한 가이로테이(돗토리시)

히데요시에 의한 가혹한 병사 할당으로 모든 무사들이 부하뿐만 아니라 일반 농어민까지 조선침략전쟁에 동원했기 때문에, 일손이 부족한 자신의 영토에 조선인을 이끌고 온 것이다. 그런데 그들 중에 실버러시의 기회를 잡아 나중에 풍요로운 상인이 된 자가 나왔다는 것이다. 그 은산은 돗토리시에서 거의 30킬로미터 떨어져 있다. 걸어서 하루가 걸리는 거리인데, 물건을 짊어지고 가야 했던 그들에게는 상당한 고생길이었을 것이다.

이『민담기』의 성립은 17세기 말이며, 저자인 의사 고이즈미 유켄(小泉友賢)이 1622년생이기 때문에 그가 직접 체험한 것은 아닐 것이다. 어디까지가 사실인지 의심스럽기는 하지만 이 기술에는 단서가 붙어 있다. 그것은 엔포년간(延宝年間:1673~81년)에 유켄이 친구와 은산에 가까운 이와이온천(岩井溫泉)에서 놀고 있을 때, 90세를 넘는 여관 주인 할머니에게 들은 이야기를 근거로 썼다는 것이다. 그 할머니가 어렸을 때 직접 보고 들었던 실화라고 한다.

나는 특히 기록의 마지막에 있는 '에비야, 와타야, 쓰시마야, 스미야'라는 가게 이름에 마음이 끌렸다. 아직까지 그 이름을 가지고 있는 가게가 돗토리시내에 남아 있을까 궁금하여 찾아봤다. 다행히 『돗토리시사(鳥取市史)』에 간에이년간(寬永年間:1624년 ~1644년)의 옛 지도가 게재되어 있었다. 그 속에 모토다이쿠마치(元大工町)에 에비야 구로에몬(えび屋九良右衛門)의 저택이 기록되어 있었다. 에비야의 가게 입구가 9미터를 넘는 것으로 봐도 큰 가게라 할 수 있다. 『민담기』에 있는 에비야와 같은 시대의 가게 이름이기 때문에 혹시 이것이 바로 그 에비야가 아닐까 생각했다. 그림지도에 그려진 모토다이쿠마치는 현재도 그냥 같은 이름으로 남아 있다.

돗토리역에서 현청으로 향하는 중앙거리, 와카사가도(若狹街道)의 중간에 있는 시청 오른쪽에 들어간 거리가 모토우오마치(元魚町)이고, 그 거리를 더 가다 보면 모토다이쿠마치다. 성하마을의 장인동네인데도 꽤 폭이 넓은 거리다. 지금도 상당히 번화한 거리가 아닐까 하는 선입견이 있어서 그랬는지 의외로 조용하고 쇠퇴한 거리처럼 보였다.

왜냐하면 『조후시(鳥府志)』라는 에도시대 기록에 의하면, "성하마을에서 밖으로 가려면 모토다이쿠마치는 꼭 지나가게 되는 중요한 거리이기에 가게가 처마를 잇대고 있으며, 기술자들의 집은 얼마 없다. 성 주변에서도 손꼽히는 번화가"라고 설명되어 있기 때문이다.

원래는 다이쿠(大工), 즉 목수들이 사는 동네였던 모양인데 사람이 많이 지나가는 큰길이어서 교통편이 좋아 언젠가부터 큰 상인들이 사는 동네가 되었으므로 이름이 '모토다이쿠마치(전 다이쿠마치)'가 되었다는 것이다.

옛 그림지도를 한손에 들고 목적지인 에비야를 찾아봤지만 예상했던 바와 같이 그것은 당연히 없었고, 그 자리에는 보통의 민가가 있었다. 300년 전의 상가가 지금도 있다는 생각 자체가 무리다. 모토다이쿠마치가 데라마치(寺町), 즉 절의 거리와 교차하는 것이 생각났다. '에비야'에 관계되는 묘비가 있을지 모르겠다는 생각이 들어 가까운 절을 찾아갔더니, 운 좋게도 두 번째 간 절에 에비야와 관련된 묘비가 있었다.

산문을 들어가고 바로 오른쪽에 한 묘석이 있었다. 쇼와 5년(1930년)에 세워진 그 묘석에는 '에비야 누계지묘(海老屋累系之墓)'라고 새겨져 있었다. 건립자는 사사키모(佐々木某)씨였다. 사사키는 산인(山陰), 호쿠리쿠(北陸)[201] 등 동해 쪽 지방에 많은 성씨이고, 돗토리에도 상당히 많을 것이다. 사사키 성을 가지고 후손을 찾는 것은 어려울 것으로 생각하면서도 주지스님에게 물어봤더니, 스님은 "에비야의 묘는 하나 더 있어요. '에나미'씨라고 하는 것인데"라며, 구리(庫裏)[202] 건물 앞에 있는 묘석을 가리켰다.

그 묘에도 '에비야본가(海老屋本家) 에나미가 누계지묘(海浪家累系之墓)'라고 새겨져 있었다. 그 새겨진 글씨를 봤을 때, 나도 모르게 소리를 지를 뻔했다. '海浪'라는 한자를 '에나미'라고 읽기도 하지만, '海老'와 '海浪' 모두 '가이로(かいろう)'라고 읽을 수 있

---

201 현재의 도야마현(富山県), 이시카와현(石川県), 후쿠이현(福井県) 니이가타현(新潟県).
202 불교 사원의 주방, 혹은 주지의 가족들이 생활하는 곳.

기 때문이다. 그제야 『이나바민담기』에 기록된 에비야(海老屋)는 옛 지도에 있는 '모토다이쿠마치의 에비야'와 같은 곳이라는 확증을 얻었다.

메이지시대가 되어 일본에서는 신분제도가 변하고 무사가 아닌 사람도 성씨를 갖게 되었다. 그때 에비야 일족은 조상의 역사를 잊지 않기 위해, 자신의 성을 '에비야(海老屋)'의 한자인 '海老'과 같은 발음으로 읽을 수 있는 '에나미(海浪)'라고 했던 것이 아닐까? 아니면 '바다(海)를 넘어 파도(浪)를 해치고', 혹은 일본어의 '浪って(さすらって)'의 뜻인 '바다를 떠돌아다니면서' 일본에 왔다는 의미가 아니었을까 생각했다.

에나미(海浪)라는 희귀한 성은 사사키와 같이 많지 않으므로 전화번호부에서 바로 찾을 수 있었다. 그 후손 중의 한 분을 찾아 에비야 이야기를 들을 수 있었다. 에비야의 초대조상은 은산에서 재산을 만든 후 돗토리 성하마을에서 '조선전래의 비약(秘藥)'으로 약장사와 쌀장사를 했다. 또 성하마을의 인구가 늘어남에 따라 재목의 수요에 맞춰 재목상, 해상수송, 중간거래상(廻船問屋) 등 다양한 사업을 넓게 전개하고, 이른 시기부터 동네를 통솔하는 역할을 맡았다고 한다. 그가 맡은 마치도시요리역(町年寄役)은 마을 정사를 도맡아 결정하는 중요한 것이었다.

사사키씨는 그의 분가이고, 현재도 꾸준히 쌀장사를 하고 있다고 한다. 전에는 시내의 니카이마치(二階町)에는 새우 그림으로

물들인 노렌(暖簾)²⁰³을 걸친 '에비야'라는 약방도 있었고, 거기서 파는 '무시약(むし薬)'은 유명했다고 한다. 메이지시대 이후도 본 가는 돗토리에서 가장 큰 '가이로테이(偕老亭)'라는 요정(料亭)을 경영했다. 여기서도 다시 '가이로'라는 말을 만났다. 요즘은 많이 쓰지 않지만 가이로(偕老)는 "부부사이가 화목하고 오래도록 변하지 않는다."는 것을 뜻하는 말이다. 그러나 동네사람들은 옛날 그대로 그 가게를 '에비야'라고 불렀다고 한다.

400년 전 임진왜란으로 조선에서 강제로 연행된 피로인임에도 불구하고, 자신의 역경을 물리치고 성하마을을 대표하는 대상인이 되었다는 것은 참으로 드문 사례다. 일제강점기에 일본에 오게 된 재일한국인 1세들의 가난하고 힘들었던 고생의 역사를 상기시키는 에피소드이다.

아직도 요정 '가이로테이(偕老亭)'가 남아 있다면 구경하고 싶었다. 그러나 이 요정은 쇼와 17년(1942년)의 돗토리지진, 쇼와 27년(1952년)의 큰 화재라는 두 번의 재앙으로 치명적인 타격을 받아 완전히 사라지고 말았다고 한다. 다행히 당시의 '가이로테이' 사진이 『돗토리백년(鳥取百年)』이라는 사진집에 실려 있어, 이것을 보는 것으로 번창했던 옛날의 일면을 엿볼 수 있었다.

---

203 노렌(暖簾)은 일본의 가게나 건물의 출입구에 쳐놓는 발. 특히 상점 입구에 걸어놓아 상호나 가문의 문장을 새겨 놓은 천.

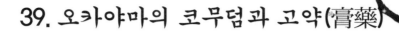

39. 오카야마의 코무덤과 고약(膏藥)

−오카야마현 비젠시(岡山縣備前市)
  옛 지명 비젠(備前市)

　오카야마현 내에도 임진왜란과 관련된 '코무덤(鼻塚)'이 있다고
한다. 그 코무덤이 있는 곳은 오카야마현 비젠시(備前市)의 가가
토(香澄)라는 마을이다. 오카야마역에서 JR아코선(赤穂線)을 타
고 동쪽으로 30분쯤 가면 무인역인 가가토역(香澄駅)에 도착한
다. 가가토역에서 북쪽으로 걸어서 한 시간이 채 못 되는 거리에
코무덤이 있다고 한다.
　역의 북쪽은 교통량이 많은 국도2호선과 신간선이 평행으로 나
란히 지나가고 있었다. 신간선의 고가(高架) 밑을 지나가면 조금
전 있었던 국도의 시끄러움과는 전혀 다른 조용한 마을을 만난다.
그 마을 가운데에 있는 오우치신사(大內神社)의 동쪽에는 청일전
쟁, 러일전쟁, 태평양전쟁의 전몰자기념공양비가 세워져 있었다.
벚꽃나무가 이어지는 좁은 길을 따라 똑바로 가다 보니 작은 사
당이 있었다. 그 앞에 약간 봉긋하게 흙이 쌓인 것이 일명 코무덤
(鼻塚)이라고 불리는 무덤이었다. 직경 2미터, 높이는 40센티미
터도 안 되는 그냥 흙무덤이었다.

가가토를 방문하는 것은 실은 두 번째였다. 처음으로 방문했을 때는 무덤 옆에 쇼와(昭和) 57년(1982년)에 설치된 '센하나영사유래기(千鼻靈社由来記)'라는 안내판이 있어서, 코무덤의 유래가 기록되어 있었다. 내용에는 "우키타 히데이에(宇喜田秀家)의 가로(家老)인 오사후네 기이노카미(長船紀伊守)의 기수(旗手)로 종군한 로쿠수케(六助)라는 가가토 사람이 있었다. 로쿠스케는 적병이라 해도 나라를 위해 순사(殉死)한 사람이라 그들의 코를 일본에 가져와서 코무덤을 만들어 작은 사당을 세워서 명복을 빌었다. 이후 이것을 천인비총(千人鼻塚)이라고 하여 전승되었다"고 설명되어 있었다.

'적병이라고 해도 나라에 순사한 사람'이라는 말은 어디서 들어본 문구였지만, 실은 이 무덤은 '귀무덤(耳塚)', 아니면 '백인비총(百人鼻塚)'이라고도 하여 여러 호칭을 가지고 있다. '천인비총'이든 '백인비총'이든, 그 만큼 많은 사람의 코 아니면 귀가 매장되어 있다는 것이다.

이것을 보고 나는 위에서 말하는 대로 다 믿지 못했다. 원래 히데요시가 코를 베어 보내라고 명령한 이유는 목이라면 무게가 많이 나가고 부피가 크기 때문이었다. 이름이 있는 적장 이외는 목이 아니라 코를 무공의 증거로 한 것이다. 이것을 군의 감독에게 보여야 포상의 대상으로 인정되었다. 즉 코를 직접 내지 않으면 포상을 받지 못했다. 한 기수에 지나지 않은 로쿠수케가 그것을 마음대로 가져왔다는 것은 사실 믿어지지 않는 이야기다. 이 땅의 코무덤은 교토의 귀무덤 같은 확실한 기록도 없는 것 같았다.

이번에 찾아가니 그전의 간판은 없어지고 '코무덤(鼻塚)'이라고 새겨진 훌륭한 석비로 바꿔 있었다. 코무덤에 관한 진위를 확인하고 싶어서 가가토공민관(香澄公民館)을 찾아갔다. 이것에 관해서는 H씨가 잘 알고 있을 것이라고 소개 받았는데, 그는 비석 건립에 힘을 썼던 사람이었다.

"어디까지나 지방의 전승이에요. 그것을 뒷받침하는 확실한 증거는 없습

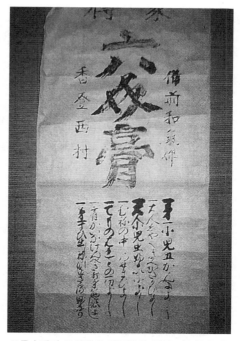

로쿠수케가 조선약의 제조법을 얻어 '로쿠수케고'를 판매했다. 사진은 옛날 간판의 탁본

니다."라며, H씨의 대답은 의외로 간단했다. "가가토니시(香澄西)에 사는 우리들은 코무덤의 이야기를 전혀 몰랐어요. 동쪽에 사는 가가토 본촌 사람들이 옛날부터 전해왔던 것입니다. 그런 유래가 있다면 공양해야 한다고 15년 전쯤에 정비한 것입니다."라 말하고, 이어 H씨는 그 경위를 설명해 주었다.

이 땅 비젠(備前)[204]을 포함한 오카야마(岡山)의 당시 영주는 우키타 히데이에이며, 조선전쟁에 1만 명이라는 대군을 이끌고 출병했다. 조선에서는 선봉부대가 아닌 후방부대였는데, 그래도 그

----

204 오카야마현과 효고현의 경계지역의 옛 지명.

는 재조선 일본군 총대장을 맡았다. 전쟁 상황이 나빠지면서 전선에서도 싸우게 되었다. 명나라의 이여송(李如松)장군의 군을 벽제관(碧蹄館) 전투에서 격파한 적도 있었다고 한다. 그는 정유재란 때 남원성 공격의 대장이었기 때문에 로쿠스케도 코베기의 무대가 된 남원성 공격에 참전했을 것이다. 그러므로 이곳의 코무덤이 코베기와 아무 관련이 없다고는 단언할 수도, 완전히 부정할 수도 없다.

원래 로쿠수케가 조선출병에 동원된 이유는 그의 몸집이 컸기 때문이다. "이국사람들의 영기(英氣)를 꺾는 작전이었고, 키가 크고 힘이 좋은 병사에게 기수를 맡게 했다. 나라 전체를 조사해본 결과, 가가토니시촌(香澄西村)의 장리(長吏)[205]인 로쿠스케라는 자의 키가 185센티미터가 넘었으며, 한계를 모를 정도로 힘이 강했기 때문"이라고 한다.

"로쿠스케는 몸이 컸다고 합니다. 근처에 약 225킬로그램이나 되는 '로쿠수케의 역석(力石)'이라는 돌이 있어요. 그의 역할은 아마 마을에 들어오는 밤의 도둑이나 강도들을 쫓아내는 것이 아니었을까 생각합니다."라고 H씨가 말했다. 나는 "구로사와의 영화 '7인의 무사'에 나오는 경호원 같은 역할을 했던 것인가요?"라고 농담을 섞어 되물었다. 그랬더니 H씨는 쓴웃음을 지으며, "내 추측인데 로쿠스케는 힘이 강했을 뿐만 아니라, 글도 읽을 수 있는 아주 대단한 스님이 아니었을까 생각됩니다. 무로마치시대(室

---

205 그 당시 차별을 받은 계급에 속하는 사람들에 대한 호칭 중의 하나.

町時代:1336년~1537년)[206]까지 서민들은 죽은 자를 장례하는 방법을 잘 몰랐다고 해요. 로쿠수케가 마을 사람들에게 죽은 사람은 이렇게 보내는 것이라고 가르친 것은 아니었을까 생각합니다. 그는 가가토니시촌의 사람이었지만 신기하게도 매장된 장소가 출생 마을이 아니라 옛날의 가가토향(香澄郷) 가운데였답니다." 로쿠수케는 아무래도 문무(文武) 양쪽에 뛰어나 이 지방에서 인정받은 인물이었던 것 같다. 그래서 여러 가지 전설이 생긴 것이 아닐까 생각했다.

옛날에는 가가토니시촌의 동쪽이 가가토본촌이라고 했다. 코무덤은 본촌에서 더 동쪽 교외 오우치촌(大内村)과 경계선에 있었는데, 무덤을 만든 로쿠스케 본인도 함께 합사(合祀)[207] 되었다고 한다. 무덤 옆에 있는 사당은 1982년에 만들어졌다. 그것도 안내판 제작과 동시에 만들어진 것 같으니 아무래도 모두 최근의 일이다. 땅의 생김새를 보니 코무덤은 거의 벼랑 끝에 자리하고 있었다. 이 코무덤의 위치가 민속학자 야나기다 구니오(柳田國男)의 말대로 "하나즈카(鼻塚:코무덤)는 처음에는 단순히 쑥 내민 끝, 즉 '하나(코)'를 뜻하는 것이었을지도 모른다."라는 추측을 잘 보여주고 있다. 코무덤(하나즈카)이라는 이름이 '땅의 코끝(하나)에 있는 무덤(塚:즈카)'의 잘못이 아닐까 하는 생각이 들었다.

----

206 무로마치시대(室町時代)는 1336년~1573년.
207 일반적으로 합사(合祀)는 둘 이상의 사람을 함께 매장하거나 제사를 지내는 것을 뜻하지만 이 경우에는 로쿠수케의 영혼을 코무덤의 영혼과 함께 공양한다는 뜻.

이번 가가토 방문에는 또 다른 목적이 있었다. 로쿠수케가 조선에서 약의 제조법을 기록한 책을 가져와 그것을 이 지방에 퍼지게 했다는 이야기를 확인하고 싶었다.

『로쿠스케 고약유래(六助膏藥由來)』에 의하면, "로쿠수케가 귀국했을 때 명약 제조법을 배우고 조제 도구 등도 가져와, '로쿠수케고(六助膏)'라는 고약을 만들어 사람들이 이것을 칭찬했다"고 한다. 이 고약은 확실하지 않은 코무덤의 전설과 달리 이 지방의 옛 기록인 『와케기누(和気絹)』(1629년)나 『비요국사(備陽国志)』(1703년)에도 나와 있다.

또한 『오카야마현 대백과사전(岡山県大百科事典)』에도 "쇼토쿠(正德) 3년(1713년) 오카야마번주 이케다 쓰나마사(池田綱政)의 명으로 약 이름을 '로쿠수케고(六介膏)'로 개명시켰다. 교호년간(享保年間:1716년~1736년) 이후 에도막부는 판매약의 생산을 장려했는데, 그때 오카야마 지방의 약으로 유명했던 이 약을 그 사례로 들었다. 이 약은 타박상, 베인 상처, 어깨 통증, 종기 등에 효과가 있다고 되어 있다"고 적고 있다. 지방의 고약으로 평이 좋아 비젠 지방의 명산품이 되었다.

"로쿠수케가 조선에서 가져온 것은 고약뿐이 아니에요. 40종류의 약 제조법을 적은 책을 가져온 것 같아요. 그 중에서 고약이 가장 잘 팔린 것이지요."라고, H씨는 로쿠수케가 조선의 약 제조법을 쓴 책을 가져왔다는 것을 강조했다.

가가토의 서쪽에는 요시이강(吉井川)이라는 큰 강이 있는데, 옛날에 이 강을 따라 배가 왕래했고, 여행객들은 반드시 이 고약을 샀다고 한다. 그 강 연안에 있는 덴노(天王)라는 곳에서도 언젠가부터 로쿠수케의 고약과 빼닮은 약 '덴노고약'이 판매되기 시작했고, 매우 잘 팔렸다고 한다. 로쿠수케의 후손이 장사에 재능이 없었는지 혹은 사람이 좋아서 그랬는지 원하는 사람에게 약의 제조법을 쓴 책을 한 장 한 장 찢어 주었다고 한다. 그래서 약삭빠른 사람들이 제조법을 흉내 내었다는 것이다. 메이지시대(1868년~1912년)가 되자 로쿠수케 후손은 약의 제조를 그만두었다고 한다.

"당시의 '로쿠수케고'의 제조법을 기록한 책이 남아 있지요? 이번에는 꼭 보고 싶어 왔는데…"라고 말하니, H씨의 표정이 곤란해 보였다.

실은 지난번에 방문했을 때, H씨가 "로쿠수케의 후손을 소개해 드릴게요. 그리고 제약법을 적은 책도 아직 남아 있으니까 보여 달라고 부탁해 드릴게요"라고 했다. 하지만 그때 로쿠수케의 후손이 부재중이었기에 아쉽게도 볼 수 없었다. 이번에 다시 방문한 목적은 그것을 보기 위해서였다. "실은 지난번에 당신이 온 후, 한국의 대학교 교수라는 사람이 와서 그 책을 한국에서 전시하고 싶다고 한 달만 빌려 달라고 했대요. 그래서 빌려줬더니 오래 동안 반납해 주지 않았다는 거예요. 그래서 그것을 돌려달라고 몇 번이나 한국에 찾아가서 겨우겨우 가지고 돌아왔다는 것입니다. 그런데 또 당신과 같은 한국사람이 찾아가면 후손이 좋아하지 않을 듯해서…."

그 이야기를 듣고 얼굴이 화끈 달아오르는 것을 느꼈다. 유래야 어떻든 그 집 조상 대대로 전래한 물건을 돌려주지 않으려 한 소위 '지식인'이라는 한국 대학교수 이야기를 듣고는 한국사람인 나는 그 책을 보지 못하고 물러날 수밖에 없었다.

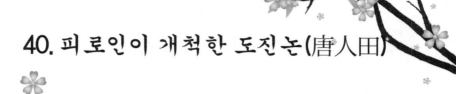

40. 피로인이 개척한 도진논(唐人田)

－오카야마현 쓰야마시(岡山県津山市)
　옛 지명 미마사카(美作)

　오카야마현에는 왠지 임진왜란에 유래하는 '코무덤'이나 '귀무
덤'이라고 하는 것이 잘 나온다. 교토의 귀무덤은 잘 알려져 있고,
오카야마의 비젠(備前)에도 코무덤이라고 불리는 무덤이 있다는
것은 이미 소개했다. 그런데 같은 오카야마현의 쓰야마시(津山市)
에도 귀무덤이 있다는 것이었다.

　오카야마현 쓰야마시는 주고쿠산지(中國山地)[208]의 분지에 있는
성하마을이지만, 거기서 북쪽으로 4킬로미터 정도 가면 이치노미
야(一宮)라는 곳이 있다. 지금은 쓰야마시에 속하지만 옛날에는
이치노미야촌(一宮村)라고 불렸다. 그 땅에는 나카야마신사(中山
神社)가 있어, 이 신사를 일명 미마사카 이치노미야(美作一宮)라
고도 하는데, 그것이 그 마을의 이름이 된 것이다. 큰 신사에 가
까운 동네로서 이 마을은 중세시대부터 소나 말의 시장으로 번영
했다고 한다.

　이 지방은 히데요시 시대에 우키다 히데이에(宇喜田秀家)의 영

---

208 효고현 북서부에서 야마구치현까지 일본의 혼슈 서부에 동서방향으로 이어가는 산지대.

쓰야마시 이치노미야의 귀지장(오카야마현)

토였다. 임진왜란 때에는 이 마을에서 그 부하였던 나카지마 마고자에몬 가쓰마사(中島孫左衛門雄政)가 향사(鄕士) 이시하라 진에몬(石原甚右衛門)이나 오타니 야수케(大谷弥助) 등 젊은이 20명을 이끌고 종군했다. 전공을 보이기 위해 조선에서 조선인의 귀를 베어간 것을 고향의 땅에 묻어 공양했다고 한다.

그 귀무덤은 이치노미야 지역 남쪽으로 흐르가는 요코노강(橫野川)의 다리를 건너 바로 가까운 논길의 구석에 있었다. 이름 없는 묘석이 몇 개 나란히 줄지어 있었다. 안내판이 있었는데, 거기에는 귀무덤(耳塚)이 아니라 '귀지장(耳知藏)'이라고 되어 있었다.

안내판에 의하면, "마을의 촌장직을 맡은 나카지마 마고자에몬은 조선출병 때 죽인 조선병사의 귀를 베어 전쟁의 공로를 증명했지만, 군의 명령이라고 해도 너무나 불쌍한 일이라고 생각해, 귀국 후 이곳에 무덤을 만들어 '귀지장'으로 해서 그 영혼을 공양했다. 마쓰오카 미키히코(松岡三樹彦)"라고 있었다.

이웃 한 아주머니에게 물었더니, "작은 묘석이 아니라 긴 네모난 돌이 귀지장인데, 이 귀지장를 참배하면 귀가 잘 들린다는 이야기가 있어서, 가까운 곳 사람이 참배하러 곧잘 왔어요."라고 했다. 귀를 묻은 것이 어느새 귀가 잘 들리는 지장으로 변해 전해진 것 같다. 이 귀지장에 관해 자세히 아는 사람이 지역에 있는지를 물어봤다. 이 안내판을 쓴 향토사가 마쓰오카 씨는 이미 돌아가셨고, 근처에 사는 나카오 유이치(中尾友一) 씨가 잘 알고 있을 것이라고 했다. 그가 어떤 사람인지 물어보니, "달리고 뛰는 스포츠를 하는 사람"이라고 소개했다.

나카오 씨에게 전화하고 귀지장 앞에서 기다리고 있으니, '쓰야마 트라이애슬론'이라 프린트된 경기복처럼 보이는 런닝셔츠를 입은 기운이 넘치는 분이 다가왔다. 잘 몰랐는데 트라이애슬론, 즉 '철인 3종 경기' 분야에서는 누구나 아는 유명한 선수라고 본인이 스스로 설명했다. 나카오 씨는 70대임에도 현역선수라고 한다.

"나카지마 씨는 에도시대부터 이 지방 촌장이었던 훌륭한 사람이에요. 조선출병 때 적병을 공양한다는 것은 흔한 일이 아니지요. 나카지마 씨의 집안은 나중에 무사를 그만두고, 에도시대 내내 이 지방에서 촌장을 맡았어요. 그의 저택 터는 지금 작은 공원이 되었어요."라며, 그 집터까지 안내해 줬다. 아마 영주 우키다가 망하고 모리(森)씨가 쓰야마의 새로운 영주로서 들어왔을 때, 귀농하여 촌장 역할을 맡게 되었을 것이다.

이어서 나카오 씨가 말하기를, "나카지마 마고자에몬은 포로를 데려와 부하로 삼고, 그들에게 황무지를 개척시켰다고 합니다. 그 포로였던 사람의 묘도 있어요."라고 하기에 그곳에도 안내를 청했다. 그 묘는 나카야마신사에 접하는 길가에 있었다. 무성한 풀에 덮여 있는 묘석은 작은 것이었지만, 거기에도 마쓰오카 씨에 의한 해설판이 있었다.

"도진묘(唐人墓), 이 묘의 주인은 원래 조선에서 태어나 히데요시의 조선전쟁에 출정(出征)한 장군 나카지마 마고자에몬에게 잡혔다. 나카지마는 그의 뛰어난 능력을 인정하여 전쟁 후 데려와서 집에서 부하로 삼아, 마쓰무라 야자부로(松村弥三郎)라는 이름을 지어주고, 농지개간, 치수공사 등의 실적을 올리게 했다. 이 도진묘 외 히가시 이치노미야(東一宮)에 있는 도진논(唐人田)은 역시 모두 함께 기념할 만한 증거"라고 적혀 있었다.

"이 간판은 자주 뽑혔어요. 왜냐하면 후손들이 '우리 조상은 잡혀서 온 것이 아니다 자발적으로 온 것'이라고 하더군요. 그때마다 다시 세우곤 했어요. 그렇지만 제대로 모시러 오는 후손분도 계십니다."라고, 나카오 씨는 이 설명판에 관한 복잡한 후손의 마음을 설명했다.

향토사인 마쓰오카 씨는 역사적인 사실로서 '그 뛰어난 능력을 인정하고', '농지개간, 치수공사 등 실적을 올리게 했다' 등 호의적인 표현을 했다. 그러나 후손의 입장에서 생각하면 일본 풍토에서 조상이 조선인이라는 것만으로도 고통스러운데, 400년 전이라고 해도 포로로 잡혀왔다는 것이 견딜 수 없었을 것이다. 큰 도시가 아닌 작은 지역사회라면 더욱 그랬을 것이다.

'연행된 것이 아니라 자발적으로 왔다'라는 것도 있을 수 있는 일이며, 일본에 도래한 조선인 모두가 연행된 것은 아니다. 일본군에 협조하고 군이 후퇴할 때 함께 일본에 건너온 조선인이 있기는 하다. 유감스럽지만 동서고금을 막론하고 전쟁에 있어서 그러한 일이 흔히 있었던 것이다. 자발적이든 연행되어 왔건 그 이야기는 잠시 접어두자.

쓰야마 향토박물관(津山鄕土博物館)이 소장하는 『마쓰무라가 문서(松村家文書)』에는 "평성(平城)의 저택을 관인(官人)이 지켜 방어했지만, 도무지 이길 수 없다고 생각했는지 항복했다. 그러므로 말 타고 다가가 항복을 받아드렸는데, 이곳을 송현(松縣)이라 하고, 인질을 내밀어 항복한다고 말하고, 현관(縣館)의 아이 2명을 인질로 보낼 약속을 했다. 11살이 되는 형 일천(一千)과 9살이 되는 동생 팔천(八千)을 받았다"고 마쓰무라집의 유래에 기록하고 있다.

또 『사쿠요사(作陽誌)』 속의 '나카지마가 문서(中島家文書)'에는 "마쓰무라집의 5대 조상은 조선국 송촌이 출생지이다. 나카지마 마고자에몬 님이 출병 중에 인질이 되어, 24세에 아득한 일본에 도해"라고 기록되어 있다.

또한 나카오 씨가 보여준 『미마사카 이치노미야 향토의 걸음(美作一宮鄕土の步み)』에서는 "게이초(慶長) 3년(1598년) 나카지마 마고자에몬은 송현성(松縣城)에서 잡은 유안(劉安), 유비(劉泌) 부자(父子)[209]를 데리고 귀국하고, 이치노미야촌에서 황무지를 개척시켰다. 지금 도진비라키(唐人開き)라고 불리는 땅이 이것이다. 포로 모두가 조선으로 귀국한 다음에도 유비(나중에 야자부로로 개명)는 나카지마의 부하가 되어 정착했고, 그 후손이 크게 번

---

209 다른 설에 의하면 형제라고도 하고, 또는 그들이 송현성 성주였다고도 함.

영했다. 송현(松縣)을 관련시켜 마쓰무라(松村)성이라 하였고, 그 후손 중에는 쓰야마 번주인 모리의 집을 모신 자도 나왔다. 간세이년간(寬政年間) 초기(1790년경) 수확량이 10석을 올리는 본백성(本百姓)[210]으로 들어갔고, 그 후 일족이 번영하기에 이르렀다"고 마쓰무라 집이 발전하는 모습을 자세히 말하고 있다.

세 개의 문서는 내용에 있어서 약간 차이는 있지만, 공통적인 것은 마쓰무라는 나카지마 마고자에몬이 조선에 출병했을 때, 송현 아니면 송촌이라는 곳에서 온 사람이기 때문에 마쓰무라성을 주고 이치노미야에서 황무지를 개척시켰다는 것이다. 그리고 그는 본래 성씨는 유(劉)씨라는 것이다.

가까운 시모가와라공원(下河原公園)에는 논의 경지정리 기념으로 옛날 땅의 이름을 적은 금속판의 지도가 있었다. 그것을 보면, '도진논(唐人田)'이라는 지명이 확실히 새겨 있었다. 원래부터 있었던 지명 속에 그 드문 지명이 있는 것이 인상적으로 보였다.

당시 마을 사람들은 잡혀온 조선인이 외국 땅에서 땀을 흘려 황무지를 훌륭한 논으로 만든 것에 놀랐던 것이 아닐까? 그렇기 때문에 미리 있었던 지명 속에 일부러 '도진논'이라는 새로운 지명을 만들어 놓은 것 같이 보인다.

나이토 슌포(内藤雋輔)의『분로쿠 게이초의 역에 있어서의 피로인 연구(文禄·慶長役における被虜人の研究)』에 의하면, 도진야마

---

210 에도시대 자기 농토나 가택이 있고 세를 바치던 자작농이나 지주.

(唐人山)라는 지명이 오카야마현의 구메군(九米郡) 주오초(中央町)의 오이니시촌(大井西村)이나 조보군(上房郡) 가요초(賀陽町) 요시카와(吉川)에도 있다. 모두 우키타 히데이에가 데려온 조선인을 거주시켜 개간한 곳이라 한다.

그 가요초 요시카와는 세키가하라전투 후 히데요시의 일족인 기노시타 이에사다(木下家定)를 영주로 삼은 아시모리번(足守藩)의 영토가 되었다. 그 '도진야마'라고 하는 곳도 찾아갔지만, 도진야마는 산의 이름이 아니라 지명이었고 게다가 평지였다. '야마(山)'의 뜻 가운데 평지도 포함되는 것을 알게 되었다.

맹종죽 숲 옆에 '도진'이라고 새겨진 묘도 몇 개 남아 있을 뿐만이 아니라, 거기에는 집도 몇 채 있고, 놀랍게도 후손들이 살아가고 있었다. 그 후손의 이야기에 의하면, 조상은 한 명이 아니라 부부로 와서 조선에서 가져온 막(幔幕)을 진상품으로 올렸기 때문에 이 산을 면세의 땅으로 하사받았다고 한다. 어쨌든 오카야마현에 도진논, 도진야마, 도진비라키, 도진밭이라고 불리는 곳이 꽤 있지만, 역시 이것은 임진왜란으로 끌려온 조선인들이 개척한 땅이었다.

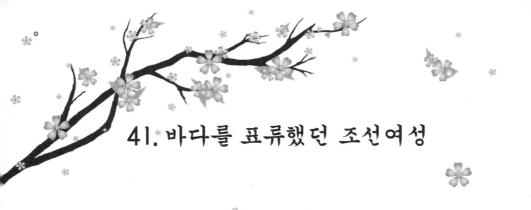

41. 바다를 표류했던 조선여성

－오카야마현 우시마도초(岡山県牛窓町)
옛 지명 비젠(備前)

　오카야마현 남동부에 우시마도(牛窓)라는 인구 1만 명도 안 되는 작은 고을이 있다. 현재 '일본의 에게해'라 불리며 관광객을 유치하는 데 성공한 곳 중 하나가 되었다. 사실 그곳에는 산뜻하고 아담한 호텔이 많이 있고, 특히 여름에는 많은 관광객들로 북적인다.

　그러나 이 우시마도의 역사는 '진구황후(神功皇后)의 삼한정벌(三韓征伐)' 전설과 깊은 관련이 있는 데다 후세의 역사적인 사실에도 영향을 미쳐, 올바른 역사적인 사실까지 감추고 있다. 지명 자체도 진구황후 전설에 관련시켜 억지스럽게 연결시켜 왔다.

　예를 들면, 우시마도는 가라코토(唐琴)라는 지명을 함께 갖고 있는데, 이것은 진구황후가 삼한정벌 때 이 땅에서 신라왕자 가라코토를 죽인 곳이라는 것에 유래한다고 한다. 또한 진구황후를 공격하려고 한 큰 소(牛)를 퇴치한 곳이어서 지명이 '우시마로비(牛転)'가 되었고, 그것이 나중에 변해 우시마도(牛窓)가 되었다고 한다.

　이 항구 동네는 에도시대 조선통신사가 기항한 곳이어서 '가라코오도리(唐子踊り)'라는 춤이 유명하지만, 이것도 '진구황후의 삼한정벌'설에 따른 것이라고 오랫동안 이야기되어 왔다. '가라코오도리'는 매년 10월 넷째 일요일에 읍사무소 근처의 신사에서 행해진다. 이 신사는 오야쿠진 님(オヤクジン様)라고 불리는데, 역병에 효과가 있다고 전해진다. 신사 안에서는 '황기2천6백년기념(皇紀2600年記念)'이라는 묵직한 석비가 있고, 그것에는 이 신사의 유래로 다음과 같은 글이 새겨져 있다.

"진구황후가 삼한정벌에서 돌아올 때, 이곳에 들러 포로로 동반한 왕자에게 춤을 추게 하여 구경한 땅으로서, 지금까지 '가라코오도리'라고 칭하면서 가을 축제에 산사(神事)로서 행해진다."

석비 옆에 우시마도초 교육의원회가 세운 새로운 '가라코오도리' 안내판이 있었다.

"가라코오도리는 가을축제에 신사로서 봉납되는 어린이춤(稚兒舞)이다. 이국풍 색상의 의상을 입은 남자 아이 두 명이 반주자의 북과 피리에 맞춰 춤추는데, 의상과 노래 춤의 동작이 독특하다. 춤에 관해서는 지방 전승에 의하면, 신공황후 이야기에서 유래한다고 전해왔다. 하지만 신공황후는 전설상의 인물인 것을 고려할 때, 나중에 신공황후에 연관시켜 전해왔다고 생각된다. 이 외에도 여러 설이 있지만 춤의 동작이나 의상 노래 등에 이조시대 조선의 영향이 보이므로, 조선통신사 일행이 전한 것이 아닐까라는 설, 중국과 관계한다는 설 등이 있고, 지방 창작설도 있다. 그러나 유감스럽게도 그것을 뒷받침할 만한 자료를 찾을 수 없다."

아무래도 지금은 신공황후의 이야기를 단순히 전설이라 인정하는 것 같다. 이 안내판은 1999년 비교적 최근에 세워진 것이지만, 여전히 시원치 않은 해설이라고 할 수밖에 없다. "유감스럽게도 그것을 뒷받침할 만한 자료를 찾을 수 없다"라고 되어 있지만, 꼭 그렇지도 않다. 에도시대 일본과 조선 국교의 증거는 조선통신사인데, 1607년부터 1811년의 약 200년 동안 계속 이어왔다. 그중에서 1719년의 통신사의 기행문 『해유록(海游錄)』에는 다음과 같은 기록이 남아 있다. 첫 번째의 기항지인 쓰시마(対馬)에서의 이야기다.

"날이 어두워지자 사신(使臣)이 배에서 내려 돌 위에 풀을 깔고 앉았다. 그리고 음악을 하는 자들에게 명하여 나무 그늘에서 연주시키고, 아이들 4~5명에 금의(錦衣)를 입히고 대무(対舞)[211]를 춤추게 했다. 왜인(倭人) 남녀가 모여와 해변에서도 배 위에서도 구경하는 자가 있었다."

또 효고노쓰(兵庫津)에 기항했을 때도 두 명의 아이들에게 대무를 춤추게 한 것도 기록하였다. 조산통신사 일행이 아이들의 춤으로 모국에 대한 향수를 달랬는데, 일본인도 그것을 함께 즐겼다는 것이다.

----

211 서로가 마주 서서 추는 춤.

조선과 관련하는 이야기로 진구황후의 삼한정벌설에 들어간 일화가 우시마도에 남아있다. 그 속에 등장하는 루리공주(瑠璃姬)는 이미 소개한

'조센바님' 이라 불리는 사당(오카야마현 우시마도초)

가라코토의 애인으로 등장한다. 이 지방의 『우시마도 풍토이야기 (牛窓風土物語)』에는 다음과 같이 쓰여 있다.

"왕자를 그리워하여 아득히 먼 삼한에서 한 고귀한 여성이 우시마로비를 찾아왔다. 루리라고 하는 귀족의 공주였는데, 그녀는 왕자의 애인이었다. 얼마나 기다려도 왕자가 돌아오지 않자, 애가 닳은 공주는 혼자 일본에 건너온 것이다. 왕자를 찾아 돌아다니면서 겨우 우시마로비를 찾아왔다. 왕자의 죽음을 듣자 공주는 놀라고 미치도록 슬퍼했지만 어쩔 수 없었다. 그때 이 가련한 공주를 불쌍히 여긴 자가 이곳의 징세인의 우두머리였다. 그는 몰래 작은 산의 꼭대기 우거진 풀 속에 구멍을 파고, 그 안에 공주를 숨겼다. 그러나 공주의 몸은 날마다 쇠약해져 결국 쓸쓸히 죽어 갔다. 그는 불쌍한 공주의 시신을 그곳에 묻고 사당을 세워 루리공주궁 (瑠璃姬宮)이라고 칭했다. 공주가 죽은 날에는 축제를 올려 공주의 영혼을 위로했다. 어느새 사람들이 이 궁을 조선 님(朝鮮樣)이라 하게 되었다."

길게 인용했지만 원문은 더 길다. 내용이 어처구니없어서 많은 부분을 생략한 것이다. 누가 어떤 목적으로 이러한 이야기를 거짓으로 만드는 것인지, 나도 모르게 그쪽에 관심이 생겼다. 실은 이 이야기에는 그 원형이 따로 있다.

조선출병 당시 우시마도에서 마을을 통솔하는 역할을 맡았던 명문 히가시바라(東原) 집에는 『조센바 님 유래(朝鮮場樣由來)』라고 쓰여 진 봉서(封書)가 보존되어 있다. 그 내용은 다음과 같다.

"때는 분로쿠(文禄) 3년(1594년) 갑오(甲午) 중추(中秋) 초3일, 작은 배가 해상에 표류하는 것을 찾았는데, 조선에서 온 배인 모양이었다. 다가가니 배를 움직이는 자는 없고 한 여자가 '살려주세요'라고 청하는 것 같았다. 그녀의 말을 이해하지 못했지만, 방치하고 떠나기가 마음에 걸렸다. 그러다가 날이 어두워져 어쩔 수 없이 아무도 모르게 그녀를 살렸다. 자세히 보니 그저 보통 사람 같이 보이지 않았다. 옷도 흔한 것이 아니라 고위고관의 사람으로 보였다. 우리 집에서 양육했다. 겉으로 보기에는 건강하게 보였는데, 표류한 피로 때문인지 결국 9월 16일 목숨이 끊어져 동산(東山)에 매장했다. 그곳을 조센바(朝鮮場)라고 이름을 붙였다. 그 후 꿈속에서 그녀의 영혼이 생전의 모습으로 나타났다. 저승에 이르러도 아는 사람도 없다. 당신이 나를 보살펴준 은혜를 잊지 못하니, 나를 신으로서 모셔주면 오랫동안 당신의 후손들을 지키겠다고 했다. 꿈에서 깨어 그녀를 조센바 대명신(朝鮮場大名神)이라고 칭하게 되었다. 앞으로도 후손들이 소홀히 하지 말고 모셔야 한다. 분로쿠 4년(1595년) 을미(乙未) 9월, 히가시바라 야에몬 가

게히사(東原弥右衛門尉景久)"

위의 이야기로 볼 때, 『우시마도 풍토이야기』는 히데요시의 조선출병 때 사건을 진구황후의 시대로 가져간 것이다. 히가시바라 씨를 징세인으로 바꿔 이름도 알 수 없는 조선여성에게 루리공주라는 이름까지 주고, 조센바 님의 사당을 루리공주궁으로 바뀌면서, 진구황후 시대의 이야기로 만들었다는 것을 한눈에 알 수 있다.

나는 하가시바라 씨의 집을 찾아가서 조선인 여성을 모신다는 조센바의 안내를 받았다. 이 집은 당시 높은 지위로 있었기 때문에 그 저택은 중앙거리의 가운데에 자리했었다. 조센바는 그곳에서 5분 정도 걸어서 만나는 묘후쿠지(妙福寺)와 접하는 언덕에 있었다. 좁은 돌계단을 올라가니 '조센바 님(朝鮮場様)', 영어로도 "KOREAN SHIPWRECK MEMORIAL"이라고 병기된 매우 새로운 표시판이 그냥 계단에 놓여 있었다. 계단을 더 올라가니 예전에 저택이 있었을 것이라 생각되는 100평 정도의 빈 터가 있었다. 그 땅 뒤에 울창한 대나무 숲을 배경으로 작은 사당이 있었다. 그것이 조선여성을 모시는 사당, 바로 조센바 님이었다.

히가시바라 씨의 『조센바 님 유래』에서 본 내용 그대로 사당을 세우고 정성들여 모셔, 매년 은력 9월 15일에는 꼭 제사를 올리면서 이어왔다고 한다. 히가시바라 씨가 400년이나 빠지지 않고 모신다는 것은 놀라운 일이었다. 빈 터에는 이전에 저택이 있었다고 한다. 그 집은 히기시바라 씨가 사당의 땅을 주고 관리를 맡긴 집이었는데, 그 집의 후손이 끊어져 집도 해체되었다고 한다. 그분은 '아사바(朝場)' 씨라고 했다. 아사바 성은 혹시 조센바(朝鮮場) 님의 한자 앞뒤 글자에서 따온 이름이 아닐까 하는 생각이 들었다. 우시마도에서 이 아사바 성을 가진 집은 따로 없다고 한다.

문득 조선여성이 홀로 세토나이해(瀨戸內海)의 바다를 헤매고 있었다는 것이 자연스럽지 못하다는 생각이 들었다. 왜냐하면 『기비온고(吉備溫故)』라는 기록에 의하면, "우키타 히데이에가 조선에 출군할 때 메시후네(召船)[212]를 타고 동행했다"고 되어 있는 바, 히가시바라의 주인도 함께 조선에 종군했던 것으로 보이기 때문이다.

히가시바라의 집에서도 『기비온고』 이외는 당시의 기록이 없다. 그래서 이것은 나의 추측이지만, 그 귀한 집안의 여성은 실은 히가시바라의 주인이 조선에서 데려온 여성이 아니었을까, 혹은 그의 소실이 된 여성이 아니었을까, 그리고 사당을 모셨던 사람은 여성의 종자(從者), 아니면 그의 후손이 아니었을까 라는 생각이 들었다.

현재 히가시바라 씨 주인의 이야기에 의하면, 400년 전부터 전해진 『조센바 님 유래』라는 기록이 일반에 소개된 것은 태평양전쟁이 끝난 후인, 즉 1945년 이후의 일이라고 한다. 그때까지는 조선을 낮춰 보는 풍조가 강했기 때문에 공개를 꺼렸을 것으로 보인다.

----

212 귀한 사람이 타는 배.

42. 노기 대장의 숨겨진 족보

－효고현 기노사키초(兵庫県城崎町)
　옛 지명 다지마(但馬)

　노기 마레수케(乃木希典)[213]라고 하면 젊은 세대들은 잘 모르겠지만, 100년 전 러일전쟁에서 뤼순(旅順)[214]의 러시아군 요새를 함락시킨 일본의 유명한 장군이다. 그는 메이지천황이 죽자 따라 자결한 육군대장으로 더 잘 알려져 있다. 마레수케가 자살했을 때, 각 신문사들은 호외까지 냈다.

　순사(殉死)한 이후 '군신'으로 올려져 '메이지시대 일본의 상징'이 되었다. 도쿄의 아카사카(赤坂)를 시작으로, 도치기현(栃木県)의 나수(那須), 교토(京都)의 모모야마(桃山), 야마구치현 시모노세키시(下関市)의 조후(長府)에 '노기신사(乃木神社)'가 창건되었다. 더 놀라운 것은 일제강점기 조선에까지 노기신사가 만들어진 것이다. 경성(京城) 남산에 조선신궁(朝鮮神宮)이 있었다는 것은 알고 있었지만, 노기신사까지 있었다는 것은 몰랐다. 노기신사가 일본 국내는 물론이고, 경성에까지 세워진 것은 역시 천황에 대한

---

213 타이완 총독. 육군대장을 맡은 군인(1849~1912).
214 중국 랴오닝성(遼寧省)에 랴오둥반도 남단부에 있는 항구도시.

충의(忠義)를 의도한 극히 정치적인 시도였을 것이다.

태평양전쟁이 끝난 후, 오야 소이치(大宅壮一)가 『불길은 흐른다(炎は流れる)』에서 "미친 사람이 변해서 신이 되었다"라고 그를 표현했다. 또한 시바 료타로(司馬遼太郎)도 소설 『순사』에서 '어리석은 장군'으로 그를 묘사해, 패전 후의 일본에서 마레수케에 대한 평가가 180도 바뀌었다. 살아생전 그에 대한 세상의 평가는 극과 극을 달렸지만, 이렇게까지 평가가 역전된 사람도 드물 것이다.

마레수케의 전기 등을 읽어보면, 여러 가지 다른 족보가 올려 있다. 그러나 공통되는 것은 조상이 우다천황(宇多天皇)의 제9왕자인 아쓰미친왕(敦実親王)의 혈통이고, 우다 겐지(宇多源氏) 사사키 다카쓰나(佐々木高綱)의 후손이라는 점이다. 마레수케 본인도 족보 제작에 특히 관심이 많았던 모양이다. 그 스스로가 작성한 족보를 시가현(滋賀県) 아즈치초(安土町)의 사사키신사(沙沙貴神社)에 봉납했다고 한다.

그것이 어떤 족보인지 열람하고 싶어 그 신사에 문의했는데, 신사의 보물이기 때문에 일반인에게는 공개하지 못한다고 했다. 그러나 그 족보는 국회도서관에 있는 『노기다마키계도(乃木玉木系図)』랑 거의 동일한 것인 것 같았다.

태평양전쟁 전후, 노기 마레수케에 관한 대표적인 서적 중 하나인 『노기대장사적(乃木大將事蹟)』에는 꽤 자세히 노기 집안의 족보가 실려 있다. 이것이 태평양전쟁 전에 공인된 족보 같다. 이

족보는 노기의 부관(副官)이었
고, 노기가 자결한 후 그 처리
에 관여한 쓰카다 세이이치(塚
田淸一) 육군보병대사가 편찬
한 것이다.

그 족보를 요약하면 다음과
같다.

"노기씨는 우다천황(宇多天
皇)의 제9왕자인 아쓰미친왕
(敦実親王)의 서자인 우다 겐
지(宇多源氏) 사사키 시로 다
카쓰나(佐々木四郎高綱)에서
나온다. 다카쓰나의 둘째 아

노기다니

들 지로자에몬위(次郎左衛門尉), 이즈모(出雲)의 나라 노기(野木)
에 살면서 노기를 성으로 했다. 자손이 오미(近江)[215] 이즈모(出
雲), 아키(安芸), 오와리(尾張) 등으로 옮겼다. 겐지 자에몬 기요
타카(源次左衛門淸高)에 이르러, 하타케야마 오와리노카미(畠山尾
張守) 마사나가(政長)에 속했다. 메이오(明応)[216] 2년(1493년) 마사
나가와 함께 가와치(河内)의 나라에서 기요타카가 전사했다. 그때
기요타카의 아내 배 속에는 아이가 있었다. 그녀는 연고에 의지하
여 다지마(但馬)의 나라 노기다니(乃木谷)로 옮겨 지로자에몬 아

215 시가현(滋賀県)의 옛 지명.
216 일본 무로마치시대에 사용된 연호 중의 하나로 메이오년간(明応年間)은 1492년~1501년.

키쓰나(次郎左衛門秋綱)를 낳았다. 아키쓰나는 성을 노기(乃木)로 바꿔, 미노(美濃)[217]의 국주(国主) 도키 사쿄다유(土岐左京大夫)를 모셨다. 아키쓰나의 고손(玄孫)인 구로베 후유쓰구(久郎兵衛冬継)는 나가토(長門) 조후번(長府藩)의 시조 모오리 히데모토(毛利秀元)를 모셨으나 후에 이유가 있어 퇴신했다. 둘째 아들 즈이에이 덴안(瑞栄伝庵)은 에도에 살면서 의사를 업으로 했으며, 무술에 뛰어나 활을 잘 쏘는 명궁이었다. 덴나(天和) 2년(1682년) 초빙되어, 조후의 제3세 쓰나모토공(綱元公)을 모셨다. 이것을 조후 노기씨의 시조로 삼고, 대대로 조후번의 전속의사가 되었다.(이후 생략)"

그런데 교토조형대학(京都造形大學)의 나카오 히로시(仲尾宏) 교수가 세상에 퍼진 노기의 족보와는 다른 숨겨진 또 하나의 족보가 있다는 것을 알려주었다. 그것은 시모노세키시(下関市)의 조후 박물관(長府博物館)과 도서관에 소장되어 있다고 한다. 시모노세키는 에도시대 노기의 집이 속했던 모오리씨의 지번(支藩)인 조후번(長府藩)이 있었던 곳이다. 그곳의 박물관과 도서관에 소장하는 『번중략보(藩中略譜)』는 조후번 무사들의 유래를 기록한 것이며, 에도시대 후기인 분세이(文政)[218] 4년(1821년)에 완성한 것이다. 그것에 수록되어 있는 『노기가계보(乃木家系譜)』는 그 시조에 대해 의외의 사실을 기록하고 있다.

----

217 기후현(岐阜県)에 있는 지역.
218 에도시대에 사용된 연호 중의 하나, 분세이년간(文政年間)은 1818년~1830년.

"다지마국(但馬国) 모촌(某村) 노기다니(乃木谷)라고 칭하는 곳이 있다. 히데요시 공의 군을 따라 귀화한 조선인이 있었는데, 후루타 오리베(古田織部) 밑으로 들어갔다. 노기다니에 살면서 그는 어떤 여자를 통해 한 아들을 얻었다. 그 아이가 커서 스스로 사사키 산다유 미나모토노 후유즈미(佐々木三太夫源冬純)라고 칭했다 (어머니 쪽 성이 사사키). 후유즈미는 가나야마 호슌(金山豊春)의 딸에게 장가가 한 아이를 얻었다. 그가 의학을 배워 사사키 즈이쇼(佐々木端昌)라고 칭했다. 즈이쇼는 우리 조후번을 모셔 노기덴안(乃木伝庵)으로 개명했다. (이하 생략)"

즉 노기 집안의 시조는 임진왜란으로 다지마로 잡혀온 피로인이고, 그 지방의 사사키 성을 가진 일본여성과 결혼하여 한 아이를 가졌다. 낳은 아이는 모계의 성을 사용했고 사사키 후유즈미라고 칭하고, 그 아이가 의학을 배워 조후번을 모셨다. 후에 성씨를 다지마의 노기다니와 관련시켜 노기 성으로 개명했다는 것이다.

『번중략보』의 마지막에는 마레수케의 아버지인 노기 마레쓰구(希次)까지 기록되어 있다. 마레수케는 에도의 아자부(麻布) 히가쿠보조(日ヶ窪町)[219]에 있는 조후번의 저택에서 태어났다. 제3자로 가에이(嘉永) 2년(1849년)에 태어났기 때문에 『번중략보』에는 아직 마레수케의 이름이 없다. 아마 『번중략보』는 마레쓰구의 아버지, 즉 마레수케의 할아버지인 마레요시(希吉)가 제출했을 것이다.

----

219 도쿄도(東京都) 미나토구(港区) 롯폰기(六本木) 6초메(六丁目)에 위치한다. 노기 마레수케의 탄생지이기에 도쿄도의 구적지정지(舊跡指定地)로 되어 있다. 또한 1703년에 '아코의사 습격사건' 후 다케바야시 다다시치가 할복한 장소이기도 한다.

양쪽의 기술을 비교해 보자. 『번중략보』에서는 임진왜란 때 조선인 모씨가 일본에 잡혀 와 다지마의 땅에서 그 지방의 여성과 결혼하여 후유즈미를 낳았다고 하는 부분이 있다. 이것이 『노기대장사적』에서는 "기요타카가 1493년에 전사했기 때문에, 그 아내가 미망인이 되어, 옛날에 인연이 있었던 다지마 노기다니에 가서 아키쓰나를 낳았고, 아키쓰나가 처음으로 성을 노기로 하고…"라고 되어 있다. 『노기대장사적』 내용은 시대가 100년 정도 앞당겨져 있다. 게다가 임신 중에 미망인이 된 아키쓰나의 어머니가 어떤 인연을 가지고 다지마에 도착했는지 납득할 만한 설명은 없다. 다만, '노기'라는 성씨는 역시 다지마의 노기다니에 유래한다고 되어 있다.

그리고 시대가 100년이나 앞당겨졌기 때문에 그런지 아키쓰나에서 후유쓰구의 아버지 부분의 3대를 생략하고, 갑자기 후유쓰구와 연결했다. 이 때문에 가장 중요한 조선전쟁의 사적까지도 당연히 생략되었다. 『노기대장사적』의 기술은 꽤 의도적인 것이라고밖에 생각할 수 없다. 마레수케의 부하가 작성한 족보와 마레수케의 할아버지가 번주에 제출한 족보, 둘 중 어느 쪽을 믿어야 할까?

그런데 『노기대장서적』에도 『번중략보』에도 기재되어 있는 '다지마국 모촌 노기다니'라는 곳이 구체적으로 어디일까? 다지마는 효고현 북부에 위치하고, 면적으로는 효고현의 절반을 차지하는 광대한 지역이다. 지금까지 노기다니라는 지명은 들어본 적이 없었지만, 다지마에 한 곳에 노기다니(野木谷)라는 곳이 있다는 것을 찾았다. 그것은 동해에 가까운 기노사키온천(城崎溫泉)으로 유명한 기노사키초(城崎町)에 있었다.

JR산인본선(山陰本線) 기노사키역(城崎驛)에서 온천가를 향해 조금 걸어가면 바로 온천여관들 가운데를 흐르는 오다니강(大谿川)을 만난다. 아름답게 정비된 오다니강가에는 온천여관이 즐비하게 서있었다. 강을 더 거슬러 올라가니 여관거리에서 벗어나 강 오른편에 기노사키중학교가 보인다. 그 뒷산 구부러진 곳이 '노기다니(野木谷)'이고, 지명을 알려주는 표지도 있었다. '노기다니(乃木谷)'와 한자 하나가 다르지만, 아마 여기가 『노기대장사적』이나 『번중략보』에서 말하는 '노기다니'일 것이다.

나는 이것만으로 충분하다고 생각했다. 그런데 어떤 나이 많은 동네 여성들에게 "여관거리를 유시마초(湯島町)라고 하는 것에 대해, 이 근처는 옛날 밭이었고, 노기초(ノギ町)라고 합니다."라는 말을 들었다. 하긴 기노사키초의 중심부는 온천이 나오는 땅으로 에도시대는 유시마촌(湯島村)이라고 불렀다. '다지마국 모촌'은 아마 유시마촌을 뜻하는 것일 것이다. 그리고 노기초는 '노기다니(野木谷)'에서 오는 명칭일 것이니, 당연히 한자표기는 '野木町'일 것이라 생각했다. 그러나 그분은 의외로 "노기대장의 노기(乃木)예요."라고 말했다.

기노사키를 방문하기 전에는 예상하지도 않았는데, 지명과 성씨가 딱 맞아떨어지는 것에 놀랐다. 그러나 동네 사람들은 이곳이 노기 마레수케 대장의 조상 출신지라고는 아무도 모르는 것 같았다. 또한 사사키성은 동해 쪽 지방에 잘 보이는 성이다. 임진왜란으로 잡혀온 피로인이 일본여성 쪽의 성을 따라 일본이름으로 붙인 것은 다른 곳에도 사례가 있었다.

메이지천왕을 따라 순사하므로 '충의'의 모범이 되어 '군신'에 올려져 '메이지시대 일본의 상징'으로 된 마레수케, 그의 혈통이 조선인을 시조로 하는 집안인 것이 곤란해서 그랬는지 조선과 관련된 사항은 지웠을 것으로 보인다.

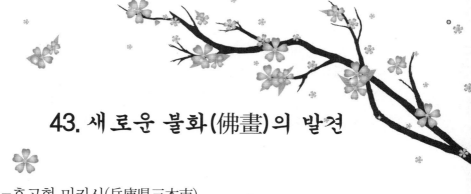

43. 새로운 불화(佛畫)의 발견

－효고현 미키시(兵庫縣三木市)
　옛 지명 하리마(播磨)

　　오미야하치만궁(大宮八幡宮)의 긴 계단을 올라가니 신사 안쪽으로 사람들의 밝은 웃음소리가 크게 들려왔다. 설치된 무대에서는 바로 오니오이식(鬼追式)이 시작되어 도깨비 역할을 맡은 몇 명의 사람들이 등불을 들고 무슨 연기를 하는 중이었다.

　　그런데 그 도깨비 역할 중 한 명의 동작이 다른 도깨비와 전혀 맞지 않아 관객들의 웃음을 자아내고 있었다. 무대 끝자락에서 박자를 맞추게 하는 진행요원까지 웃음을 참지 못해, 그 소리가 마이크를 통해 그대로 새어나갔다. 그러다가 책임자처럼 생긴 사람이 무대로 뛰어 올라가 그 도깨비 다리를 잡아 "이렇게 올리는 거야, 이렇게 내리는 거야."라고 가르치기 시작했다. 지적당한 그 도깨비는 팔에 더 신경을 못 쓰게 되어 무대는 엉망이 되어버렸다.

　　가장 추운 계절인 1월에 고베에서 약 한 시간 거리 동네인 반슈(播州)의 동쪽에 있는 미키시(三木市)의 오미야하치만궁을 찾은 것에는 이유가 있었다. 무대에서 쓰고 있는 도깨비 가면을 직접 보고 싶어서였다. 그전 해의 마지막 날 라디오에서 "이 도깨비

가면은 히데요시의 조선정벌 때 조선에서 가져온 것"이라는 소리를 우연히 들었는데, 그것이 이곳 하치만궁의 오니오이식이었다. 미키에 사는 친구에게 문의해 보았더니, 그 의식이 매년 1월 셋째 일요일에 올려 진다고 하여 바로 찾아갔다.

'미키 오니오이보존회(三木鬼追保存会)'라고 인화된 핫피를 입은 60세 정도의 사람에게 라디오에서 나온 그 도깨비가면이 정말로 조선에서 가져온 것인지를 물어보았다. "아, 그 인터뷰는 내가 말한 것예요. 시간이 짧아서 제대로 설명을 못 했어요. 그래요. 그 빨간 것 말인데, 다이코(太閤)가 조선정벌 때, 아 미안합니다. 우리들은 이렇게 밖에 표현하지 못해서요. 조선에서 가져왔다는 전승을 어렸을 때부터 들었습니다. 다른 가면 모두 그것과 닮게 만들었다고 하지만, 완성된 것은 모두 차이가 났죠."라고 친절하게 설명해 주었다.

참고하라고 준 팸플릿에 의하면, 이 가면을 사용한 오니오이식은 에도시대 중기부터 시작하여 태평양전쟁 전인 1938년까지 계속되고 있었다. 그 후는 전쟁이 격화됨에 따라 중단되었지만 지방의 어르신들의 열의로 1963년부터 다시 부활된 것이라고 한다.

일본에서는 흔히 도깨비라면 빨간 도깨비와 파란 도깨비를 말하는데, 여기서는 빨간 도깨비와 검은 도깨비라는 것이 독특한 점이다. 또 이 도깨비들은 등불을 흔들면서 나쁜 도깨비를 퇴치하는 선한 도깨비라는 이야기로 되어 있었다. 세월 탓인지 빨간 도깨비지만 꽤 색이 빠져 반 정도로 까매졌다. 그러나 다른 도깨비 가면과 비교하면 충분히 존재감이 있었다.

미키시 곤고지(金剛寺)에 있는 조선불화(효고현 미키시)

받은 팸플릿에는 조선에서 가져왔다는 것은 전혀 언급되어 있지 않았다. 아마 축제보존회 사람 이외는 이 지방 사람들도 잘 모르는 모양이다.

더 물어보니 원래 오니오이식은 하치만궁 옆에 있는 게쓰린지(月倫寺)에서 벌어진 것이고, 폐전 후에는 무대를 하치만궁으로 옮겨 신불혼합(神佛混合)의 오니오이식으로 부활된 것이라고 한다.

게쓰린지 도이(土井) 주지스님에게 물어보니, 이 오니오이식이 시작된 이유에는 재미있는 에피소드가 있다고 한다. 게쓰린지에는 그 도깨비가면의 유래를 기록한 고문서가 보존되어 있었다. 그 문서에 의하면, 이 땅의 영주 나카가와 히데마사(中川秀政)가 조선에 출병했다가 전사하고 말았다. 귀국 시 가토 기요마사(加藤清正)는 나카가와 히데미사가 귀의했던 절에 봉납하려고 가면을 히데미사의 부하인 요코야마 다네요시(横山胤義)에 맡겼는데, 다네요시도 얼마 안지나 죽어버렸다.

다네요시의 아들은 무사를 그만두고 서민이 되었고, 아이가 없어서 동생이 대를 이었는데, 어느 날 갑자기 그가 병에 걸려버렸다. 불교 수행자에게 점을 봐달라고 하다가, 집의 가장 굵은 기둥나무 위에 있는 도깨비가 원망하고 있다 했다. 바로 그 자리를 알아보니 과연 포장지에 가토 기요마사의 필적이 첨부된 도깨비 가면이 있었다. 그래서 그것을 급하게 게쓰린지에 봉납했다고 한다. 그 후 검은 도깨비 가면을 새로 구입하고, 매년 1월 7일에 수정회(修正会)[220]에서 오니오이식을 행하게 되었다는 것이다.

조선 어딘가에 있었던 도깨비 가면이 멀리 떨어진 일본의 마을 오니오이식의 주인공으로 활약하고, 시민들과 어울리면서 사랑받는 것은 참으로 듣기 좋은 이야기다. 하지만 그 도깨비 가면이 정말로 조선에서 왔는가에 대해서는 의심스럽다고 생각했다. 가면의 생김새가 조선에서 전래한 것이라기보다는 일본 분위기가 나기 때문이다.

어쨌든 하치만궁에서 이 가면은 조선 전래의 가면이라고 이야기를 하고 있을 때, 우연히 구경꾼 중 한 사람이 "조선전래라고 하면… 곤고지(金剛寺)에 조선 불화가 있어요."라고 가르쳐 주었다. 쉽게 믿어지지 않는 이야기였지만 함께 온 고등학교 교사인 T

----

220 정월 초하루부터 3~7일간 사원에서 행해지는 국가 융성을 기원하는 법회.

씨에게 가까우니 찾아가보자고 했다.

　조선 불화가 있다고 하는 신곤슈(眞言宗)[221] 뇨이산 곤고지(如意
山金剛寺)는 미키 시내의 고베전철(神戸電鉄) 오무라역(大村駅)에
서 북쪽으로 걸어서 15분 거리에 있었다. 백제계 도래인 호도선인
(法道仙人)이 651년에 열었다는 오래된 절이다.
　조선 불화가 있다고 들었다고 말하면서, 주지스님께 열람을 부
탁했다. 갑작스런 방문에도 불구하고, 스님도 학교교사였고 동행
한 T씨도 교사였기 때문인지 바로 보여주겠다고 했다. 주지스님
은 보관창고에서 그 불화를 꺼내어 우리 앞에서 펴주었다.
　그 불화는 상상보다 훨씬 컸는데, 세로 143센티미터, 가로 153
센티미터 정도나 되었다. 내가 그때까지 본 조선도래의 불화 중에
서는 가장 큰 것이었다. 중앙에 지장왕보살(地藏王菩薩), 천장왕
보살(天藏王菩薩), 지지왕보살(地持王菩薩)이 그려져 있고, 그 주
변에는 다른 보살 등 30불(仏)이, 하부에는 십왕도(十王図)가 그
려져 있었다. 다행히 그림 하단에 이 불화가 그려진 연대, 기증된
절, 기증자 등이 기명되어 있었다. 일본 각 지역에 남아 있는 조
선불화는 기명이 없다는 이유로 송화(宋画)나 당화(唐画)로 구분
되어 처리된다. 그러나 이 불화에는 '만역11년, 경상도 서산사(西
山寺)[222] 대시주(大施主) 장모(張某)'라고 적혀 있었다. 경상도가 있
으니 조선불화인 것은 확실하고, 만역11년은 1583년이 되니, 임

----

221 일본 불교 대표적인 종파 중의 하나. 9세기 초에 구카이(空海)에 의해 창시.
222 경상북도 상주시 청남면 서산에 있었음.

진왜란 이전에 그려진 것이다.

후쿠오카 데쓰메이(福岡徹明) 주지스님이 이 불화에 관한 사유를 설명해 주었다. 일본 전국시대에 오다 노부나가(織田信長)가 반슈(播州) 공략의 일환으로 벳쇼(別所)씨가 지키는 미키성(三木城)을 공격했다. 그때 성 주변의 절들까지 방화하여 곤고지도 함께 불태워져 버렸다. 그 후 곤고지에 인연이 있는 오무라 유코(大村由己)에 의뢰하여, 히데요시의 허락을 받아 초당(草堂)을 재건했다고 한다. 불화에 오무라 유코의 기증장도 있는 것을 생각하면, 히데요시에게 하사 받은 것을 다시 세워진 절에 오무라가 기증했던 것으로 보인다고 했다.

오무라 유코(1536?~1596년)는 역사상 저명한 인물이다. 히데요시 부하 중에서도 측근 중의 측근이고, 교토 오산계(五山系)의 유학자이기도 하다. 히데요시의 사적을 이야기로 지어낸『덴쇼기(天正記)』의 저자로도 유명하지만, 젊었을 때는 곤고지의 스님이었던 것 같다. 그의 성씨를 보아서도 알 듯 마키의 오무라(大村) 출신이고, 같은 향토의 유학자인 후지와라 간가(藤原眼窩)의 대선배이다.

불화에 이야기로 다시 돌아가자면, 임진왜란 때 경상도 서산사에 있던 불화를 출병한 어떤 무사가 약탈해 히데요시에게 헌상했다. 그 불화는 히데요시를 따라 나고야성(名護屋城)에 있었다가 오무라에게 하사되어, 그것이 곤고지에 전해졌다고 추정된다. 경상도 서산사를 알아봤더니 이미 폐절이 되어 있었다. 임진왜란 때 태워버렸을지도 모른다.

이 불화는 상자에 '이십팔부중불화(二十八部衆仏画)'라고 쓰여 있지만 이십팔부중이라는 것은 천수관음(千手觀音)을 지키는 친족(眷属)[223]을 뜻한다. 불화에 그려진 것은 천수관음이 아니라 삼존보살(三尊菩薩)이기 때문에, 정확하게는 삼존보살상(三尊菩薩像)이라고 해야 한다. 이 불화는 일본에서는 볼 수 없는 조선만의 독특한 양식이다.

이러한 훌륭한 불화가 효고현 내에 잠자고 있다는 것을 지방 신문사에 알렸다. 신문사에서는 고베시립박물관의 학예원을 동행하여 다시 조사했다. 그 후 이 불화는 신문의 일면에 크게 보도되어 세상에 널리 알려지게 되었다.

---

223 부처의 친족으로 부처를 가깝게 모시는 여러 보살.

『400년의 긴 길』 역자 후기

'이것은 한국 사람의 역사이다. 한국어로 번역되어 있지 않은 것이 이상하다.'

'교과서에 실릴 만한 가치 있고 재미있는 내용인데 모르면 손해 본다.'

처음 원서를 읽었을 때부터 지금까지 꾸준히 그렇게 생각해 왔다.

400년 전 임진왜란(1592년) 당시, 조선 각 지역에서 일본으로 수많은 조선 사람들이 강제로 잡혀 갔다. '피로인'이라 불리는 그 조선 사람들에 관한 얼마 없는 흔적을 1980년대부터 현지조사한 사람이 윤달세 선생님이고, 그 조사된 자료를 기록한 책이 2003년 일본에서 출판된 『400년의 긴 길』이다.

일본의 『400년의 긴 길』의 독자들 사이에서는 책을 들고 현지를 똑같이 따라 걷는 사람도 생겨났다. 코로나 상황이 안정되면, 이 내용에 관심을 가진 한국 독자들이 이 책을 들고 그 길을 걸어 보길 바란다. 다만 이 책에 실린 사례는 편한 관광코스에서는 크게 벗어난 곳이니 찾기 힘들 수 있다. 그러나 '백문이 불여일견(百

聞不如一見)', 실제 경험에서 얻게 될 기쁨이 클 것이라 생각한다. 그것이야말로 저자 윤달세 선생님을 30년 이상 일본 국내 구석구석을 조사하게 한 원동력이었을 것이다.

이 책은 일본 각지에서 힘들게 살아가면서도 희망을 잃지 않고, 오히려 일본 사회에 한 줄기 빛이 된 조선 사람들의 놀라운 삶의 흔적이다. 엄청난 숫자의 조선 피로인 중에서 기록으로 전해지는 사람은 얼마 되지 않는다. 그 귀하면서도 희미한 피로인의 생명의 빛이 이 책을 통해 한국 사람들에게 전해지게 되어 역자로서 이보다 기쁜 것은 없다.

윤달세 선생님과 역자를 만나게 한 사람이 바로 '피로인'이다. 역자는 90년대 말 한국인과 결혼한 일본인으로 고인돌로 유명한 전북 고창에 거주하고 있다. 친정이 『400년의 긴 길』의 제1장에 나오는 시코쿠 도쿠시마현이다. 매년 친정에 다녀오는데, 2012년 어느 날 친정아버지가 갑작스럽게 "우리 집안 묘소에 조선인의 묘가 있다"고 말씀하셨다. 그 이야기에 관심을 가진 우리 부부는 아버지의 안내로 그것을 찾아냈다. 그 묘는 조그마한 부처형태였다. 이 묘가 "왜 조선 사람의 묘냐?"고 아버지에게 물어봤더니, 아버지는 "도요토미 히데요시 시대에 조선에 출병한 우리 조상이 데려왔다고 전해 오고 있다"라고 하셨다.

한국에 돌아가기 전에 구입한 관련 서적 중에서 역자가 알고 싶은 내용이 실린 책이 바로 『400년의 긴 길』이었다. 책의 저자 연락처를 보고 한국에서 연락을 드려 친정집에 있는 묘의 이야기를 했더니, 윤달세 선생님은 도쿠시마에 가서 실물을 확인했다. 그 묘가 임진왜란 때 잡혀온 조선 피로인의 묘일 가능성이 높다는 것과 그 근거를 가르쳐주셨다. 2012년 5월 윤달세 선생님은 한국에 조사여행을 오신 김에 고창에서 '임진왜란의 피로인 연구'를 주제로 특별강연을 하게 되었다. 이 강의에서 역자가 통역을 맡았고, 그 인연으로 『400년의 긴 길』을 번역하게 되었다. 윤달세 선생님이 그것을 간절하게 원하셨기 때문이다. 친정의 묘에 계신 조선 사람이 맺어준 인연인지도 모른다.

역자는 한국의 지방신문에 3년 넘게 에세이를 연재한 경력이 있다. 그러나 자기 생각을 한국어로 쓰는 것과 다른 사람의 문장을 번역하는 것은 전혀 다른 어려운 작업이었다. 그러던 2014년 초가을, 윤달세 선생님은 만 69세로 돌아가셨다. 생전 그분의 저작이 한국어판으로 출판되지 못했던 것이 너무 미안하고 아쉬웠지만 그때는 어쩔 수가 없었다.

그런데 2021년 가을 어느 날, 한일문화교류회장 마스부치 씨가 고창을 방문했다. 『400년의 긴 길』을 읽은 그가 삼성출판박물관 김종규 회장님을 소개해 주었고, 이 책이 "한국 사람의 문화유산이다"라는 것을 깊게 이해해 주신 분들의 협조로 출판할 수 있게 되었다. 진심으로 감사드린다.

한국에서 잘되는 사람에 대해 '복이 있는 사람'이라는 표현이

있다. 그 말을 빌리자면, 이 책은 '복이 있는 책'이다. 이 책에는 그러한 복되고 씩씩한 실존인물들이 등장한다. 그러고 보니 첫 번째 도쿠시마 이야기의 마지막에 나오는 조선여성의 일본이름이 '복'을 뜻하는 '오후쿠(お福)'다.

아무튼 파도에 요동치는 것처럼 많은 사람의 손을 거친 신기한 인연을 통해 본서를 출판할 수 있게 되었다. 부족한 역자를 도와주신 모둔 분들께 감사를 드린다. 역사자료를 확인하기 위해 일본 각 지역의 박물관 학예원의 도움을 많이 받았고, 특히 남편 이병렬 박사는 한국 쪽 역사 검증과 번역 초고를 교정해 주었다. 윤달세 선생님의 부인 구춘자 님과 큰딸 윤윤화 님, 친척인 양미석 님, 삼성출판박물관 김종규 회장님, 한일문화교류회장 마스부치 겐이치 님, 그리고 책의 출판을 맡아주신 행복에너지 권선복 대표님과 편집자 오동희 님의 도움이 너무나 컸다. 그리고 우리 가족들과 친정 및 시댁 식구들 친구들께 진심으로 감사를 드린다. 한국어 번역된 이 책을 저자이신 윤달세 선생님의 영전에 바치면서 한국 사람들의 손과 마음에 사랑과 함께 전해지길 기대한다.

역자 나까무라 에미꼬
2022년 2월